沙滩排球教练员岗位培训教材

国家体育总局科教司　审定

人民体育出版社

图书在版编目（CIP）数据

沙滩排球教练员岗位培训教材 / 国家体育总局科教司审定 . -- 北京 : 人民体育出版社 , 2021

ISBN 978-7-5009-5507-8

Ⅰ . ①沙… Ⅱ . ①国… Ⅲ . ①沙滩排球运动－教练员－岗位培训－教材 Ⅳ . ① G842.25

中国版本图书馆 CIP 数据核字 (2018) 第 290349 号

*

人 民 体 育 出 版 社 出 版 发 行

北 京 建 宏 印 刷 有 限 公 司 印 刷

新　华　书　店　经　销

*

787 × 1092　16 开本　15.5 印张　330 千字

2021 年 1 月第 1 版　2021 年 1 月第 1 次印刷

*

ISBN 978-7-5009-5507-8

定价：70.00 元

社址：北京市东城区体育馆路 8 号（天坛公园东门）

电话：67151482（发行部）　　邮编：100061

传真：67151483　　邮购：67118491

网址：www.sportspublish.cn

（购买本社图书，如遇有缺损页可与邮购部联系）

编审委员会

主　任： 李全强

副主任： 于光岩　平　杰

委　员： 向　前　刘　冰

编写委员会

主　编： 王红英

副主编： 魏铁林　邬燕红　陆卫平

成　员： （按姓氏笔画顺序排列）

李方祥　吴　平　项贤林　郭　黎　黎涌明

前 言
PREFACE

沙滩排球是一项集休闲、娱乐、趣味和健身为一体的体育运动项目，它独特的运动环境与运动形式吸引了世界众多人们的喜爱和参与。这一起源于20世纪20年代美国的体育活动，经过几十年的传播、发展、演变及完善，最终成为一项世界性的竞技项目。1993年国际奥委会第101次全会决定，将沙滩排球列为1996年第26届奥运会的正式比赛项目。沙滩排球从此正式登上了奥林匹克竞技的舞台。

沙滩排球在中国开展时间较短。从1994年广岛亚运会沙滩排球被列入表演性项目，中国的沙滩排球开始起步；1997年组建国家队；2008年8月21日在北京奥运会沙滩排球比赛中，中国女子沙滩排球队实现了历史性的突破，取得了1银、1铜的优异成绩，男队也取得有史以来奥运会的最好成绩，获得第9名。

本书前期是在国家体育总局排球运动管理中心沙滩排球部的策划与指导下，在上海体育学院的支持与帮助下，集结全国有关人员集体编写完成的。第一章由上海体育学院项贤林编写，第二、三章由上海大学魏铁林编写，第四章由上海体育学院吴平、黎涌明编写，第五章由中国计量学院邬燕红编写，第六章由首都体育学院陆卫平编写，第七章由上海体育学院王红英、国家体育总局沙滩排球部刘冰编写，第八章由上海体育学院吴平编写，第九章由郭黎编写，第十章由李方祥编写。国家级教练员孙治野、前国家队队员徐林胤提供相关的案例与建议，同时上海体育学院纪祥磊、徐林胤、徐记康、孙皖挺、袁润、卢一等研究生协助完成本书。

本书可作为沙滩排球中高级教练员、运动员的学习与理论指导教科书，同时亦可作为本科院校及大中专院校体育教育与运动训练专业、社会体育与休闲体育专业的教学用书，还可供从事公共体育专业的教学与研究人员及大众体育的爱好者与参与者阅读与参考。

希望通过对本教材的学习能使大家了解沙滩排球，热爱沙滩排球，参与沙滩排球，研究沙滩排球，开发沙滩排球，推动中国沙滩排球运动更好、更快地发展。同时恳请广大读者对书中存在的错误、疏漏与不当之处给予批评与指正。

编 者

2018年10月

目 录
CONTENTS

第一章

沙滩排球运动概述

内容提要

本章由沙滩排球运动简介和沙滩排球运动的发展概况组成。介绍了沙滩排球运动的起源与传播、世界沙滩排球大赛、国内沙滩排球比赛以及国内外沙滩排球运动的发展概况等。

教学目的

通过本章的学习了解沙滩排球运动的起源和传播，掌握沙滩排球运动的比赛方法和特点，熟悉国内外主要沙滩排球比赛，知晓我国沙滩排球运动发展过程中的经验和教训，为从事沙滩排球训练和教学工作奠定坚实基础。

第一节　沙滩排球运动简介

沙滩排球是一项从休闲娱乐活动逐渐演变并发展，最终成为竞技运动的体育项目。由于沙滩排球的比赛环境、竞赛规则等方面与室内排球有很大区别，故使得这项运动具有其自身特有的魅力及观赏价值，从而成为深受大众喜爱并乐于参与的运动项目。

一、沙滩排球运动的起源与传播

（一）沙滩排球运动的起源

起源于20世纪20年代的沙滩排球，最早出现在美国加利福尼亚的海滩上。当时，人们为了躲避夏季的炎热来到海边，只是把它作为在海滩上休闲的一种娱乐活动。进入30年代后，每当夏季来临，在美洲和欧洲的海滨沙滩上，沙滩排球处处可见。人们头顶蓝天，沐浴阳光，光着脚板在金色柔软的沙滩上，尽情地跳跃、滚翻、流汗，享受着这美妙的时光。沙滩排球在美国的开展甚至比竞技排球更广泛，被视为美国排球的“国粹”。后来这种海滩娱乐形式被越来越多崇尚户外运动的人所喜爱，并逐渐风靡美洲的巴西、阿根廷，大洋洲的澳大利亚、新西兰及地中海沿岸国家。随着时间的推移，沙滩排球的观赏性越来越强，参与沙滩排球人数呈几何级数增长。沙滩排球规则逐步建立，四人制、三人制、两人制代替了六人制，绳子代替了画线，沙滩排球逐渐演变成一种竞技体育运动，并深得人们的喜爱。

（二）沙滩排球运动的传播

沙滩排球运动在美国问世后，1927 年开始传入欧洲，穿越大西洋传入法国，成为法国“裸体主义者”的活动项目之一。随后进入捷克斯洛伐克，并逐渐风靡美洲的巴西、阿根廷以及大洋洲的澳大利亚和新西兰。进入 30 年代后，沙滩排球已形成一定的规模。1951 年，南美的巴西举办了首届沙滩排球锦标赛。1986 年，第一次国际性沙滩排球比赛在巴西里约热内卢举行，沙滩排球在一批优秀巴西选手的带领下，进一步走向职业化、商业化。1992 年，国际排联（FIVB）成立了沙滩排球部；1996 年，在亚特兰大，举行了第一次奥运会沙滩排球比赛。目前，世界沙滩排球运动开展最普及、竞技水平最高的当属巴西和美国。澳大利亚、意大利和德国等国家近几年进步也很快。

沙滩排球运动近十年来得到广泛的普及和迅猛的发展，世界沙滩排球巡回赛已由最初的每年 5 站，增加到了男子 14 站、女子 16 站。目前，世界上已有上百个国家和地区成立了沙滩排球组织并正式开展了沙滩排球运动，从事沙滩排球运动的运动员接近 6 千万名。每年有 80 多个国家和地区电视转播或播放沙滩排球的赛事，收看电视的观众人数超过了 5 亿人。这些数据表明，沙滩排球不仅是体育节目报道中的一个新的热点，而且，它作为一项集竞技性、休闲性和娱乐性为一体的体育运动项目，在世界许多国家，尤其是在欧美等发达国家已经成为最受欢迎的夏季体育项目之一。

二、沙滩排球大赛简介

（一）沙滩排球世界大赛简介

沙滩排球自 20 世纪 20 年代在美国加利福尼亚州诞生以来，依靠其激烈的竞争性、丰富的趣味性和独特的艺术性风靡全球，成为深受人们喜爱的运动项目。经过多年的发展和完善，沙滩排球逐渐演变成为一种竞技体育项目。目前世界上沙滩排球的重大比赛主要包括：沙滩排球世界锦标赛（World Championships）、沙滩排球世界巡回赛（World Tour）、奥运会沙滩排球赛（Olympic Games）、沙滩排球洲际杯奥运资格赛（Continental Cup）、沙滩排球卫星赛和挑战赛（Challengers and Satellites）等。

1. 沙滩排球世界巡回赛

1990 年国际排联将“世界男子沙滩排球锦标赛”改名为“世界沙滩排球巡回赛”。由巴西、意大利和日本三个国家承办，取得了空前的成功，极大增加了沙滩排球在全世界的影响力，承办比赛的国家也越来越多。从 2017 赛季开始，国际排联对沙滩排球世界巡回赛进行了大幅的改革，取消了原有的大满贯、公开赛等级划分，保留了主系列赛，并将主系列赛打造成世界巡回赛中最高端的比赛；同时对不同站点的比赛进行等级划分，分别划为五星、四星、三星、两星和一星，在确立精品比赛的同时，降低门槛让更多国家有机会承办巡回赛。巡回赛的队伍按积分排名获得参加奥运会的资格。

2. 沙滩排球世界锦标赛

1987—1996 年在巴西里约热内卢每年举办一届沙滩排球锦标赛，但未获得官方承认。1997 年第一届作为官方正式的沙滩排球世界锦标赛在美国的加利福尼亚州洛杉矶举办，之后每两年举办一届。共有来自全世界最顶尖的 48 支男女队伍参加比赛，是沙滩排球世界巡回赛的一个亮点。除此之外，还设有 U23、U21、U19 和 U17 四个级别，分别针对 23 岁以下、21 岁以下、19 岁以下和 17 岁以下的青少年世锦赛。

3. 沙滩排球奥运赛

1992 年，在巴塞罗那奥运会上沙滩排球作为表演项目登上奥运大舞台，此后在国际排联的努力下，1993 年沙滩排球正式被列为奥运会比赛项目，并于 1996 年首次作为正式比赛项目进入亚特兰大奥运会，42 个国家的 600 多名运动员参加了资格选拔赛。奥运会沙滩排球赛设男子和女子项目，根据国际排联规定运动员的参赛资格由奥运会前的积分决定，男女各 24 支队伍，东道主至少有一支队伍，每个国家队伍上限为 2 支。此外，在 2014 年南京青奥会上沙滩排球也作为正式比赛项目列入第 2 届青奥会比赛项目。

4. 沙滩排球洲际杯奥运资格赛

为了在全世界范围内推广和普及沙滩排球，使不发达国家也能享受沙滩排球带来的乐趣，国际排联举办了洲际杯沙滩排球赛，每个大洲的冠军获得直接进入奥运会的资格。

（二）沙滩排球国内比赛简介

我国的沙滩排球起步比较晚，发展水平远落后于欧美一些较发达的国家。自 1993 年国际奥委会决定把沙滩排球作为奥运会正式比赛项目后，中国排协加大了对沙滩排球的重视程度，开始在全国范围内推广沙滩排球运动。1994 年沙滩排球被列为全运会正式比赛项目；1997 年第一次进入全运会；1998 年沙滩排球与室内排球分开成为独立竞技项目。目前我国的沙滩排球主要比赛有：全运会（青运会）沙滩排球赛、全国沙滩排球巡回赛（包括全国沙滩排球锦标赛、冠军赛、满贯赛等）。

1. 全运会沙滩排球赛

全运会沙滩排球比赛分设男子项目和女子项目，参赛资格由运动队在全国沙滩排球巡回赛的总积分决定，男女各24支队伍，共计96名参赛队员。全运会沙滩排球赛是国内沙滩排球的顶级比赛，在沙排界具有重要影响力。

2. 全国沙滩排球巡回赛

1994年我国举办了第1届全国沙滩排球巡回赛，此后每年在不同站点举办全国沙滩排球巡回赛。其中全国沙排锦标赛为全国最高等级的沙滩排球赛事，另外，巡回赛中还包括冠军赛和大满贯赛等站点的比赛。巡回赛一般采用第一阶段循环赛，第二阶段单败淘汰赛的赛制，每支运动队巡回赛的积分排名会影响到参加大满贯赛和全运会的资格。

第二节　沙滩排球运动的发展概况

沙滩排球运动在世界范围内的传播和发展与各地经济发展水平、文化传统以及大众的生活方式的改变有密切的关系。

一、世界沙滩排球运动的发展

沙滩排球最早出现在20世纪20年代美国的加利福尼亚州，首先在美国本土内广泛传播。之后，沙滩排球传入法国、比利时、捷克斯洛伐克等欧洲国家，据史料记载，1927年法国举行了欧洲的第一场沙滩排球赛。此后这一具有高度观赏性、高超技巧性和激烈竞争性的运动项目受到越来越多人的关注和喜爱。

起初的沙滩排球比赛是六人制，随着参与的人数逐渐增多，竞争性逐渐增强，四人制和三人制的比赛先后出现，并代替了之前的六人制比赛。20世纪40年代，两人制比赛逐渐占据了沙滩排球的主流，使沙滩排球逐渐演变成一种竞技体育项目。1947年在美国的加利福尼亚州正式举办了第1届两人制沙滩排球比赛。此后，沙滩排球一直沿用两人制的比赛规则，开启了沙滩排球的发展之路。

20世纪50—60年代，沙滩排球的竞赛活动发展迅速，欧美一些沙滩排球基础比较好的国家先后举办了各种规模的非商业性比赛，不仅使沙滩排球的竞技化程度有所提高，也为沙滩排球向着商业化和职业化方向发展奠定了基础。

20世纪70—80年代，沙滩排球开始转型，开始由原来的民众娱乐活动向竞技化、商业化和职业化方向转变。1974年在智利圣地亚哥首次举办了带有商业性质的两人制沙滩排球巡回赛，沙滩排球开始走向商业化道路。1976 年在美国加利福尼亚举办了首届世界沙滩排球锦标赛，设置奖金数千美元，被称为“职业沙滩排球比赛的源头”；1980 年受商业赞助的全美沙滩排球巡回赛第一次被列入美国官方体育日程计划；1982 年美国沙滩排球联合会（AVP）成立。这些都标志着沙滩排球的商业化是大势所趋，众望所归。

20 世纪 80 年代，国际排联（FIVB）开始了世界性的宣传活动，力求把沙滩排球这一崭新的排球运动形式推广、普及到全世界。1986 年，首届国际沙滩排球表演赛在巴西里约热内卢举行，吸引了数千名观众到现场观看比赛。同年，沙滩排球被国际排联列为正式比赛项目。1987 年第 1 届两人制的世界男子沙滩排球锦标赛在巴西里约热内卢举行，来自巴西、美国、意大利、阿根廷、智利、墨西哥和日本 7 个国家的 40 多名选手参加了这次比赛，在国际排坛引起了巨大的轰动。1988 年国际排联正式成立了世界沙滩排球联合会。

1989—1990 赛季，国际排联将“世界男子沙滩排球锦标赛”更名为“世界沙滩排球巡回赛”，分别由巴西、意大利和日本三个国家承办比赛。这种在不同国家设置站点巡回比赛的办法，极大地促进了沙滩排球在世界范围内的传播和普及，使越来越多的人领略到沙滩排球独特的魅力。

20 世纪 90 年代，是沙滩排球发展过程中的一个黄金阶段。除了巴西、意大利和日本，法国、澳大利亚和西班牙也分别开始承办世界男子沙滩排球巡回赛，使巡回赛的规模不断壮大，大满贯赛、卫星赛、锦标赛等不同级别的赛事先后成立。1992 年沙滩排球首次在奥运会亮相，成为巴塞罗那奥运会的表演项目。同年，国际排联在西班牙举办了首届女子沙滩排球锦标赛。

在 1993 年召开的国际奥委会第 101 次代表大会上，沙滩排球被正式确立为奥运会的比赛项目。

1995—1996 赛季的世界沙滩排球巡回赛，在规模上达到了一个空前的高度。在世界各地有 29 个站点承办比赛，共吸引了 80 万名观众去现场观看比赛，更有 5000 万名全世界的观众通过电视转播观看了比赛，可谓盛况空前。

在 1996 年的第 26 届亚特兰大奥运会上，沙滩排球作为正式比赛项目首次出现在全世界观众的面前，42 个国家的 600 多名运动员参加了资格赛的选拔。其中男子项目中来自美国的两队选手包揽了金、银牌，加拿大组合获得铜牌；女子项目中来自巴西的两队选手包揽了金、银牌，澳大利亚选手获得铜牌。至此，沙滩排球运动的发展达到鼎盛时期。

1998 年国际排联决定，从 1999—2000 赛季开始，沙滩排球运动队参加每站世界排球巡回赛的积分将决定运动队入选奥运会的资格，还表示今后奥运会沙滩排球赛的参赛资格都由运动队在世界巡回赛的积分决定。

进入 21 世纪，沙滩排球在世界范围内进一步发展。2000 年悉尼奥运会和 2004 年雅典奥运会都有男女各 24 对选手参加了沙滩排球项目的比赛；2008 年北京奥运会参赛队伍更是增加到了 24 支。从 2000 年悉尼奥运会开始到 2016 年里约奥运会，随着世界沙滩排球比赛参赛国家的增多，受关注的程度也越来越高，沙滩排球项目在奥运会上取得了巨大的成功。

世界沙滩排球巡回赛的规模也不断扩大，设置的比赛站点逐渐增加，使世界上越来越多的国家和城市都能承办巡回赛不同站点的比赛，不仅把沙滩排球推向了全世界，还带来了巨大的社会效益和经济效益。

从 2017 赛季起，国际排联对沙滩排球巡回赛进行了大刀阔斧的改革，取消了原有的大满贯赛、公开赛等级划分，保留了 SWATCH 主系列赛并加大宣传和投资力度，力图将主系列赛打造成世界沙滩排球巡回赛中最高等级的精品赛事。与此同时将比赛划分为五个档次，分别为五星、四星、三星、两星和一星的不同比赛。在确立精品比赛的同时，也降低门槛，让世界上更多国家有机会承办世界巡回赛的站点比赛。

沙滩排球所表现出的激烈的竞争性、高超的技巧性、丰富的趣味性和娱乐性以及高度的观赏性，带给人们前所未有的视觉享受，使这个项目在世界范围内迅速地传播和发展，成为世界上最流行的夏季运动项目之一。

二、我国沙滩排球运动的发展

我国沙滩排球运动的发展和一些发达的欧美国家相比起步较晚，从整体历程来看可划分为三个阶段：起步阶段、发展阶段和提高阶段。

（一）起步阶段

20 世纪 80 年代末至 90 年代初，《中国排球》杂志在这段时间断断续续举办了几次沙滩排球联谊活动和民间沙滩排球邀请赛，是我国沙滩排球发展起步的标志。1987 年，我国首次组队参加了沙滩排球国际邀请赛；1990 年派出代表队参加了首届国际沙滩排球大奖赛；之后的几年中，陆续在深圳、海南、青岛和烟台举办了国内的沙滩排球邀请赛；1993 年我国派出两对选手参加了亚洲沙滩排球巡回赛，这一系列的活动和比赛使人们开始了解沙滩排球，促进了沙滩排球在中国的传播，为之后沙滩排球的发展奠定了良好基础。

（二）发展阶段

1993 年国际奥委会把沙滩排球列为奥运会正式比赛项目之后，中国排协也逐渐开始重视沙滩排球在我国的普及和发展。1994 年广岛亚运会，沙滩排球作为表演项目出现在赛场，我国派出的男女两支队伍在比赛中均取得了第五名的成绩。同年，中国排协开始在我国举办全国沙滩排球巡回赛，但由于缺乏经验，加上资金方面的问题，比赛没能取得很好的效果。

1995年中国排协经过对之前比赛的总结，又在青岛和上海举办了全国沙滩排球巡回赛。这次比赛和以往有所不同：一是依靠社会力量办比赛，把上海和山东体育运动委员会计划举办的邀请赛并入国家体育运动委员会竞赛计划，使之成为1995年的全国沙滩排球邀请赛；二是此次比赛不限制选手资格，规定每个地区最多限报两名选手参赛。

1996年在天津举办了首届全国沙滩排球精英对抗赛，这是我国第一次完全由社会出资举办的商业性比赛，冠军奖金高达5000元，在社会上引起了很大的反响。1997年沙滩排球成为全运会正式比赛项目，共有32支运动队参赛，上海队和四川队分获男、女组冠军。

1997年中国派出4支队伍参加了世界女子沙滩排球巡回赛日本大阪站和韩国釜山站的比赛，虽没有取得优异的成绩，但和世界强手较量之后使我们了解了和世界沙滩排球水平的差距，为接下来的努力发展提供了动力。这一时期我国沙滩排球运动的发展虽然和之前相比有了很大的提高，比赛的数量和质量都达到了一个新的高度，但同世界上的沙滩排球强国相比，仍存在不小的差距。

（三）提高阶段

1998年开始，中国沙滩排球进入了快速提高的阶段，中国排协在这一时期内出台了一系列的政策，把沙滩排球与室内排球彻底分开，使之成为一个独立的运动竞技项目。1998年8月，中国排协作为承办方第一次在大连举办了世界女子沙滩排球巡回赛中国大连站的比赛，并连续举办了三届，迈出了中国沙滩排球与世界接轨的第一步。

步入2000年以后，中国沙滩排球的成绩突飞猛进，尤其是女子沙滩排球接连在国际比赛中创造佳绩。2000年悉尼奥运会上，我国运动员迟蓉、熊资获得女子第9名的好成绩；随后二人在世界女子沙滩排球巡回赛中国广东站的比赛中获得第4名。2002年韩国釜山亚运会上，中国选手田佳、王菲组合和尤文慧、王露组合包揽了女子沙滩排球比赛的冠亚军。2003年中国组合田佳、王菲在世界女子沙滩排球巡回赛印尼站和意大利站的比赛中两次获得冠军，创造了中国沙滩排球有史以来的最好成绩。2004年，在连云港举办的亚洲沙滩排球锦标赛上，中国包揽了女子前四名。2005年，中国排协承办了SWATCH世界巡回赛，这是我国第一次在一个城市举办男女沙滩排球的世界最高水平比赛。同年5月，田佳、王菲组合在德国沙滩排球世界锦标赛上获得第3名，创造了我国运动在该项赛事上的最好成绩。2008年北京奥运会上，田佳、王洁和薛晨、张希组合分获亚军和季军。2012年伦敦奥运会上，薛晨、张希获得第4名。

近年来我国男子沙滩排球在国际比赛中也接连取得突破。2005年上海SWATCH世界巡回赛上，徐林胤、徐强组合止步八强，但出色的表现引起了世界的关注。2006年，中国选手徐林胤、吴鹏在波兰世界沙滩排球巡回赛上获得第3名的好成绩，并于2010

年在莫斯科沙滩排球大满贯赛决赛中战胜对手获得冠军，这也是中国沙滩排球男子选手获得的第一个世界巡回赛冠军。同年 7 月，徐林胤、吴鹏在法国获得世界巡回赛公开赛的冠军，成为中国男子沙滩排球的领军人物。

第三节　沙滩排球的技战术发展趋势

沙滩排球从开始的游戏娱乐性质，逐渐向竞技对抗方向发展。在 20 世纪 40 年代末至 50 年代初是一种技巧性的比赛，运用的主要技战术是控球技术、轻打球技术和防守战术。2001 年 1 月 1 日起，国际排联试行新的沙滩排球规则，对沙滩排球的技战术也提出了很高的要求，“全、高、巧、变、快” 成为沙排比赛制胜规律的新内涵。具体表现在以下五个方面。

一、技术趋向全面化

沙滩排球比赛由于沙质地面松软且沙的流动性大，并受阳光、风向及不可预见的气候变化等因素的影响，这就要求运动员对各项基本技术的掌握更加全面、扎实，各项基本技术动作的运用更加注重规范化、合理化。根据不同环境、不同对手的水平，采用合理和实效的技战术手段已成为沙排比赛制胜的重要手段，尤其是一些动作隐蔽、技术难度不高但击球效果好的技术，在沙排比赛中已被大量采用。如轻拍、垫传、二次球技术、高位挡球、单手顶球、鱼跃救球等实用技术动作被大量采用。从技术角度讲，轻拍技术动作幅度小、隐蔽性强、落点易掌握，较重扣少了一些体力消耗，且成功率较高。沙排比赛场地面积缩小，防守的难度降低，起球率提高，反击机会增多，使运动员的体能消耗较以往明显加大，在体力不支的情况下，为有效地控制一些低位球、冲网球、高位球，减少移动距离，利用垫球作二传调整，用挡球技术动作来缩短后撤时间，变被动为主动，提高了技术运用的效果，有利于完成有针对性的战术配合。而垫传、挡球、顶球等实用技术动作的大量采用，适应了不断变化的比赛环境和特定的沙排比赛规则要求，避免一些无谓的失误。同时，规则对击球技术判罚的趋严，使得大量简练、实效的技术通过比赛表现了出来。沙排比赛开放性的环境，为丰富沙排技战术的种类提供了可能，也为技术的运用创造了条件。

二、攻防动态均衡化

随着沙排运动的不断发展，沙排技战术已经由孤立、分散的状态逐步形成了较为完整的体系，由队员位置决定职责、攻防分工明确的战术方式，已满足不了攻防迅速转换的要求。这促使我们对攻防平衡的理解和认识已不能局限在队员分布上的平衡，而是攻防力量的同步增长与平衡。防守现代排球的两翼之一翼是接发球的稳定，保证不失分或少失分；另一翼是防守反击的高水平，保证多得分和快得分。如果没有这两项，一个队伍是难以进入世界排坛先进行列的。运用各种垫球技术防起对方的各种来球组织起有效的反攻，防守是由被动转入主动的一项基础技术。技术过硬有利于防守反击的组织，比赛中有近 2/3 的起球靠防守。因此，对比赛中运用的防守技术的总体效果进行统计研究是非常有价值的。漂亮的防守是最令人振奋的沙滩排球技能。比赛中，队员的职责已从单一的进攻或防守转变为既有进攻又有防守，具备不仅能参与进攻，也能积极投入防守的能力。要求每个队员都应具备能攻兼守的双重职能，促使沙排队员的进攻与防守职责分工呈交叉的趋势。要求运动员能依据对方进攻（拦网）情况的判断，随机应变，巧妙地运用各种战术手段，灵活地变换防守（进攻）组织形式，争取在战术组成方面拥有主动性。在环境条件变化的情况下，运动员还要以完成高质量的进攻为目的，主动变换配合的形式，利用一切有利因素，灵活配合，以达到获胜的目的。

三、战术运用多样化

“快、准、巧、变”是现代沙排比赛中最具活力的战术表现特性。未来的沙排比赛对运动员技战术运用的多样性提出了更高要求，仅具备单一技能的队员已不能适应现代沙排比赛的需要。移动快，下手快，落地准，判断准，轻重结合，巧妙、灵活运用二次球，低弧度集中球、拉开背后球等跑动进攻和节奏变化的战术运用，使得沙排战术的运用更加多样化。随着频繁的组织攻防节奏变换，要求运动员具备应变、自主的战术配合意识。防反时，两个队员自主的拦防配合意识进一步得到强化，时而拦防配合，时而防防配合，又有迅速交叉换位的跑动防守配合，赛场职责的扩大和交叉要求运动员摆脱位置分工的限制，沙滩排球队员场上站位的左右界限已被打破，一专多能的趋势逐渐形成，队员既可以打左侧，又可以打右侧，有效扩大了进攻范围。攻防交叉职能的转换，要求队员之间的配合更加默契和熟练，协助同伴发挥优势并主动弥补不足，注重控制比赛节奏，使战术构成建立在配合基础上，保持低弧、中速、流畅、有效，才能掌握比赛场上的主动权。沙排“快、准、巧、变”的战术发展趋势进一步促进了沙排战术内容的丰富，增进了沙排比赛的激烈和精彩程度。

四、网上实力突出化

沙滩排球比赛场地面积的缩小，对运动员的网前技术和进攻控制能力提出了更高的要求。网前的优势已成为各队场上主动得分的重要因素。突出网上实力逐渐成为比赛的根本要求，沙滩排球运动员身体形态趋向“大型化”，特别是拦网队员的身高。防守中加强网上、网前的防守，在网前争第一时间，并结合后排防守，提高拦防反击效率的“前高位”防守战术已成为沙排防守战术发展的新趋势。事实证明，打好一攻仅是沙排比赛的一个环节，在双方的攻防对抗中，防反成功率是球队综合水平的直接体现，而网上实力的强化，是促进防反成功率提高的重要环节，是取得比赛胜利的关键。

五、体能、意识当先化

沙滩排球比赛队伍只有两名队员组成。在松软的沙地上要完成传、垫、发、扣、拦及一系列攻防串联动作，在跑、跳、移动等动作中必须克服比一般硬地大得多的阻力，还需突破外在环境、气候等因素的干扰，并且无替补队员，因此，对运动员全面的身体素质要求更高，特别是在持续弹跳的爆发力、强韧的肌耐力、滞空能力、连续作战能力及心理素质等方面。运动员需要有极强的球场意识和体能基础，体能储备极其重要。沙滩排球运动的项目特点及其发展的必然趋势，使得沙排运动员的体能训练对于提高沙排运动水平具有特殊的意义，沙排体能训练是提高沙排运动员技战术训练水平和运动成绩的基本保障，也是增强沙排运动员精确的判断意识，稳定其良好心理状态的基本途径。

思考题

1. 简述世界和我国沙滩排球运动的主要发展特点。
2. 简述我国沙滩排球运动发展的主要经验和教训。
3. 简述我国应如何更好地开展沙滩排球运动。
4. 世界主要沙滩排球比赛都有哪些赛事？

第二章 沙滩排球技术

内容提要

本章主要介绍了沙滩排球技术训练，包括各项技术的基本动作、种类、特点、临场运用提示及训练方法，以及沙滩排球技术的一般训练原则和特殊训练原则等内容。

教学目的

通过学习沙滩排球各项技术的基本要领，知晓沙滩排球各项技术的分类及规范，了解各项技术的训练指导要点，掌握各项技术的基本训练原则，熟练运用符合沙滩排球技术特点的训练方法。

第一节 准备姿势和移动

排球技术是指运动员在比赛规则允许的条件下所采用的各种合理的击球动作和配合动作的总称。排球技术分为两种：一种是无球技术，包括准备姿势、移动、起跳以及各种掩护动作；另一种是有球技术，包括发球、垫球、传球、扣球和拦网。本节所介绍的准备姿势和移动步法属于无球技术的范畴。

一、准备姿势和移动

（一）准备姿势

准备姿势与移动是排球基本技术之一，属于无球技术，是完成发球、垫球、传球、扣球和拦网等各项有球技术的基础。准备姿势和移动是相辅相成的，准备姿势是为了移动，而要快速移动，又必须先做好准备姿势。

准备姿势按身体重心的高低可分稍蹲、半蹲和低蹲三种。其中半蹲运用得最多，其动作要领为：两脚开立比肩稍宽，一脚稍前，两脚尖适当内扣，脚跟抬起，膝关节弯曲，上体前倾，两臂放松自然弯曲置于胸腹之间，双手置于腹前，抬头看球，两腿始终保持微动。稍蹲和低蹲与半蹲基本相同，只是两膝与躯干弯曲程度大于或小于半蹲（图 2-1）。

图 2-1　准备姿势

（二）移动

从起动到制动的过程称为移动。移动的目的是及时接近球，保持好人与球的位置，以便更好地击球。移动的技术要领是抬腿蹬地、破坏平衡。移动的步法有多种，主要有：并步与滑步、跨步与跨跳步、交叉步、跑步和综合步。步法的选择与运用是沙滩排球无球技术中的一个重要因素，往往和运动员的目的、取位以及预判等因素有关。不同步法的特点不尽相同，在不同情况中合理地运用步法是优秀沙滩排球运动员必须具备的能力。

1. 交叉步

一侧脚在身前或是身后跨出一大步，随后另一侧脚再跨过前脚，两脚依次交叉移动的步伐。交叉步按照从跨越位置到移动方向上也分为前交叉步和后交叉步。

在中、长距离的移动中大量使用交叉步。交叉步的主要特点是步幅大，移动速度快，范围大。但是对于转向能力的控制比较差，一般在移动中使用交叉步方向一旦错误便很难及时矫正。

2. 并步和滑步

一侧脚先移动，随后另一侧脚蹬地移动后迅速并上，在移动过程中双脚不形成交叉的移动步伐。并步移动有一侧脚先远离重心移动和一侧脚先向重心移动两种。连续重复使用并步，则称为滑步。

经常使用在近距离的移动中，对于比较靠近运动员额状面方向的移动有较好的效果。并步移动的主要特点就是能较好地保持身体重心平衡以及快速转向能力。使用并步移动能够快速制动和再次起动，因此运动员为了保持重心的稳定性以及再次起动的能力，并步的使用也是较为常见的。

3. 综合步

采用两种或两种以上的步伐来进行移动防守的移动步伐称为综合步。

一般出现在运动员重心发生突然改变的情况下。并步加交叉步是综合步较为常见的组合方式。综合步的运用经常伴随着运动员的即时判断、移动转向或是移动再起动和加速，也是从初步取位、移动调整进位到再判断、再移动防守过程中较为多见的移动步法。

4. 跳跨步

跳跨步是向目标位置屈膝跨出一大步，后侧脚用力蹬地，重心前移至前脚的移动防守步法。跳跨步一般只有向前移动，并且一次移动中不重复使用，防守接球时也常为单脚支撑地面。

一般使用在运动员矢状面向前方向的短距离移动。其特点是移动跨度比较大，是一步移动中移动距离最长的步法。常见于对前区的短球及吊球的快速移动击球，但是由于经常伴随着运动员重心上下的大幅度变化，因此对于击球后身体重心的恢复及转换需要较长的时间来调整。许多优秀运动员会使用两小步移动、低姿垫球或是鱼跃来代替大跨步移动击球。

5. 后退步

面向前方，两脚依次快速向后移动的步法称为后退步。

一般使用在运动员矢状面向后方向的短距离移动。后退步防守步法往往伴随单脚或双脚起跳击球，是对于过顶身后高球常用的移动防守步法。但是对于身后球速较慢，距离较长的移动，运动员应更多采用转身跑步的移动步法。

6. 跑步

跑步是指采用跑步的方式来进行移动的步法，一般步数在三步以上并且距离目标位置较远，必要时也会用手臂摆动进行加速移动。

常使用在长距离的移动之中。其特点是移动中可伴随手臂的摆动，因此移动速度是各类步法中最快的。但在实战比赛中，由于球速快时间短，跑步移动的防守步法并不多见。

二、训练指导要点

（一）准备姿势训练要点

①形成正确的动作定型，有条件的多做镜面练习，不断改进技术动作。

②练习时可采用对抗性、游戏性或竞赛性的方式进行，还可结合场地、球和各种声光电的信号等。

（二）移动训练要点

①加强髋关节灵活性和步法灵活性的练习，多做折返跑、变速跑和变向跑等练习。

②学习脚步移动时，先学习并步移动，然后学习交叉步和跨步移动。

③在移动练习中，要特别注重最后一步。最后一步急停后，上体要跟上去，对准来球方向做好准备姿势。同时在移动练习中，要强调身体重心应尽量保持在一个水平面上，避免起伏过大而影响移动速度。

④移动练习时，要掌握“脚前手后”的原则，强调脚步移动到位。

⑤脚步移动的节奏要与球的飞行速度、弧度相适应，过早、过晚地接近球都会破坏技术动作的连贯性。

⑥结合比赛的需要进行各种移动步伐的练习，如后排插上、边跟进、补直线和前排后撤防守等练习，以及移动后的滚、扑、跃练习。

三、临场运用提示

（一）自动化形成合理的双脚间距

当运动员双脚间距较大时，改变重心的动作效率较低，并不利于运动员快速地转换重心。而移动方向异侧脚先移动一步则可以提高效率从而提高整体动作的效率，同时也可能节省移动所需的时间。

而当运动员双脚间距较小时，移动方向一侧的脚先起动或许可以帮助运动员更快地得到加速度，虽然移动步数增多但在长距离的移动防守过程中速度并不比两步交叉步移动慢。相反，使用移动方向异侧脚先移动由于步幅间距较小，虽然也可以较快地进行起动，但是往往移动距离不够，运动员并不能完全移动到位，这就会降低之后的击球效果（图 2–2）。

图 2–2　准备姿势中的双脚间距

因此，运动员在准备姿势时的双脚间距往往决定了交叉步移动防守的步数。准备姿势中较大间距的双脚开立在随后的移动中可能使用两步交叉步的概率较高；相应地，在双脚间距较小时运动员在随后的移动防守中运用三步交叉步的可能性就比较高。所以运动员在调控自身姿势提高移动效率时，首先可以通过在准备姿势中有意识地形成合理的双脚间距来进行控制和调整。在高节奏的对抗比赛中，运动员大量的注意力会集中在与球相关的客体上，对于自身的准备姿势、重心调整、起动移动等环节都是在潜意识中做出的，要在攻防转换的一瞬间决定采用哪种步伐移动再随之进行运用是完全不可能的。因此只有在平时的训练中，根据不同的防守策略以及防守理念对运动员防守细节进行强化，使其完全达到高效率的自动化阶段，才能使运动员在比赛中对于各类防守技战术运用自如。

（二）结合准备姿势、取位和预判合理选择移动步法

移动步法的最终目的是更快更好地接触球，因此，要提高移动的效率必须结合准备姿势、取位和预判等因素进行综合训练，结合实战才是最好的步法训练方式。

各种步法是运动员所必须掌握的，但在实战中应有目的有重点地选择和运用步法，多类别的移动步伐有时会干扰到运动员的移动效率。

四、训练方法示例

（一）各种步法结合重心转换的练习

1.“8”字曲线疾跑

练习形式：直线设置3个标志杆，各杆相距5米。运动员依次绕杆进行“8”字形的曲线疾跑。

要求：跑的过程中不得碰杆，转体要快，重心要低。往返5次为一组，计时。可练5~8组。

2.“十”字形曲线疾跑

练习形式：按“十”字形，在线段两端和两线相交处各设置1个标志杆，各线间的两杆相距5米。

要求：运动员依次绕杆进行“十”字形曲线疾跑。跑的过程中不得碰杆，转体要快，重心要低。绕完1次为1组。计时。可练3~5组。

3.连续钻跨“山羊”

练习形式：部分队员成“一”字形或圆形站位，相距3~5米，报数。单数队员侧身站立，直腿弯腰，两手握住踝关节成“山羊”式。双数队员面朝前，两脚开立略比肩宽。其他队员依次交替跳过“山羊”和钻裆后，交替以“山羊”式或“开裆”式站立。

要求：跳跃要高、快，钻裆要低、快。跨越动作要采用骑羊、跨跳等多种规定动作。钻裆动作要采用前扑、爬钻、鱼跃等规定动作。循环1轮为1组。可练3~5组。

4.复式鱼跃障碍

练习形式：将深蹲式、半蹲式、站立式姿势与鱼跃动作固定组合，根据需要，设置不同高度的障碍。让运动员以不同的规定动作鱼跃越过障碍。

要求：动作规范、准确、快速和协调。练习组数和次数以队员的兴趣而定。

5.躲球

练习形式：若干运动员成圆圈站立，教练员手持一杆（或用绳拴一球），随时变换方向、速度、高度横扫队员的腿部。运动员应根据横杆的各种变化，及时以各种跳跃、鱼跃方式躲过横杆或球。

要求：根据横杆的变化及时做出相应的反应动作。练习时间、组数可视队员兴趣、情绪而定。

6. 仰卧起跑

练习形式：若干队员以“一”字形仰卧垫上，听到信号后迅速转体成俯卧式，接蹲式起跑动作起跑 10 米。

要求：转体起跑动作要快。练习 3~5 组，每组 3~5 次即可。

7. 倒退接前跑

练习形式：倒退跑的过程中看信号迅速向前起跑 10 米左右。

要求：倒退、制动、起动速度要快。练习 3~5 组。

8. 矮子步式移动练习

练习形式：运动员以全蹲或半蹲方式，沿沙排场地的边线或端线，快速前移或横向移动。

要求：保持全蹲或者半蹲姿势，身体重心不要上下起伏，保持平稳，快速前向或者左右侧向移动绕场一圈，练习 3~5 组。

（二）移动步法结合球的练习

1. 并步移动传球

方法：运动员并步移动绕过四个障碍物后，教练员抛球给运动员，运动员传球。

要求：并步移动要迅速，传球要准确（图 2-3）。

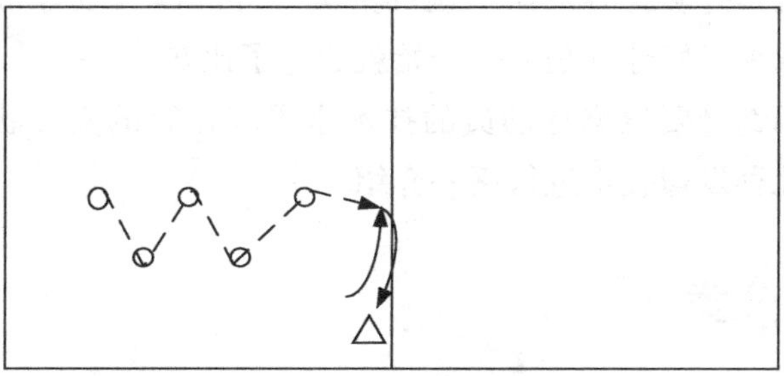

图 2-3　并步移动传球

2. 连续跳深后救球

方法：队员跳过三个凳子的高度后，防守教练员抛出一个小球。

要求：队员最后一个跳深之后迅速起动防守教练员的小球，教练员在队员做完最后一个跳深练习之后抛球。跳深的高度为 60~90 厘米。

3. 冲刺跑接前滚翻后防守

方法：队员从第一条线处冲刺跑，到第二条线处前滚翻，起来之后迅速防守教练员的扣球。

要求：两条线之间为6~7米，教练员在队员做前滚翻的时候抛球，队员一起身立即扣球给运动员。此练习锻炼运动员恢复平衡的能力（图2-4）。

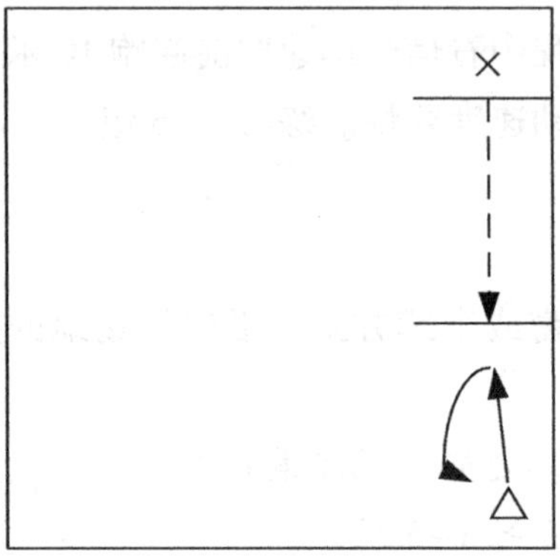

图2-4 冲刺跑接前滚翻后防守

第二节 发 球

发球是沙滩排球中一项重要的技术。发球是比赛的开始，是球队和队员主动得分的重要手段之一，且是打破比赛攻防平衡的关键一环。以“发球带拦防”是当今世界强队的普遍理念，忽视了发球则是从一开始就放弃了比赛。

发球技术和战术选择要根据运动员的技术水平和比赛的实际状况来决定。以下对沙滩排球中常用的几种发球技术进行逐一介绍。

一、发球的分类

（一）下手发球

对大部分初学者来说下手发球是最常用的技术，但它应是每一个运动员必备的技术，无论其水平如何。

1. 下手发球的基本要领（以右手发球为例）

站立，在底线面对球网，上体微前倾，双脚自然放置。腿稍弯曲，左手持球放于身体右前方；击球臂向后摆动，同时左手将球抛起；击球臂在体前击球的后中下部，使球向前上方飞出；手臂摆动的同时，蹬地送髋使身体重心前移；击球时手指伸开，四指并拢拇指外展，手掌保持坚硬以掌根部位触球。因为沙滩排球的气压较低，增大受力面积能提高对球的控制。

2. 下手发球的优缺点比较

下手发球的优缺点比较如表 2–1 所示。

表 2–1　下手发球的优缺点比较

项目	内容
优点	动作简单，易于掌握，失误少，准确性高
缺点	弧线较高且球速较慢，力量小，攻击性较差，接发球相对容易

（二）正面上手发球

1. 正面上手发球的基本要领（以右手发球为例）

面对球网，双脚前后自然开立，左脚在前，单手或双手持球于体前；将球平稳地抛向右肩前上方略高于一臂距离处；在抛球的同时，右臂抬起，屈肘后引，肘与肩齐平，上体稍向右转。击球时，用蹬地、转体、收腹的力量带动手臂挥动，在右肩的前上方伸直手臂的最高点，以全手掌击球的中下部；击球时手指自然张开包住球，手腕迅速做主动推压动作，使击出的球呈上旋飞行；为加强发球的速度和攻击性，可以采用一步或多步助跑。

2. 上手发球的优缺点比较

上手发球的优缺点比较如表 2–2 所示。

表 2–2　上手发球的优缺点比较

项目	内容
优点	（1）面对球网站立，便于观察对方站位的情况；准确性高 （2）发球动作有利于充分利用蹬地、转体、收腹及鞭打动作的力量，以加大发球的力量和速度，同时使球呈上旋，不易出界
缺点	攻击性不够

（三）发飘球

发下旋球和飘球是具有相关性的，它们的区别就是球有无旋转。

1. 发飘球的基本要领

双脚前后自然开立；击球臂向后摆动（就像弯弓射箭向后引箭那样）；球要在击球臂前轻轻竖直上抛，约60厘米高；肘部引导手臂摆动；身体右侧自然向球摆动。击球臂、手、右脚、右髋，每一个部位都要向前随之摆动以便在击球的一刹那能够面对击球的方向；用掌根部位击球。前臂要近似地垂直于地面。击球时击球面越小，球的旋转就越少；最理想的情况是球离手时完全没有旋转，球通过球网时仅比网高几厘米；短距离的随前动作可以使球的旋转最小化，因此手臂摆出的距离最多只能到体前的击球位置；击球力量越大，球就会飘晃得越厉害，偏斜也会越厉害，速度也会越快。但是这样会减少对球的控制。最理想的平冲发球就是集对球的控制、飘晃和速度于一身。

2. 关于手掌根的使用

在发平冲球时我们常使用掌根。击球部位比较硬，且击球部位小，因此容易使球产生形变。使用掌根的一个优越之处在于发球时不用使太大的力气，因为掌根能更深地进入球内，使内部的橡皮球胆弹离手，球的形变有利于球产生飘晃。被击打后球有恢复形状的趋势，但在恢复形变之前的短时期内它会在形变的不同部位振荡。在这段时间之内，形变会对球周围的气流产生影响，这样就产生了飘晃。

3. 飘球优缺点比较

飘球优缺点比较如表2–3所示。

表2–3　飘球的优缺点比较

项目	内容
优点	球在飞行轨迹中的飘晃不定
缺点	飞行的速度不快，而且到达对方场区下落的速度慢

（四）跳发球

1. 跳发球的技术要领

（1）助跑

跳发球与扣球类似，但也有显著不同。以三步助跑起跳为例。面对目标区域，在端线后2~3米的距离开始助跑。选择起始位置很重要，既不能距端线太近以免踏入场内，也不能太远，争取能够跳入场内击球是最有利的。助跑最后两步要快速、连续。

助跑没有固定的方式，有的运动员助跑步数更多，或者完全不助跑。

（2）抛球

用击球臂抛球，抛到击球臂的前上方；抛球高度要足够完成助跑起跳、挥臂击球的动作，这需要反复的练习。抛球时也可以加上旋，抛球之后要快速放下抛球臂。

抛球高度取决于个人习惯。高抛球有利于助跑和手臂的充分伸展。但这样球会在空中停留更长的时间，而且会受到风的影响。低抛球需要准确的时间控制但容易掌握。

即使在抛球时不加旋转，运动员也会在击球时使球上旋。但是，在抛球时加旋转要保证球准确地从手指尖抛出，否则球就会稍稍向这边或那边偏移。

（3）摆臂及踏跳

右腿向前摆动时，两臂同时向后摆动。右脚着地时右膝稍弯曲，左脚的着地点应在右脚之前几厘米。这就使身体稍稍转向击球臂一侧。左脚着地时，双膝要稍稍弯曲，双臂用力上摆以提高起跳高度，助跑获得的动量应尽可能转化为向上起跳的动量。

（4）空中击球动作

右臂屈臂后引（要高于耳朵的位置），像扣球一样，右侧肢体向左旋转，髋部向球的方向摆动，后背要成弓形。挥臂的鞭打动作要快，而且击球臂要完全伸展。击球时要全手掌击球，触球时要有压腕的动作。击球应对准球的中上部。击球的上部会产生上旋，这会加快球的转速并使球容易落在界内（图 2-5）。

图 2-5　跳发球

2. 提升跳发球的技巧

无论技术如何，以下几个方法可用来提高跳发球的成功率：

①固定一种助跑方式，两步、三步或四步，但每一种方式都有利弊。

②如果要发球过网急坠的话抛球要加上旋。

③抛球时如加侧旋，球就会向侧向移动。

④击球的左侧或右侧会发出曲线球。

⑤“三固定”很重要：抛球位置固定、挥臂动作固定、击球部位固定。

⑥逆风时可采用跳发大力球。

⑦可根据战术选择跳飘球和跳拍球（图 2–6、图 2–7）。

图 2–6 跳飘球

图 2–7 跳拍球

（五）高空球

在阳光耀眼的日子里，高空球会给对方的接发球造成一定困扰，它还可以帮助你发现对手垫球的弱点。高空球是沙滩排球运动员必须掌握的一种发球技术。

1. 发高空球的基本要领

持球侧对端线，非击球臂的肩膀朝向端线，或者相反；深蹲的同时屈膝；左手持球，当右手击球时球要迅速离手；注意摆臂和伸膝是一个连续的动作；左手抛球，击球时用半握拳的右手的内侧面（或手的上边）击球。触球时手臂不必完全伸展。击球位置在腰部或是胸部，不要太低。击球后人随球稍向场地转大约 10°角。击球时不必看击球的部位，但要盯球。

2. 高空球优缺点比较

高空球优缺点比较如表 2–4 所示。

表 2-4　高空球的优缺点比较

项目	内容
优点	(1) 高空球在空中飞行的时间很长，会导致接发球一方队员注意力分散 (2) 当发到后场区时，对方接发球和传球的距离都会加长 (3) 它会打乱对方的节奏 (4) 在比赛中不确定的气流会使球的飞行路线更加不可预测 (5) 球落下的速度很快，接发球更加难以处理
缺点	(1) 落点不易控制，找点找区域比较困难 (2) 对接发球队来说接发球的准备时间较长 (3) 通常情况下球的飞行轨迹比较规律

二、训练指导要点

（一）多球练习

1. 连续发球练习

在场地一侧，连续以不同的发球方式将球发入对方的场区，每组 15~20 个球。每次发球之后到场内准备防守或拦网以培养良好的比赛习惯。在一侧场地发完之后换另外一侧场地，适应不同的阳光和风向。

2. 分区域发球

①将场地纵向平分，向场地左右半区内各发 10~15 个球，然后换另一端。

②划出距边线 1 米、距端线 2.5 米的区域（图 2-8），然后向阴影区域内发 10~15 个球。

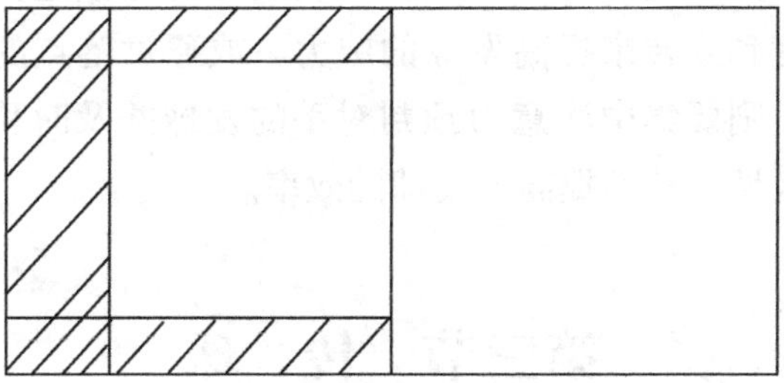

图 2-8　发球落点区示意图

③在对方场区内的不同位置放上标志物，然后对准这些目标发球。这些目标位置应该包括后场边线处及后场端线处的斜线球、短线球、中间短球（发到场地中间的短线球）和短角球（发到前场角区的短线球）。

④通常场地四个角区是发球最困难的目标区域。如果发到角区困难，尝试发前区

或后区，但要确保每一次发球落点在对面场区距边线或端线半米左右。

3. 发球过网高度控制练习

为了降低发球的弧度，可以在标志杆之间绑一根有弹性的绳子，离网1~1.5米。10~20个球一组，争取发球在绳子和球网之间通过且不碰到球网。待这一高度成功率较高之后，逐步降低绳子的高度，直至最后高度降至0.3米，且球过网时要干净利落。

（二）发球对抗练习

1. 区域得分对抗练习

用毛巾或在场地上画线以标定目标区域：场地的两个角区，中场后部和沿边线的区域，每人发10个或20个球，发到角区得2分，其他区域1分，落在这些区域之外为0分，发球失误为1分。发球方式不限（或规定发球的方式必须为跳飘球或跳发球），积分多者获胜。

2. 发球落点顺序练习

规定发球落点次序，如场地后角—短斜线—中场后部—场地的对角处，每人发20个球，比较按顺序全部完成的组数或落在目标区域的个数。

3. 发球接发球对抗练习

在网前划定一个接发球落点区域（如距两侧边线各3米，距底线5米），发球队员在场地一侧发球，接发球队员在另一侧场区接发球。接发球队员的接发球落入目标区域则接发球一方得1分，若接发球未落入目标区域或失误则发球一方得1分，若发球失误则接发球一方得1分。此练习可以使发球接发球练习接近实战的要求，发球队员要通过控制发球的速度和旋转来提高发球的威力，或通过落点的变化使接发球队员移动接发球；接发球队员则要集中注意力预判对手的发球并及时移动，以正确的垫球动作将球尽量垫入目标区域，从而提高接发球的效率。

第三节　传　球

稳定而有效的传球有赖于运动员对球网、场地、风向，甚至自身位置的准确把握，即使最优秀的运动员也需要不断训练以精益求精。与室内排球不同，对于沙滩排球来说，传球到位的概念比较宽泛。虽然靠近球网的球更容易传，但受制于沙地、阳光、风向和场上运动员的状态等内外界因素，接发球的情况千变万化，因此向球移动才是传球运动员的首要任务，随后要保证身体姿势和动作正确，这样才能给进攻队员创造有利进攻的条件，给对方制造尽可能多的困难。

一、传球的分类

（一）上手传球

1. 正面上手传球

（1）准备姿势

迅速判断接发球的落点，并快速移动到位，到位之后两脚开立与肩同宽，双膝微屈，面对传球的方向，尽量保持身体姿态的稳定。

（2）下肢动作

传球时要用蹬地的力量。首先，取位时身体姿态要尽量平稳，如果两脚距离太近，球稍有飘晃就不利于发力和做动作，传球时两膝要微屈。传球时蹬地发力可以提高向前上的动作或手臂的伸展幅度，从而控制传球的高度。

（3）发力

传球的发力是一个连续动作，伸腿的同时前臂向前上方伸直，传球时手指手腕要保持一定的柔韧性，利用这种自下而上产生的力量，加之动作协调一致才会传出好球。

（4）躯干控制

躯干在上手传球中是非常重要的环节。在松软的沙滩上，运动员的站位不可能很稳固，这就需要运动员控制好躯干以增加传球的稳定性。传球违例（持球或连击）多数会发生在躯干失去平衡时（如屈单侧髋、屈双膝、屈单膝等），用手臂动作来补偿躯干稳定的情况（图 2–9）。

图 2–9 上手传球

上手传球的优缺点比较如表 2-5 所示。

表 2-5　上手传球优的缺点比较

项目	内容
优点	能更好地控制球
缺点	（1）对较低的接发球和太近网的接发球不适用 （2）在准备动作不充分的情况下容易造成持球、连击违例

2. 上手背传球

背传球技术也是当前沙滩排球比赛中常用的传球技术之一。与正面传球相比最大的区别就是重心要从前脚转移到后脚。准备姿势和最初的取位是和正面传球相同的。背传时，习惯性的头后仰，或过分地向后伸臂都会提前暴露你的传球意图。背传的动作同样从下肢开始发力。移动到球下之后，将臀部朝向传球的方向，并把重心转移到后腿上。在展腹的同时（即臀部向前移动时），蹬腿并向前上方伸展手臂。手臂动作要和正面上手传球动作一致，这样便于隐藏自己的传球意图。唯一的区别就是在传球时要充分地展腹使臀部由球后向球前面移动。

3. 传快球

传快球通常指的是球仅仅高出网上沿 0.6~1 米，出球的位置离传球队员较近。传快球需要传球队员对时机的把握恰到好处，因为沙子会减慢进攻队员的上步速度。如果接发球飞行的距离过长，那么快传球并不适合，但在攻防转换中不失为一个好的选择。使用这种战术可以充分利用对方防守慢的弱点，但也需要进攻队员和传球队员配合默契。

4. 上手传贴网低球

动作与普通传球相似，双腿的取位很重要。在传球的一刹那，躯干要保持稳定。传球的时候身体往上送，之后可以任其倒下，身体姿势要一直保持到球离手。尽量使传出的球离球网有 20~30 厘米的距离。

5. 正面传“半高球”

“半高球”是室内排球中常用的战术，它通常传给中间的扣球队员，比普通的拉开传球要低一些，也要快一些。在沙滩排球比赛中，“半高球”的益处在于它可以甩开对方的拦网队员，加快进攻的节奏。因为它快，防守队员很难重新取位。当然在传球时，要考虑扣球队员接发球的位置。

在攻防转换中，或对方发球发到场地中间时，可以使用“半高球”战术；在来回次数多的回合中，也可以使用这种战术。在来回球中，运动员总会偏离自己的位置。“半高球”可以甩开拦网队员，也可以减少本方扣球队员的跑动距离，还可以在场地的左右两侧为扣球队员提供更多的选择。

传“半高球”时击球点务必要高，传球要有弧度，高度大约在网上 1.2 米，体前 1.2 米。出球位置要距离传球队员稍近一些、稍低一些，但传球的弧度也要保证扣球队员能够有时间助跑到位。

（二）垫传球

在沙滩排球中另一类较为常用的传球技术就是垫传球技术，垫传球类似于垫球但需对球施加更多的控制，为此运动员必须保持手臂触球平面水平，并且让球和手臂有更长的接触时间。垫传的关键是形成一个平稳的垫击平面。

1. 正面垫传球

提前判断并移动到位，开始时手臂放低，手型做好并紧握，放低身体重心；击球时蹬地发力，以前臂击球的后中下部或正下方，触球时手臂与身体接近垂直；用抬起的双臂引导球，触球的时间越长就越能控制球，并使球的旋转越少。

垫传的关键在于手臂形成的击球平面。躯干则是稳固击球平面的支点。为了形成击球平面，肘部要固定，这样触球平面会稳固一些，击球时肩角接近 90°。一般情况下，手臂的随摆动作不能高于头部（图 2-10）。

图 2-10 垫传球

垫传球的优缺点比较如表 2-6 所示。

表 2-6　垫传球的优缺点比较

项目	内容
优点	当球带有旋转，或是有风，或是接发球太低，或是接发球太近网时，垫传比上手传球更易于运用
缺点	对球的控制比上手传球要差

2. 背向垫传球

背向垫传球时，首先身体位置要正确，即身体与传球的路线相垂直。这种身体位置相对而言失误的可能性要小。相对于正面垫传球，背向垫传球要加大击球平面的角度，这样在触球时就可以加大触球面积，增加出球时间，从而使传球尽可能减少旋转。正面垫传球时，球一般比较低，且在身体之前，背向垫传球则与此相反。至于臀部，与上手背传球类似，要向前压。击球之后的随球动作要大一些，高过头部。

3. 垫传贴网低球

垫传贴网低球时，躯干与上肢的姿势和普通的垫传球相似，不同之处在于手臂要更加倾斜并稍稍加力，这样才能把球传得高一些。垫传球时，击球平面有一点摆动是可以的。切记手臂要插到球下，且要插得更深些。身体姿势要保持到球离开小臂。

4. 背垫传“半高球”

动作与正面传“半高球”相似，只是方向相反。同样，也要把球传起，高度约为 1.2 米，距离传球队员体后 1.2 米，这种球要传得直上直下才好。

背垫传球的优势在于能够迷惑拦网队员，当拦网队员认为只可能正面垫传球时却突然使用背垫传球技术，从而造成对方拦网队员来不及移动，只能仓促拦网，从而为本方进攻队员创造有利条件。

背垫半高球时，扣球队员与传球队员的沟通很重要，扣球队员要告知二传队员扣球的位置，是前面还是后面。如果对方拦网队员对此有所准备，并盯死了扣球队员，那么可以垫传正面的“半高球”，亦可以为进攻队员扩大对方拦防的盲区。

二、训练指导要点

（一）取位

为了更好地取位，传球队员要做到以下几点：

①眼睛自始至终注视球。

②保持手指手腕的灵活度，以便随时后翻以缓冲来球；手指手腕也要有一定的柔韧性以保证能够缓冲和发力。

③手放在前额上约一球处，两手手指自然弯曲成半球形，这样可以尽可能多地接触球以增大触球面积。

④两手之间的空隙不能太大，否则会漏球；也不能太小，否则包球不够会使球失控。

⑤在前额上方触球；肘部撑开，手腕后翻。

（二）传球“到位”的要求

拥有完美的手型并能够随心所欲地传球是每个沙滩排球运动员的目标，但传球这项技术的内涵还远不止于此。一个“到位”的传球应该包括以下几点：

①同伴进攻比较顺畅。如果攻手打起来很别扭，那么这就是一个失败的传球。

②根据对方的拦防布局传球。传球队员应该考虑对方的拦防布局，并根据这些情况把球传得远网或近网一些。

③传球的弧度、位置符合战术意图和同伴需要，体现配合的默契。

④要干净利落，不要被吹违例。

⑤传球队员传球之前要观察同伴的位置，传球之后要给攻手恰当的暗示。

⑥无论从场上任何位置传球，传球队员的参照坐标应该是一个三维空间：场地的边线，高度和球网。

三、临场运用提示

（一）拉开球和集中球

拉开球有更多的进攻选择，它在更长的距离上提供了更多的扣球点。但也要根据攻手的情况和对方的拦防布局综合判断予以取舍。可从以下方面考虑：

1. 进攻队员的有利手

右手队员对传到他身体右侧的球扣得更顺畅一些，而对于左手运动员则相反，因此在不同的位置传球的集中和拉开程度有所不同，且这样的抉择完全取决于个人的扣球习惯。

2. 传球的高度

最佳的传球高度在一定程度上取决于进攻队员的偏好、对方的防守布局和进攻队员与传球队员的相对位置关系。

当然，传球要有一定的高度以最大限度地利用进攻队员起跳的高度。因此，把球传高一点会比低一点更安全。

3．风的影响

风也是传球时要考虑的因素。它会影响你的传球。如果用上手传球就把球传低些，如果用垫传，就要更多地运用身体的伴送（即随球动作）使得出球更加平稳些。

但是，在所有的影响因素中，传球时要首先考虑进攻队员的特点。

（二）近网球或远网球

传球近网与否取决于对方的防守。如果对手没有拦网，传出的球可以稍微靠近网；如果对手跳跃或移动拦网能力较强，则传球要相对远离球网。

（三）传球的脚步移动："L"形跑位

传球队员在同伴接发球之前就应该向网前移动。侧跨步移动可以使球在整个过程中保持在视野之内，传球队员要始终盯球并对接发球的情况进行预判。

如果同伴接发球失误，传球队员就要停止向网前移动，转而向接发球的方向迅速移动；与此同时接发球队员要向传球队员跟进，同时提示传球队员他的方位以降低传球的难度。

当同伴接发球时，传球队员的跑动可以给接发球队员一个比较明确的目标信号，同时体现彼此的默契。但是大多数运动员易犯一个错误，就是直接跑到接发球队员网前的位置，因为感觉这样比较直接，但这样为接发球失误而预留的空间就小了。因此，传球跑动路线应该采取"L"形。传球队员向球网方向直线移动，移动的同时观察同伴的接发球，判断其落点之后再转向落点的方向移动，而不要直接朝同伴网前的方向移动，因为如果球飞向身后的话就会增加传球的难度。"L"形的助跑能为应付同伴接发球的失误留下更多的回旋余地。

同时，助跑还有一个小技巧，就是传球队员靠近球网一侧的手臂举起来，这样就给了接发球队员一个场上位置的定位。对于传球队员而言，手举起来有助于站位稳固，避免失去平衡。

（四）正确的身体姿势

传球动作始于身体动作，止于手臂动作。传球时腿可能会陷在沙坑里，但是当球离开你的手或击球平面时，躯干和上体要保持一个角度。切记每次传球时上体都要保持相同的姿势：背挺直，手臂抬起。在沙滩上运动员不可能总是用双脚发力去传球（因为沙地松软，两脚同时发力容易踩出一个沙坑造成身体重心不稳），因此躯干就成为传球时稳固的支点。传球时即使跪倒或身体重心偏向某一侧，躯干的每一个部位也要做到充分地伸展。传球时腿可以提供部分动力。无论是上手传球还是垫传球，送球出手的最后动作要伸腿和抬手臂，把球朝目标位置向上传出，除非因为一传失误迫使传球队员身体姿势降低，通常使用靠近球网一侧的脚来移动或蹬伸。

（五）暗示的时机

传球队员的责任不仅仅是传球，他还要观察对方场区的防守，提示进攻队员对方防守的空当来帮助进攻队员得分。此外，如果有拦网的话还要准备接拦回球。

暗示的时机把握很重要。有些攻手会特别依赖于同伴的暗示，只有得到同伴的提示才会下手进攻。如果暗示得太晚，进攻队员就会失去进攻时机；但如果暗示得太早，则会给对方的防守以提示。因为暗示要结合对方的拦防布局，因此当有些运动员看到对方的防守取位时就会喊出一连串的词（如“直、直、斜、直”），这就要求进攻队员根据暗示并结合自己的观察做出相应的调整。

（六）调整传球的策略

无论接发球队员多么优秀，在比赛中也会出现接发球不太理想的情况（通常会在激烈的多回合比赛中）。虽然应对这样的球没有定式，但有些技术也能起到弥补一传的失误作用。

1. 当接发球飞向后场时

或许是接球的动作失误，也可能是身体失去了平衡，又或者是对方发球的落点飘忽不定，这都会使接发球非常仓促。如果此时接发球突然飞向了传球队员身后，传球队员还是要努力把球传给同伴，那么助跑就成为一个关键因素。因此将传球队员和扣球队员之间的位置关系想象成一个大写的“L”。传球队员在“L”的顶端，扣球队员在“L”的底部。最理想的传球是球会落在“L”的顶端的另一侧，这样扣球队员可以看到传球，助跑也方便。

“L”形存在于场上的任何位置。在这种情况下，两名队员都在后场。传球队员所要做的就是把球传得拉开一些或集中一些。为了给同伴传出一个可以进攻的球，传球队员必须把球传向球网，即“L”的底部（此时两名队员之间是朝向左的“L”形）。不要把球直接传向球网，因为扣球队员是从后场起动助跑的，要为他的脚步调整留出余地，球要传到离网1米左右的地方。与此同时，为了留给扣球队员足够的时间使其助跑到位，要传一个直上直下且有一定高度的球，而不是低平球。

2. 接发球靠近另一侧场地边线时

有时接发球会过于靠近一侧的场地，或者直接飞出边线。发生这种情况后，传球队员要努力将该球救回场内。此时最重要的是身体要与球网平行，肩与球网垂直。尽量把球传到同伴接发球位置的正前方，弧度直上直下。相互之间的暗示很重要，这也体现两人之间的默契。在此过程中，扣球队员应该给出一些口头上的提示，如“这里！传起来！我在你身后”，或者是其他的能表明位置的信号。

调整传球时，把球传到身后即可，不要距离身后过远。同时，传给扣球队员的球的弧度要足够高，这样就能给扣球队员调整助跑的时间。

四、训练方法示例

（一）自传练习

①竖直向上传球，自接自传；或对墙传球；或行进间（走或跑）传球。每次传球之前，一定要把手型摆放正确。

②垫传，自接自传。

③不同高度的自传：跳传或低姿的垫传。

④对墙传球。在墙上做好标记，可以是一个点，也可以是一个区域，连续向目标位置传球，每组40~50个。熟练之后逐渐缩小区域。

⑤规定人与墙的距离，要求将球传向墙上的不同高度（可以在墙上做出标记），提高传球的准确性。

⑥对墙自垫或自传：两人一组，轮流对墙传球，每次传球后，都要迅速移动到墙边用保护的姿势单手摸墙再退回原处继续传球。这种方法不仅可以提高移动能力，而且可以培养保护意识和看球看人互相让位的意识。

（二）对传练习

①隔网对传，或在场地边线之外对传。

②自传一次（或数次）然后传给同伴，或自传自垫后再传给同伴；或自传后再背传给同伴等。

③两人相隔1~2米，传球给对方后后退一步，不断增大距离，直到两人都退到边线之外，然后每传球一次再向前一步，直到回到初始位置。这对精确把握传球用力大小有一定作用（切记要用腿蹬地的力量）。

④向前或后快速传球，强化对传球节奏的控制。

⑤两人相隔2~3米对传，传球之后迅速向前（或其他方向）移动摸放置的标志物（或中间画一条线），要求移动迅速，回位及时。

⑥对传加前移再自传一次：一人向前自传1.5~2米的球，并及时移动上去将此球传给对方，然后立即退回原处。对方做同样练习。

⑦两人站对面，一人自传，对方一举手则立即传给他，不举手则连续自传。当接对方来球前对方已举手，则不能自传，立即传给对方。

（三）多人互传练习

①传球游戏。这种游戏可以一对一、二对二或三对三。双方隔网对立，以三米线或六米线为界。触球的唯一方式就是传球，目的是不让球落在本方界内，每队都只有一次、两次或三次机会传球过网。

②三角传球练习（3 人 2 球）。处在底角位置的两人轮流将球传给位于顶角位置的人，由他将球传回。这个练习可以提高传球的节奏和速率。

③三角传球练习（3 人 1 球）。顺时针传球，两名位于底角的队员向前传，位于顶角的队员背传。逆时针传球时都向前传。

④三人移动找人传球。甲必须传给乙，乙必须传给丙，丙传给甲。传球后可以随意跑动，但在前一人传球前必须站定位置，前一人在传球的同时要找到自己的传球对象并准确地传给他。

第四节　接发球

接发球是沙滩排球中最重要的一项技术，因为它拉开了接发球进攻的序幕。如果接发球不好的话，球队从一开始就会陷入难以挽回的困境。

接发球的关键在于控制球，接发球的目的就是让同伴舒服地传球。一个球队一攻体系的效率高低与接发球有十分密切的关系。基于此点，本节将对接发球技术进行深入讲解。

一、基本动作要领

前臂垫球的技术要领如下：提前预判，从球出发球者的手时就应该做准备。两脚开立，比肩稍宽。重心平稳地保持在两腿之间。两膝弯曲，重心放低，保持平稳。这样有利于根据来球做出调整（下蹲、前冲、向前移动等）。当球过网时，两臂尽量并拢，双手也要紧紧握在一起。肘部和前臂靠在一起，手腕和前臂外旋。肘部固定，从肩到腕形成一个竖直、平整、连续的平面。全神贯注地注视来球。用腕关节以上 10 厘米的位置触球，触球时手臂不要摆动，耸肩夹臂，手腕下压。随挥动作的幅度完全取决于来球的速度和轨迹。有时还需要向后撤臂以缓冲来球的力量（图 2-11）。

图 2–11　前臂垫球

二、接发球技术的分类

在沙滩排球比赛中，接发球多是采用前臂垫球的技术。其他的接发球技术也多是从前臂垫球技术发展和演变而来的。

（一）接旋转球

接上旋发球时要做到以下六点：

①提早预判，要注意观察发球队员的手臂和手腕动作（看发球队员的腕部动作和击球部位），这有利于更好地判断球的轨迹。

②提早向球移动。

③相比接其他发球的手型，接旋转球时手臂应与地面垂直，触球时要耸肩（这样会使手臂向上抬）。耸肩的动作会对球产生反旋来抵消来球的上旋。手臂不需过多摆动。此外，也可以在触球时稍向后撤臂以抵消来球的力量（仅手臂摆动，身体其他部分不动）。

④触球时腿要伸直一些。因为手臂垂直地面，蹬腿与耸肩具有相同的作用，除此之外腿的移动还可以给人以更大的活动空间。

⑤如果想把球垫高，则手臂的击球面需稍微向球旋转相反的方向旋转（仅手旋转，身体不转）。

⑥为了调整垫球的平面可以屈膝，也可以前冲或下蹲。

（二）接快速球

处理快速球最稳定的方法是及时移动到位，用稳定的两臂形成击球平面接发球，但由于现代沙滩排球比赛发球的速度越来越快，有时候接发球队员来不及移动到位，此时可用如下两种方法予以应对：

1. 两臂伸向一侧

理论上讲，垫球时应当让球与身体在同一条直线上。但是，对于高速发球，受制于我们的准备位置和反应时间，首要问题应该是接到球，虽然手臂伸到身体的一侧有些不太稳定。

同正对来球的正面垫球不同，侧面垫球的要领是：要尽可能地盯着球（而不是垫球的目标区域）；耸肩夹臂（尽量让肘部并拢）。

2. 上手挡球

上手挡球是较难控制球的，除非万不得已，不要用这种方法。挡球时双手应该嵌在一起形成一个半球形以尽可能地缓冲来球。

（三）接高空球

高空球对于接发球来说比较困难，尤其是球不带任何旋转且轨迹又飘忽不定时。

垫高空球的要领是：不要过早地做准备姿势。应避免预判错误，要随机轻微地调整步伐。调整好手臂以缓冲来球，完全不需要摆臂。实际上，对特别高的来球应该后撤臂来缓冲球。前臂放松，不要弯曲。两膝放松，接球时两膝微屈以缓冲来球的力量并做些调整，使手臂处在与来球路线相垂直的地方。

（四）接飘球

1. 接一般飘球

一般飘球球速慢，飘晃轻，接发球时，要判断好落点，迅速移动取位，并降低重心，等球开始下落时，将手臂插入球下垫起。

2. 接下沉飘球

下沉飘球的特点是球刚过网即突然减速并下沉，接发球时，要预判好球的落点，移动迅速，取位准确，用低姿垫球的方法将球垫起。

3. 接平冲飘球

平冲飘球速度快、弧度平、飘晃平冲追胸，接发球时，身体要正对来球，提高重心，膝关节伸直，特殊情况下还可以轻轻跳起，以保证击球点在腹前。如果来球较高，可采用垫，或直接用上手传球将球传起。

三、训练指导要点

（一）向球移动

提前移动到位能够有充分的时间调整好身体姿势以正对来球。为了能做到这一点，要做好以下五个方面：

①要注意发球队员前臂和腕部的动作以及任何能够预示其发球方向、弧度和旋转的征兆。很多情况下非击球臂会指向发球的方向，特别是发飘球时。

②判断球的旋转，这有利于调整摆臂、取位和屈膝等动作。上旋球通常会下冲，下旋球的弧度通常较高，侧旋球会落向一边，飘球没有旋转且不好预判。

③紧盯球。尤其是飘球或在大风的天气里，球的移动路线可能会和预判有所不同。

④接发球取位“宁前勿后”，因为向前移动比向后移动困难。

⑤预判和取位要早，但不到最后一秒不要做手臂动作，要尽可能地保有变化的余地。

（二）手型正确

垫球的手型有很多种。在选择使用哪一种方法之前，要对这种方法的利弊有充分了解。基本上要有三点认识：一是形成速度；二是形成尽可能大和稳固的平面；三是把手臂上不平整的平面最小化（如因手型问题导致手臂的平面不一致）。选择哪一种手型是个人的喜好，每一种方式都有其利与弊，下面主要介绍四种垫球手型：

1. 抱拳式

优点是快捷简单；缺点是会把腕部凸起的骨头露在外面，且肘部很难相靠。

2. 叠掌式

这种方式的优点是形成的平面较稳固；缺点是很难迅速地将两臂靠在一起（图2-12）。

图 2-12 叠掌式

3. 互靠式（腕关节互靠）

这种方式的优点是能使手臂更加外展从而形成一个宽阔的、平整的平面，肘部也能够靠在一起；缺点是其稳定性不高，且手臂比较松散，容易造成一高一低（图 2-13）。

图 2-13 互靠式（腕关节互靠）

4. 互靠式（小拇指相靠）

优点是有利于手臂外翻形成一个宽阔平整的平面（因为动作要求没有限制），且最易于使两肘相靠；但缺点是这个动作容易使手臂分离，击球面不平整（因为两臂没有固定在一起）（图 2-14）。

图 2-14 互靠式（小拇指相靠）

四、临场运用提示

（一）取位合理

取位取决于很多不同的因素。其中有：

①发球类型。是跳发球、飘球、高空球还是其他类型的发球。

②发球队员的站位。

③风力和风向。顺风时对方发球可能会加力，逆风时对方发球力量不会太大，要根据风向随时调整身体姿势和站位。

④接发球战术安排是否合理。每人的接发球能力都有短板，有些不善于接高球，有些不善于接飘球等，在这种情况下，要合理安排本方接发球战术，尽量给予队友保护。

⑤接发球战术可以为了引诱对方发球而故意露出一些空当给对手，例如，向场地中部移动以引诱对手发直线球，或者向后移动引诱对手发前区……这样会给发球队员造成压力，并有可能使其失误。

接发球最基本的取位是站在后场区，离端线 2~3 米的距离，每人大约半个场区。相对来说越靠后站，队员越可以根据来球灵活地进行调整。但是，如果站位太靠后，就容易受到凌厉的跳发球和上旋球的攻击；如果站位太靠前，那么发到后场区的球就会让接发球队员难以应对。因此运动员必须时刻准备根据对手的发球而调整自己的位置。

（二）接发球队员的选择

按照惯例每一个队员负责半个场区，与发球队员成对角线的队员负责接发球和中间场区的球。原因很简单：斜线球比直线球的飞行时间长，因此与发球队员成对角线的队员就有更多的反应时间，并能负责更大的场区。这名队员应该随时准备好向中间场区跨步移动，以便使另一名队员有更多的时间防直线球。但是对手的发球方式不定，接发球要相互提醒。

（三）主动要球

如上所述，与发球队员成对角线的队员应该主动要球，要形成默契。简单的暗语沟通是最好的方式，事先要统一好。暗语一旦确定下来，就要坚持使用。

（四）控制接发球的落点

通常，左边的队员应该把球垫到场地中央的左边，离网 2~3 米的距离。这就给传球队员传好球提供了一个理想的位置。场地右边的队员应该直接把球垫到场地中央的右边，以便使传球队员更舒服地传球。

把球垫到网前2~3米距离处，这可以为队友的传球和接下来接发球队员的进攻创造最有利的条件：

①对于接发球队员和传球队员来说都能轻松发力，因为可以借上来球的动量。

②传球的距离越短，球的落点就越准确。

③传球队员站在网前可以用余光看网，这样可以把网当作参照物传出与网几乎平行的球。

④网前也是传球队员打二次球的理想位置。

⑤进攻队员扣平网球，既可以看到球也可以观察对手的布防情况。

（五）接发球的“移动三角”理论

如果接发球队员站在后场区边线和端线交汇的位置，把球垫到网前就有一定的难度，此时传球队员就应该主动上前接应接发球队员，且站位稍靠近接发球队员，而不是站在网前等待同伴接发球到位。此时的接发球队员和传球队员应该即时互动：如果接发球队员向某个方向移动，传球队员也要相应地移动。

此时可以把接发—传球—进攻这三个位置想象成一个三角，而三个顶点就是运动员要触球的三个点。

五、训练方法示例

（一）无网练习

1. 脚步移动练习

向左、右、前、后移动去垫放置好的固定球。通过这种练习能够纠正身体姿势，摆臂动作，手的位置和在场上身体的位置。

2. 连续垫抛球练习

一人抛球，把球抛向垫球者周围1~2步的范围内，让垫球者移动到垫球的位置，保持好动作姿势并掌握好垫球的发力。每组20~30个球。

3. 对墙练习

在墙角处，取位离一面墙1~1.5米，离另一面墙2.5~3米。把球抛到距离较近的那面墙，及时移动到反弹回来的球的下方，然后转身将球垫到距离较远的那面墙。确保球垫得弧度平稳，高度适中。练习20~30次之后，换另一面墙抛球，这样可以练习向不同的方向垫球。

4. 一人垫多球练习

一人垫两个或三个球：在不同时间抛或传给一人各种球，使其在垫球时要顾及下一个来球的情况，提高环视能力和动作的衔接能力。

5. 抢垫同伴不传的球

甲、乙、丙三人一组，甲、乙对传，丙做垫球者跟在甲（或乙）的身后，如果甲（或乙）突然不传，就迅速跨步将球垫起。传球人可有意做假动作而实际不传球，提高垫球人观察弥补能力。

（二）隔网练习

1. 传后追垫

将对方垫来的球向前传约 2 米，然后及时移动再垫给对方。两人轮流进行。

2. 发接练习

固定一人在一侧场区发球，其他运动员在另一侧场地接发球，可分位置进行，也可两个位置都练习。每组 30~40 个球，发球人位置根据接发球情况逐步后移到场地端线之外，发球难度也可逐步提升。

3. 一对一发接对抗

两名运动员分别站在网两侧，用半场进行七分制比赛，每两分交换场地。除发球之外，所有的比赛动作都用垫球完成，单手或双手都可以，任何一个动作都可以击球过网。练习的目的在于培养控球的感觉，对调整球大有裨益，同时可以激发运动员比赛的创造性。

第五节　防　守

防守是把对方进攻性击球接起来的一种技术（通常是接扣球）。精彩绝伦的防守通常能极大提高运动员的信心，也极有可能是比赛的转折点。“排球场上没有防不起来的球”既是室内排球的防守理念，也是沙滩排球的防守信条。现代沙滩排球不仅对能够防起对方的进攻有要求，对防守起球的效果也有要求，就是尽量把球垫到场地的中部。预判是防守成功的关键，动作是防守成功的保障。

一、防守技术的分类

防守技术中应用最广泛的是前臂垫球技术，其技术要领已在接发球一章中阐明，在此不再赘述。防守中根据对手扣球的变化其技术本身也有很多的变化。

（一）侧身救球

双手垫球意味着对球有最好的控制。除非在特别被动的情况下不得已用单手去救球，其他的情况下都要努力用双手去救球（图 2–15）。

图 2–15　侧身救球

侧身救球的动作要领如下：

①触球的瞬间身体的重心要提前到脚掌，这样便于快速向球移动。

②先移动再做救球的技术动作。

③在触球之前应尽量将前臂并拢。

④手臂稍微向内旋转以利于把球垫到场地的中部，因此外侧肩要上旋而内侧肩要下旋。

⑤尽量用腕关节以上 10 厘米的部位触球。

⑥不要抬臂去迎球，球有足够的力量从手臂上弹出去。

（二）前扑救球

沙滩排球的一个精彩之处就在于鱼跃救球时不需要太多技巧。只要能抬起双臂跃过去，沙滩自会缓冲身体下落时的冲力。前扑要求用腹部或体侧触地，沙地比较柔软，对身体的损伤较小。前扑蹬地使身体离地，离地时身体完全展开，这样才能竭尽全力把球救起（图 2–16）。

图 2-16　前扑救球

（三）挡球

拦网队员在虚晃拦网之后从网前后撤时，经常会在头部的高度防守救球。这种情况下，运动员可以用挡球技术。手要保持弹性放松，放在头部的高度，能够缓冲一部分球的冲量。如果手是紧张的，球就会从手上弹开而不知去向。虽然手保持放松能够接住球，但千万不要持球或连击，外侧肩（靠近场地外侧的肩）放低有助于把球送到场地的中部（图 2-17）。

图 2-17　挡球

（四）手背救球

用手背救球通常是不得已而为之的，这是在球触沙地之前做最后的努力争取把球救起来。运动员伸出手（掌心向下）在球和沙地之间，球从手上弹起完全可以继续打。做手背救球的动作，触球时手在沙地之上（图 2-18）。

图 2-18　手背救球

（五）单手救球

某些被动的情况下处理急难球时，运动员无法做出双臂的防守动作，毕竟球的运行速度一般比人的跑动速度要快，在这种情况下只能靠单手把球尽量防起来。单手救球时身体要尽可能完全伸展，尽量用前臂、掌根等部位触球，这样才不会造成持球或连击（图 2-19）。

图 2-19　单手救球

（六）单手顶球

单手顶球是以指关节触球的单手救球形式的一种。如对虚晃拦网后撤的队员防守轻拍到他面部的球；防守对手轻扣到后场区的高球；或者来不及转身移动取位去防守的球。单手顶球也是一种处理球的方式，虽然它对球的控制性稍差（图 2-20）。

图 2-20　单手顶球

单手顶球的动作要领如下：

①当运动员离开网前向后场移动时，眼睛应该紧盯着球。

②运动员要随时准备起跳。

③如果来球较高，运动员应该尽力向后向高跳以触到球。

④手应该保持适度的弹性，用手指关节触球。

⑤起球的方向尽量朝向场地中央的同伴。

（七）脚救球

对大多数运动员来说，尽管脚救球的控球性极差，但有时也很有效。例如，防守拦回球时，如果运动员重心太高，球快要触地时不能用手触到球，这时就用到脚来救球；拦网者转身去救身后的吊球时，因为球太低没时间反应用手去救球时，也可能用脚救球。

脚救球的助跑和触球没有特定的技术，因为只在紧急关头使用。但是为了更好地控制球的轨迹，推荐用脚背触球，这样会给球加一些反向的旋转（图 2-21）。

图 2-21　脚救球

二、训练指导要点

（一）准备姿势

防守的准备姿势一般由防守重心、手臂位置、躯干和主要各关节角度等因素构成。其中防守重心是防守准备姿势中最为重要的一部分。按照不同防守重心的高低，可以把排球防守准备姿势分为高姿、中姿和低姿防守。影响防守重心位置的因素也有很多，如躯干的前倾角度、膝关节弯曲的角度、双脚的间距等。

做好准备姿势可从以下六个方面检验：

①双膝弯曲以降低身体重心，准备姿势应该是便于向任何方向起动。

②身体重心应该保持在体前，以便于向球移动。

③脚尖稍内扣有利于起动，这样可以把身体重心放在脚前掌内侧，如果身体重心放在脚跟上的话就无法向前移动了。

④双手放在胸前，两肘微微分在身体两侧。

⑤当球扣过来时人应该保持镇定。

⑥在扣球的瞬间，双手应该成最适宜的姿势。

（二）防守的取位

防守的取位是指进攻队员在进攻起跳的瞬间，防守队员所处场上的防守位置。从所属区域的不同分为中线防守位置、斜线防守位置和直线防守位置三种（图 2-22）。

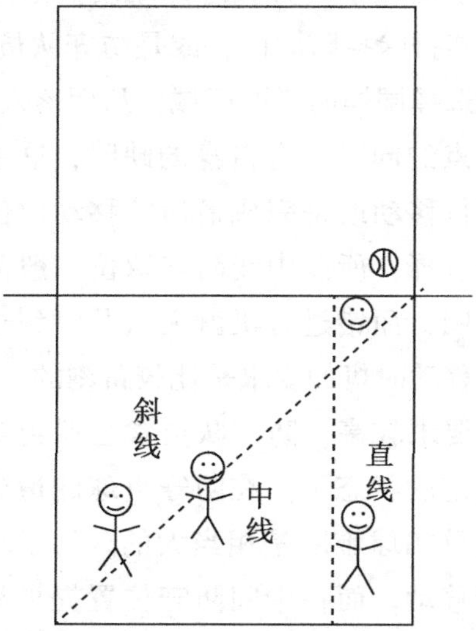

图 2-22　防守取位示意图（以对方四号位进攻为例）

1. 中线防守取位

中线防守取位是指在对方进攻队员进攻起跳的瞬间处于中间防守区域。在对方进攻为正常二、四号位拉开球的情况下，防守队员的双脚都在本方半场对角线附近更靠近进攻方边线的一侧，并且防守队员的位置相对拦网队员距离进攻队员一侧场地边线垂直距离更远。

中线防守取位的优点有：一是从防守位置到场地主要各个防守点位的距离较为平均，对于高水平运动员来说，通过两步移动加上鱼跃救球可以从中线防守取位移动到本方场地几乎所有的位置。二是防守的隐蔽性很强，这既是中线取位战术的最大优势和特点，也是防守队员采用这种防守取位的真正意图所在。由于中线防守位置到场地各个位置的距离分化较小，因此增加了进攻球员在击球瞬间判断我方防守意图的难度。另外，在进攻起跳的同时，进攻队员、拦网队员和防守队员三人的站位几乎成一条直线。所以，在视觉上又对进攻队员形成一定的干扰，加大进攻队员判断的难度。从而可能迫使进攻手在极短判断时间内产生犹豫不决，下手不果断甚至导致失误等情况。特别是针对轻拍球比较多的队伍效果是比较明显的。擅长轻拍、轻吊的队员特别注重对于后场防守队员位置的观察，因此一旦在判断上失误，或被防守队员蒙骗，那么防守起球的概率是相当大的。因为对于这类进攻队员来说，其进攻的容错率是相当低的。从中线取位出发，在防守线路正确的情况下接球轻拍球有着很高的成功率和到位率，进而反击得分的效率也很高。三是能够起到隐藏本方拦网队员拦网意图的作用。在拦防异区（如拦直防斜）较为普遍的一般情况下，拦网和防守所负责的线路往往是相反的。这就导致攻手无法判断出防守队员的防守意图，从而使得本方拦网的意图不会被提早暴露出来，在一定程度上增加了对方扣球的难度。当然拦防异区是在一般情况下使用较多的战术体系，并不能排除拦防同区，或是防守队员故意早暴露自己防守区域，使对方误以为拦网队员不会选择同样的拦网区域，从而落入防守的圈套。

中线防守取位在具有优点的同时也有自身的缺陷，这主要表现在：中线防守取位一般在对方进攻最后一刻进行移动或是完成最后的移动取位。由于拦防位置的重叠并不是集体防守布局最佳化的选择，所以中线防守取位一般都需要快速移动，一旦提前移动就会暴露自身的防守意图，而错过时机就无法及时到达预想防守位置。因此中线防守取位对于防守队员防守移动时机的要求是比较苛刻的。

正因为对于移动时机的要求较高，防守队员常会遇到对方进攻队员已经挥臂扣球了而自己仍然处在移动不稳定的状态下。在防守重球的情况下，保持身体稳定是相当重要的，移动中想要防守起重扣球难度是相当大的。为了尽量避免这种情况发生，一些防守队员会选择提早进行移动。而在中间防守位置提早移动方向一旦错误，要改变重心调整移动方向几乎是很难做到的，起球的效率也是非常低的。中线防守取位就好比一把双刃剑，移动方向准确的情况下起轻球的概率相当高。而方向一旦错误非但失去了轻球防守，还增加了防守重球的难度。因此中线防守取位运用时机以及防守移动时机是两大关键点，特别是对于移动时机的节奏控制能力将直接影响到防守的成功率。

2. 斜线防守取位

斜线防守取位是指在对方进攻队员进攻起跳的瞬间处于斜线防守区域。在对方进攻为正常二、四号位拉开球的情况下，防守队员至少有一脚处在本方半场对角线附近更靠近进攻方边线的一侧。并且防守队员的位置相对拦网队员距离进攻队员一侧场地边线垂直距离更远。

与中线防守取位相比，斜线防守的取位更靠近本方场地的对角线，是一种较为传统的取位战术。斜线防守取位更注重对于场地整体的控制，并且与拦网队员组成的集体防守分工更为明确。斜线防守取位的战术宗旨在于在队友拦网封盖的情况下，优先去防守对方可能来球速度较快的区域，即重扣线路。随后再去防守来球速度相对较慢的区域，也就是轻球防守线路。因此，斜线防守取位一般会直接定位到对方最有可能重扣的斜线区域，这样既能够确保躯干的稳定性以及双手最优化的防守反射面，还能使防守队员不会因为过多的额状面移动而失去对于身体重心的控制。

斜线防守取位对于防守斜线重扣球是最佳的取位战术，并且斜线取位相对其他取位更靠近本方场地小斜线轻拍的区域，因此这种取位方式对于防守的有效控制面积是最大的。此外，斜线防守取位对于身体重心的控制也相对较强，防守队员可以在身体相对稳定的情况下向场地各个方向起动、移动以及防守。特别是在队友拦网有一定高度的情况下，防守队员更不用盲目跑位，最大限度地发挥团队防守的能力。当然，中线防守取位也可以在对方进攻起跳后移动到斜线防守取位位置，但这也需要耗费更多的体力去进行起动、移动以及制动，并且还要顾及对于身体重心的控制，进行再起动的难度也更大。

斜线防守取位有优势，但同样也存在一定的短板。对于直线轻拍球的防守能力较为薄弱是其中最主要的一点。由于斜线防守位置距离直线球落点的距离最远，因此移动距离以及移动所耗时间就相对较长。虽然拦网队员可以封盖对方直线重扣，但是对于轻拍球来说还是需要后场防守队员去弥补身后空当。相对中线防守取位来说，若同样要到达直线防守位置，那么斜线防守取位起动的时间就要更早，起动时间越早就越容易被对方进攻队员观察到。因此斜线防守取位的隐蔽性和欺骗性没有中线防守取位好，不容易迷惑对手，施于对方进攻的心理压力也相对较小。并且斜线防守取位结合防守假动作对对手进行欺骗相对中线防守而言难度会更大，因为运动员在斜线位置需要施加更多的移动步伐或是更早地移动才能使进攻手信以为真，落入防守方的圈套之中。因此斜线防守取位时运动员使用假动作的战术并不多见。

3. 直线防守取位

直线防守取位是指在对方进攻队员进攻起跳的瞬间处于直线防守区域。在对方进攻为正常二、四号位拉开球的情况下，防守队员的双脚都距离进攻队员一侧边线两米以内的半场区域，并且防守队员较对方拦网队员距离对方攻手一侧的边线更近。

直线防守取位可分为主动防守取位和被动防守取位两种。前者是指在对方进攻之前防守队员主动移动到直线防守区域进行防守，而后者是指本方防守队员在对方突然进行两次球进攻的情况下，被动与对方进攻队员形成直线防守的关系。当然，所谓的被动防守取位并不是指防守队员完全地被动，当防守队员观察出对方有两次进攻时也可以主动进行重新移动取位，并且与二次球进攻选手呈直线位置的防守关系。但通常来说，可以把直线主动防守取位和被动防守取位看作三次击球直线防守取位和两次球直线防守取位。

无论是哪种类型的直线防守取位，相比中线防守取位和斜线防守取位，直线防守取位战术运用的比例是最少的。因为直线防守取位舍去了对更多场地的控制权，是一种较为冒险的防守策略。但是也有不少高水平运动员会运用这种取位策略，其优点在于直线防守取位会使对手产生疑惑。突然的防守位置改变有时候会打乱进攻队员的节奏，当攻手观察到直线防守取位时就会产生疑惑，会猜测防守队员是否真正要去防守直线空当，还是制造假象来迷惑。一旦进攻队员考虑太多就容易犹豫和不果断，进攻的失误率就会陡然提升。进攻队员有时会把直线防守取位和假动作战术联系在一起，因此直线战术取位能起到迷惑对方的作用。

除此之外，在一些高水平的比赛中，会经常出现进攻队员重扣的比率很高，而很少使用轻拍球的情况。许多防守队员会采取直线防守取位战术。因为按照拦防异区最优化原则，当拦网队员拦斜线的时候，防守队员就应该负责直线的重球防守，而对方的轻球较少，就没有必要过多考虑后场空当过大的漏洞。当然对于高水平沙滩排球运动员来说，进攻的手段鲜有单一不变的。因此，连续使用直线防守取位战术的情况并不多见。

直线防守取位之所以运用的比例不高，也是因为其防守漏洞比较明显。直线防守取位失去了对大部分场地的控制权，特别是从直线到小斜线的距离非常远，接近半场对角线的长度。有经验的进攻队员会很容易发现这个空当，进而采取轻打小斜线的手段。除此之外，若对方进攻比较远网，或者本方拦网队员使用假拦网后撤战术时，直线防守取位所能照顾到的区域是很小的，同时也可能会造成防守区域重叠的情况。

综上所述，防守取位的战术是千变万化的，每一种防守取位都有自身的利弊，特点也不尽相同。因此在高强度、快节奏的比赛中，针对场上不同情况、不同的比赛阶段、不同的心理博弈状态，灵活使用各种防守取位是优秀沙滩排球运动员所需要具备的能力。合理使用三大种类的防守取位，是提高防守成功率、加强防反体系应变能力的基础和前提。

（三）起动的时机

1. 防守起动时机的分类

（1）击球前起动

击球前起动是指防守队员在对方进攻队员进攻击球前就使用移动步法发生位移。

（2）击球时起动

击球时起动是指防守队员在对方进攻队员进攻击球的一瞬间开始使用移动步伐发生位移，而在对方击球前其防守重心已经发生了倾斜。

（3）击球后起动

击球后起动是指防守队员在对方进攻队员进攻击球之后才开始起动，使用各种移动步伐发生位移。

防守的起动时机在时间上的差异虽然很小，但是可以反映运动员在防守决策中采用何种预判过程。不同的起动时机都代表了不同的预判类型（表2-7）。

表2-7 不同防守起动时机代表的预判类型

起动时机	预设型	反射型	完全反射型
击球前起动	○	○	×
击球时起动	○	○	×
击球后起动	×	×	○

注：○代表可能相匹配，×代表不可能匹配。

防守预判类型虽然在部分起动时机中会同时存在，但每种类型所占的比例也有所不同，唯一能够确认的击球后起动属于完全反射型的预判类型。

2. 不同防守起动时机的特点

（1）击球前起动

对于进攻队员来说，在扣球挥臂前能够观察到防守队员的站位以及移动方向，可以为进攻提供重要的信息。击球前防守队员提前移动，无异于将本方防守的盲区暴露给对方的攻手。因此，所有进攻队员都希望在挥臂击球前就能够看到防守队员已经起动，继而选择合理的进攻方式并得分。

反观防守端在攻手进攻击球之前就起动是一种最为简单的防守策略，同时这也是风险最高的战术策略。运动员采用这种战术策略来进行防守可能由多个因素所决定，一般可以归结为集体战术因素、自我判断因素、博弈因素、节能因素这几个主要原因。

首先，在发球之前两人通过手势，或是语言交流后确定的集体防守战术。由于集体防守战术一般明确各自所负责的范围，因此防守队员会在一些情况下坚决执行所约定的战术，这是导致提早起动移动防守的一种原因。其次，防守队员在防守过程中有观察预判的过程，优秀的防守队员往往在对方进攻队员击球之前通过各个因素的综合判断，其中主要包括攻手人、球、网三者之间的关系、助跑的方向、身体的朝向、肩肘关节的动作等因素。洞悉了对方进攻的意图，提前起动是一种反射型的起动，目的是快速到达防守区域。再次，博弈因素也是防守队员采取击球前起动的一个主要原因。博弈因素可分为互相博弈与概率博弈两种，相互博弈是指在比赛进程中，两方队员斗智斗勇，互相揣摩对方心态的一种心理博弈。通过比赛不同阶段、不同状态，以及比赛双方之前的一系列技战术运用效果，来预估对手下一步所要采取的进攻或是防守策略，从而抢占比赛的主动权。而概率博弈是指在执行某种战术策略时尽量达到所冒风险与收益之间的平衡。提早移动一旦被对方进攻队员观察到而被打出反方向的轻打球，那么防守队员大多只能望球兴叹；相反，一旦博弈成功，那么防守起球的概率也相当高。因此这种“双刃剑”的防守策略还是会吸引许多防守队员不惜冒着巨大风险提前移动。最后，提前移动防守有时是防守队员调节自身状态，减少精力消耗的一种策略。沙滩排球攻防节奏很快，运动员承受心理和体能双重压力。在高强度的对抗比赛中，运动员消耗大量体力和精力，因此有时运动员在防守端没有太多精力和注意力集中在预判对方的进攻上，因而选择提前移动也是一种节省体力的战术策略。

（2）击球时起动

从攻手的角度来讲，在击球的一瞬间看到防守队员开始起动会显得比较被动。优秀的进攻队员在挥臂的过程中有时也能收力或是改变击球的方向和力量，但一旦击球后就很难再改变出球的方向了，即使这时攻手已经看清防守队员移动的方向。并且，此时如果改变技术动作或是犹豫不决则往往会导致更多的进攻失误。所以，在击球瞬间防守队员进行移动是进攻队员最不愿意见到的情况。

从防守队员角度来分析，进攻队员击球时起动对于防守队员的能力要求是非常高的。在沙滩排球高水平对抗中，进攻队员的观察能力是很强的，因此过早地移动会暴露本方拦防的空当。所以防守队员会选择在进攻挥臂击球的一刹那起动，这时即使被攻手看到也很难改变其出球轨迹。优秀沙滩排球运动员的进攻动作是十分规范的，也就是说进攻队员无论采取何种进攻手段，选择哪条进攻线路，其起始动作都是相同的。攻手的隐蔽性越强，防守队员就越难提前判断其进攻的真正意图，只有等到对方挥臂准备击球时才可能看清楚。击球瞬间起动对于防守队员注意力的集中程度、预判的灵敏度有着极高的要求，往往只有完全进入心流状态的优秀防守运动员才有可能全场保持这种状态。因此击球时起动较难准确掌控，它需要把防守意图的隐藏、完成移动的时间、防守判断的准确性平衡到一个最佳点，与此同时对于运动员精力消耗巨大。

（3）击球后起动

击球后起动一般发生在防守轻拍球，或是补救攻手重扣打拦网手后弹起的球。一旦球出手后运行轨迹就不会再随攻手的意志而改变。如果攻手对于出球的弧度、速度以及落点等因素都能掌控，那么击球后起动的防守队员很难有足够的时间移动到位，因此防守的难度也就较大。但如果出球的质量不高，而防守队员移动速度却很快，那么即使是在攻手击球后起动，也是可以把球防起的。

击球后起动是一种最为传统的起动策略，属于完全的反射型起动。由于防守队员是在进攻队员完全出手后才开始移动，因此绝对不会跑错方向。但由于起动晚，因此很有可能没有充分的时间来移动到位，起球效果也难以保证。但对于有些移动速度很快的防守队员，配以出色的拦网队员，这也是一种有效的起动策略。因为高拦网与快速移动防守会对进攻方产生巨大的心理压力，迫使其改变出球的高度、速度以及对落点要求，进攻的容错率就会大幅度减小。另外，这种防守起动策略往往和斜线防守取位联系在一起，因此对于斜线的重球防守起球概率也有一定的辅助作用，不会因为提早移动或是预判有误而离开原有防守位置，失去一次防守重球的机会。当然这种起动策略要求运动员注意力高度集中。

取位之后，运动员防守的起动时机是最能体现防守决策和攻防两端之间心理博弈的关键因素。防守队员对于起动时机的掌控不仅能够反映出运动员在临场比赛中的注意力集中程度，预判的灵敏阈值，防守的决策选择，并且还时常能够折射出防守运动员随着比赛进程中心理的波动变化。虽然攻守之间的时间短暂，但是对于进攻队员和防守队员来说，这零点几秒的时间差却显得极为宝贵和重要。

总而言之，三种不同的防守起动时机策略各有其优劣。在一场比赛中一味地使用某一种策略其效果并不会十分理想。有经验的优秀防守队员会审时度势，灵活运用这三种防守起动策略，使得对方无法摸清自身多变的防守战术与套路，令对手无所适从进而攻击力下降，从而达到一个最佳的防守效果。

（四）防守动作的注意事项

除了几种特殊情况之外，救球动作与接发球和垫传球动作相同。第一，在防扣球时尽量不要给球加力。扣球的球速通常很快，要尽量缓冲来球而不是再加力把球推出去。因此尽量少用重心的转换，随前动作幅度也应该小一些；第二，沙滩排球规则允许张开手防守急难球，因此上手传球的动作也是可以运用的。但要准确把握规则中的规定：球不能有明显的停留。规则的解释很微妙，因此对控球的把握也很微妙。当来球很高时张开手的救球技术很有效。手在身体两侧伸开，保持与腕同高很重要。当来球在胸部或更高处时，可以把手臂举起来，就像传球那样，用手臂缓冲来球。

三、临场运用提示

（一）取位

防守的取位也与防守战术有一定的联系，不同的取位是由不同的战术所要求的。但是对于一个成熟的沙滩排球防守体系来说，不同的战术指导下的防守取位在起始阶段应该不能有太大的差别，否则就容易暴露自己的防守战术布局，从而影响防守的成功率。

防守的取位也和预判有关，如对方进攻手不同的位置，不同的节奏，球与人之间不同的位置，球与网之间不同的位置等。总之，进攻方队员、球以及球网三者不同的时空因素都可以通过预判来解读。因此防守者在防守取位过程中，需要通过预判对方三因素的时空关系和队友拦网封锁的区域来果断取舍，去补救对方最可能进攻的区域进行防守。

（二）预判

防守的预判与防守移动的方向、起动的时机有着十分密切的关系。防守的预判是一个十分复杂的过程。每个运动员注意力的聚焦点都存在个人的习惯和特点，优秀运动员的观察点也较为集中。防守中的预判是贯穿整个防守过程的，从本方的发球开始到最后的防守击球几乎都与队员的预判有联系。

如果对扣球的落点和方向有预判，防守成功的概率就大大增加了。防守队员对于攻手的解读可以通过观察以下四个动作来推测扣球的落点和方向。

1. 传球

如果传球低或者远网，那么进攻队员可能会吊球或推一个后场球；如果进攻队员摆臂充分，则球就会打到后场区。

2. 进攻队员的助跑和手臂动作

如果运动员没有抬臂，肘部没有升高，那么他很可能会吊球或推球。如果球在进攻队员身后，则很可能是长线球并带有一定的上旋。如果进攻队员以小斜线助跑，很可能扣斜线球。不同的进攻队员表现的方式不同，但大部分可以在比赛中总结出来。

3. 攻手的进攻习惯

在相同的情况下攻手大多会以同样的方式进攻。可以利用这样的信息来破解其进攻的落点和方式，但这需要细致的准备和长期的积累。

4. 对方传球队员的暗语

有些传球队员会过早地提示攻手对方场区的空当，如果攻手经常以此为进攻的指导，那么防守也可以此来取位。

四、训练方法示例

（一）徒手练习

训练队员救假想的球，包括身体前后左右或是拦网下撤后扣过来的球，主要纠正其动作和移动步伐。

（二）对墙练习

①站在距墙 3~5 米的距离，把球以适当的力量扣到墙上，然后防守反弹回来的球，每组 20~30 次。

②控制扣球的力度和角度，以此来控制反弹球的落点，使其可以落在身体周围的各个位置及各种高度，比如从头上飞过的球，需要转身跨一两步才能救到。

③背向墙站立，同伴把球扣或抛向墙，迅速转身救球。

（三）打防练习

1. 两人打防练习

队员 B 把球扣给队员 A，队员 A 将球救起到队员 B 的右边或左边，根据打防所在场区的位置队员 A 跑过去把球传给队员 B，再跑回到救球的位置。每组 20 次，要求连续完成，完成后两人交换位置。开始练习时两名队员相距 3~4 米，逐步后退到相距 6~8 米的地方。

2. 隔网打防练习

扣球者在网前高台把球直接扣给防守队员。防守队员应用上手和下手两种方式救球，将球尽量防起到场地中前方。扣球逐渐增大力度，每组 20 个球。也可在防守队员一侧场地安排一名传球队员负责传球。

3. 扣—拦—防练习

一名队员在网前自抛自扣（或者扣教练抛球），另外两名队员在另一侧场地负责拦防，扣球时要给拦防队员以充分的时间做手势。每组 15 个球，拦防成功 4 次以上即可。

4. 移动防守练习

一名队员靠网站立，把球扣或抛到防守队员几乎跑不到的地方，这样就会迫使其快速移动或者使用各种防守动作。防守队员尽力把球救起来的同时，应该保证起球的高度和落点（在场地中央的位置）。

第六节 扣 球

扣球是排球基本技术之一。由运动员通过合理的助跑起跳在空中快速挥臂将高于球网上沿的球用力击入对方场地的技术动作。扣球是沙滩排球中极具观赏性的一项技术，也是沙滩排球中最有魅力的技术之一。它是三次击球的高潮部分，常常是比赛的终结者。扣球是三大得分手段中最重要的一环，是得分的主要手段，也是运动员所必须全面掌握且要熟练精通的一项技术。

一、扣球的分类

沙滩排球中的扣球主要包括重扣和轻拍两种，虽然根据临场情况其运用会千变万化，但无论重扣还是轻拍，其基本技术要领是相通的，都是从正面扣球技术的基础上发展和派生出来的。

（一）重扣

1. 正面扣球

扣球助跑前采用稍蹲准备姿势，距离球网 3 米左右（以右手扣球为例）。助跑可采用两步助跑，左脚向前迈出第一小步，紧接着右脚迅速跨出一大步，左脚及时并上，两臂由体前经体侧摆至体后，准备起跳。起跳时，双腿蹬地向上起跳，两臂从后向前上方迅速摆动。起跳后，挺胸展腹，上体稍向右转，右臂向后上方抬起，身体成反弓形。挥臂时，以转体、收腹动作发力，依次带动肩、肘、腕各部位成鞭打动作向前上方挥动。击球时，肘关节充分向上伸展，手指自然张开，使手掌成勺状，用全手掌包满球，击球的后中部，同时手掌推压带腕使扣出的球上旋。落地时，前脚掌先着地，同时顺势屈膝、收腹缓冲下落力量。

（1）助跑

①方法：接近球、选择适宜的起跳点和增加弹跳的高度是助跑的目的所在。其步法有一步、两步、多步等，当扣球队员离球较近时可采用一步助跑。助跑前，两脚应

前后开立，左脚在前。助跑时，右脚向前跨出一大步，左脚迅速并上，立即起跳。两步助跑时，左脚迈出第一步要小，是为了寻找和对正上步的方向，并使静止的身体获得向前的加速度；右脚接着向前跨出一大步，以便于接近来球，同时使身体后仰，便于制动，第二步跨出后脚跟先着地，以利于制动。两步以上的助跑即为多步助跑，最后一步步子稍大。

②节奏：助跑的节奏要先慢后快。接发球或防守起球后，就可以根据球的情况缓慢起步，然后根据二传的情况逐步加快步伐以寻找最佳的起跳时机和地点，争取最佳的击球时间和空间。

③时机：取决于二传球的高度、速度，并根据扣球队员的个人特点而有所不同。二传球低时，起动要早，二传球高则起动稍晚；动作慢的队员起动要早些，动作快的要晚些。

④路线：助跑的路线是由传球的落点和扣球的意图所决定的。以 4 号位扣球为例，多采用外绕助跑，身体与球网成 45°，这样对于拉开球和集中球都能有较好的控制，打斜线球可顺势挥臂，打直线球可顺势转体。此外还有斜线助跑和直线助跑。

⑤身体重心：助跑过程中身体重心应该平稳下降，减少起伏，以提高助跑速度，减少能量损耗。

⑥制动：助跑的制动有两种方式，第一种是脚跟制动，即由脚跟着地过渡到全脚掌蹬地起跳，此种方法制动强，有利于增加起跳高度；第二种是由前脚掌着地并迅速蹬地起跳，这种方法制动迅速，有利于加快起跳速度，为快攻队员所常用。

（2）起跳

起跳不仅是为了获得高度，更是为了选择合适的击球时机和位置。

①起跳方法：起跳前，两腿的膝、踝和髋关节都应适度弯曲，这样有利于提高弹跳的高度，但要根据个人腿部力量和腰腹力量的大小调节弯曲的程度。起跳有并步法和跨步法，目前一般采用并步法起跳，即一脚跨出后，另一脚迅速向前并步，落于该脚之前，随即蹬地起跳。并步起跳适应性强，能调整起跳时间。

②起跳点：距球一臂距离。

③起跳时机：一般在二传出手后，并根据传球的高度调节起跳的时机，传球高应晚起跳，传球低则要早起跳。

④摆臂：摆臂是起跳环节中非常重要的一环，摆臂的方式有两种，一种是划弧摆，即两臂经过体侧向身体的侧下方摆动，随之再向前上方摆动，这种摆臂方式有利于调整起跳时间；另一种是前后摆，方法是两臂由体前向后摆动，再由后向前上方摆动，这种方式摆臂距离长，幅度大，速度快，有利于提高起跳的高度，但不利于急速起跳。

（3）空中击球

①身体形态：跳起后，身体呈反弓形，便于腰腹发力，以及击球时与上肢做相向运动，以加大挥臂距离和速度，增加扣球力量。

②鞭打动作：挥臂初期屈臂，缩短以肩为轴的转动半径，提高转动的角速度，随之伸肘、伸臂、甩腕，这样的鞭打动作可以加大挥臂的线速度，以增加扣球力量。

③发力：扣球时，应以腰腹发力，带动转肩并做出鞭打动作，将全身的发力集中在手上，以增加击球力量。

④击球点：击球点在跳起的最高点前上方，这样能够充分利用空中的三维空间，扩大进攻范围，增加扣球线路的变化和角度的变化（图 2-23）。

图 2-23　重扣

2. 扣近网球

击球点距球网 50 厘米左右的扣球统称为扣近网球。其特点是击球点高、线路变化多、威力大，但相对易被拦。扣近网球时，制动要充分，以便于垂直向上起跳，避免前冲力过大而触网或过中线。起跳后，上体挺直，主要靠收腹发力，以肩为轴，向前上方挥臂，加大屈肘和甩腕的动作，以全手掌击球的后中部，击球点不宜靠后。击球后，手臂顺势回收，以防手触网。

3. 扣远网球

击球点距球网 1.5 米以外的扣球统称为扣远网球。其特点是扣球力量大、角度平，不易被拦。起跳后，身体加大后仰幅度，扣球时，要充分利用转体收腹的力量，带动手臂做鞭打动作。击球点要保持在右肩前上方的最高点，以全手掌击球的后中部，击球瞬间要有明显的推压动作。

4. 扣调整球

扣由后场调整至网前的球称为扣调整球。扣调整球与正面扣球动作类似，但对扣球队员的要求较高，需要扣球队员能适应来自后场不同方向、角度、弧度、速度和落点的球，以灵敏的步法迅速选择适当的起跳点，调整好人球关系，并根据球网与球的位置关系，灵活采用不同的手法来控制球的力量、路线、弧度和落点。助跑时要边跑边看球，调整传球角度较小时，要后撤斜向助跑，调整传球角度较大时，要外绕助跑。

（二）轻打球

轻打球就是用柔和的力量扣球。需要极强的控球性，让对手措手不及。轻打球有半切球、拍和搓吊球。切球类似于拍球，但是由于击打方向不经过球中心线，因此会产生侧旋，这样可以打出一个弧线使球落在后场区；吊球是轻击球使其落在网前近网处；削球是小斜线的吊球。

1. 轻打球的基本要领

①接发球之后要迅速扫视对方的防守布局。

②采用与扣球相同的助跑步法，每一个动作都要给对手重扣的假象以迷惑对手。

③起跳之前再次扫视对方的防守。

④注意传球队员的暗示，传球队员应该告诉攻手对方场上的空当位置。

⑤向前摆臂之前要像扣球那样引臂，隐藏轻拍的意图。

⑥用全手掌触球从而最大限度地控制球。如果球传得不好或有拦网队员拦网，可以使用顶的手法。

⑦充分运用手指、手腕动作，在体前扣球。

⑧当进攻队员想让球快速下落时可以给球加一些上旋，上旋也会使球更安全地越过球网而不会突然碰到网带下网。

⑨若要准确地把握球的方向，可以将球想象成一个表盘。通过击打某一时刻的位置，就可以把球打到场地的任何位置。

2. 各种类型的轻打球

（1）轻打直线球

根据不同进攻位置，可以选择击打球的某一侧，比中心稍高的位置，手腕应该有一个随前压腕的动作（图 2-24）。

图 2-24　轻打直线球

（2） 半切球

半切球一般适用于前区斜线的轻打，由于球有一定侧旋，如遇顶风则下落速度更快，角度更为刁钻。击打球在 10~11 点的位置。击球时手腕也要有一个随前动作。

半切球的动作因进攻队员的扣球位置不同而手法稍有区别。在屈臂后引准备向前挥臂击球之前，助跑起跳动作应该看起来和普通的扣球无异。向前挥臂时肘几乎是直线向前移动的，掌心朝上。

从场地右侧削球时，击球时要压腕，击球的右侧。如果要加强对球的控制或打出更大的角度则要转体。如在场地左侧削球，就击球的左侧，掌心朝向身体的反方向，击球时转体（图 2-25）。

图 2-25　半切球

（3） 扑克球

扑克球通常是在传球过于近网且被对方拦网队员候个正着的情况下不得已而采用

指关节击球的一种击球手法，因其动作类似于打扑克牌的动作而得名。击球时一定要在拦网队员之前触球，且要努力比拦网队员跳得更高，这样才能用指关节把球从拦网队员伸出的手上击出。观察好对方的防守情况，就可以超越拦网手打直线或斜线。这种轻打球可长可短。

（4）推球

推球与扣球的主要区别在于推球是要球向上走。这就要求运动员的摆臂不能像扣球那样快，并且触球时手腕是平的或是张开的，用全手掌触球，像扣球一样压腕使球产生上旋（图 2-26）。

图 2-26 推球

（5）吊球

搓吊球的摆臂与推球和削球的摆臂差别不大，区别在于搓吊球在最后一刻瞬间减力，把球击打在场地的前区。在有拦网的情况下，搓吊球需要注意过网点。在没有人拦网的情况下，搓吊球一旦过网就应下落，使得防守队员起球难度加大。

（6）削后场球

击球的位置在场地的不同侧球的落点也不同。当拦网队员后撤，且传球至球网中间部时可以采用这种轻打球。

当击球位置是在场地的左侧时，向内转体把球削向后场端线；当击球位置是在场地的右侧时，向外转体把球削向后场端线。

这种轻打球开始挥臂时应类似于重扣球，然后改变挥臂动作，降低击球速度，把球打向端线位置，球的轨迹应是由里向外的。球的最佳落点应是离端线 2~3 米，离边线 30 厘米左右。

（7）推身后球

当拦网队员离开球网向斜线方向后撤或者斜线上的防守队员站位靠前时采用这种

轻打球。其助跑要和扣球类似，这样才能迷惑防守队员以使其待在原地不动。然后向上击球，使球旋转着飞向后场的角区。但是球的轨迹弧度不能过高，只要刚好越过防守队员即可，并且要有一定的速度。否则防守队员就有时间后撤接到球。球的落点应该在防守队员的触球范围之外。

(8) 点吊球

当对方无人拦网且传球又过于近网，进攻队员没有充分的时间引臂时采用点吊球。当传球近网且弧度较低，运动员无法完全挥臂时也可以使用。其诀窍就是用指关节轻击球而不是向上戳球。指关节的运用类似于室内队员用手指尖吊球。球只要轻击过网就可以置对手于死地。

(9) 轻打拦网手

当拦网队员跳起且传球过于近网时宜采用轻打拦网手。拦网队员跳得越高，这种球就越奏效。挥臂动作只做一半就够了。瞄准拦网的外侧，向下扣球击拦网队员的肘部。

从理论上讲，球要么被拦网拦回界内，要么触拦网手臂出界。但要时刻准备自己保护。如果被拦，球也会很容易地防起来，因为击球的力量很轻。

切记不要扣球，因为如果触不到拦网队员就会出界。也就是说，永远不要瞄着场外的区域。轻打下网球会使场上情况转危为安，化险为夷。

(10) 轻打侧旋球

轻打侧旋球类似于搓后场球，向内侧助跑以使防守队员确信你会扣斜线。然后，在扣球的一刹那转腕，向外挥臂，把球扣向端线。这种球打出去以后不会像一般的扣球那样上旋，而是侧旋。扣这种球的速度要快，这样才能在拦网队员意识到自己被骗之前得手。

二、训练指导要点

(一) 重扣球的基本要领

1. 准备阶段

同伴传球前或传球时扣球队员就要移动到助跑的起始位置，距离预计的传球落点2~3步的地方。起始位置的选择取决于接发球的效果、传球的落点和弧度、扣球队员的速度和向前的冲量、扣球队员在网前的个人能力及其对传球的预判。

有时扣球队员也会后退一步并以此为起始位置，比如在刚救起一个落在网前的发球或者一个短线轻打球时后退一步，这样会给自己更大的空间。

2. 助跑

在沙滩排球中，助跑要相当灵活，如接了一个长线发球，就要从后场端线处开始助跑，大约 10 步才能到网前。助跑，起跳时加摆臂，有助于跳得更高。在起跳的最高点挥臂压腕击球时，要加上转体收腹的力量以加大扣球的力量。

如果每次助跑都快而猛，那么就会有比较多的选择：既可以重扣，也可以在最后一刻改变主意，选择轻打球。如果助跑随意，起跳无力，那对手一眼就可以看出除了轻打外扣球队员别无选择。

要迷惑对手并不困难，只要每次助跑、起跳、挥臂的动作都类似即可。这就需要扣球队员养成良好的习惯。

助跑可以有多种形式，如果需要的话可以及时调整助跑步数。下面以三步助跑为例（右手扣球）：最后的 3 步应该是左—右—左，最后 2 步，双脚要快速连续地并在一起。当球离开传球人的手指时开始助跑——除非扣球队员在后场区。左脚用跑步的步法。第二步迈出右腿的同时两手向后摆，右脚着地时右膝微屈。第三步左脚迅速着地，落在右脚稍前几厘米处，这样使身体稍稍转向击球臂一侧；左脚着地时，左膝稍稍弯曲。

3. 空中击球

向上摆臂以提高起跳的高度，起跳的冲量竖直向上，将助跑产生的向前的动量尽可能多地转化为向上的动量。

注意听传球队员的暗示。球应该保持在身体前面（而不是后面），这可以让扣球队员更好地看清拦网手，但此时不要过早地注视目标落点。

击球臂在脑后抬起（大约在耳朵的位置），肘部抬高（高于耳朵位置），击球臂的肩外旋，躯干稍成背弓，上半身保持弹性紧张的状态。左臂下放配合击球臂向前挥出，上半身的旋转带动击球臂挥出。摆臂要快，手臂要完全伸展，身体的旋转带动肩、手臂、手腕挥动，鞭打动作要充分。击球时球应在击球臂稍外侧，用全手掌击球。击球的同时快速压腕，之后手臂随挥。

（二）轻打球的基本要领

①接发球后要迅速扫视对方的防守布局。

②采用与扣球相同的助跑步法，每一个动作都要给对手扣球的假象以迷惑对手。

③在起跳之前再次扫视对方的防守。

④注意听传球队员的暗示。暗示中要明确地告诉攻手对方场上的空当位置。

⑤摆臂前要像扣球那样引臂，隐藏轻打球的意图。

⑥全手掌触球以最大限度地控制球。如果球传得不好或有拦网队员拦网，可以交

替使用顶的手法。

⑦充分运用手指、手腕动作，在体前扣球。

⑧当进攻队员想让球快速下落时可以给球加一些上旋，上旋也会使球更安全地越过球网而不会突然碰到网带下网。

在训练轻打球的过程中，运动员要明确轻打球要越过拦网手，也就是说击出的球要有一个向上的弧线越过拦网手，轻打球最好的方式是直臂击球，使球的弧线越过拦网手。

轻打球时易犯的错误是击球时屈肘，这样会减慢挥臂的速度。因此，一定要避免屈肘，否则，拦网队员就有可能触到球，或导致球直接下网。

为了改变球的方向，可以将球想象成一个钟表：轻打直线球，击球 12 点钟的部位；想要球落在身体的右侧，则击球的左侧；想要球落在左边，则击球的右侧 1 点钟或 2 点钟的位置。

另外，当传球飞向球网时，观察防守队员的情况，甚至在起跳之前也可以再扫视防守队员，然后把目光收回到球上，起跳扣球。两次观察可以最终确定防守队员的位置，以及要轻打球的目标落点；无论扣什么样的球，一定要把击球点放在身前，且手臂和肘要伸直。如果处在球下，或者肘部下拉，轻打球就不能奏效。

三、临场运用提示

（一）动作正确

①击球臂的肩膀向远离球的方向摆动，同时髋部前旋，背部后屈。

②扣球是一个连续的动作，所以鞭打动作一定要充分，所有储存在身体中各部分的能量最终都被传递到手上。

③肘部保持较高的位置以使手臂尽可能地完全伸展。

（二）落点选择

扣球落点的选择基于以下五个因素：

①扣球队员实际能够扣到的位置。

②扣球队员看到对方拦网的位置。

③传出球的位置。

④对方防守者的位置。

⑤扣球队员的进攻习惯。

（三）避开拦网

除了传球队员的提示，扣球队员也可以使用以下六种方法来避开拦网：

①扣球要在体前触球，便于用余光观察拦网。

②击球时只击球的左侧（11点钟的位置）和右侧（1点钟的位置）。

③改变扣球的路线。

④要求同伴传球远离球网。

⑤间或采用吊球破坏拦网者的节奏。

⑥综合运用各种扣球方式以使对手无法预料扣球线路。

（四）利用拦网手

如果传球过于近网且低，可以轻扣球将球扣到拦网手里，这样球会落回你的场地。当不能把球从拦网队员的双手之间扣过去，或者超越拦网手顶球时，可以尝试这种方式。用掌指关节或手掌轻轻地把球打到拦网队员手里。切记球的方向要向上，这样球才会起高，获得垫球的时机，从而获得再次进攻的机会。

打手出界是将球扣到拦网者的手上使其出界，或使球改变飞行方向而破坏对方防守的一种扣球方法。运用打手的方法虽然要冒一定的风险，但有时也很奏效。

（五）提高技巧

为了提高扣球的成功率，扣球时可以参考如下方式：

①扣长线球比扣短线球要好。扣高点球比扣低点球动作简单，且防守者难以应付，效果更好。

②时刻关注拦网者。用余光随时观察拦网的情况。

③对方拦网队员下撤时，将球扣到场地的中间部分，这样可以把防守队员分隔开来，不利于对方接球。

④扣球应该根据传球而定。如果球传得低，或在网上等，扣球就要做出相应的调整。如果球没传到预期的位置，传球队员也应该暗示扣球队员。

（六）轻打球落点的选择

通常情况下进攻队员会把球轻打到以下五个区域：

①直线区的近网处（吊球）。

②直线区的远网处（推球）。

③斜线区的近网处（削球/吊球）。

④小斜线处（削球）。

⑤斜线区的远网处（半切球/削球）。

（七）轻打球的时机选择

①当对手形成覆盖面较大的过网拦网，本方很难突破其拦网时。

②当对手站在后场区很难救起短线球时。

③当对手站在网前无法救起长线球时。

④当传球对攻手来说太远网或太低而不能发挥扣球的威力时。

⑤当攻手想综合运用各种扣球方式来迷惑对手时。

四、训练方法示例

（一）徒手练习

助跑、起跳、摆臂去扣假想球或教练员固定在网前的球。要双脚起跳，掌握完整动作的要领和节奏。

（二）对墙练习

①对墙连续扣球。每组 30~50 次。

②对墙扣球后将反弹球防起后再扣球（注意反弹球不要触地），每组 20~30 次。

（三）隔网扣防练习

两人隔网站立，自传自扣上旋球过网，对面队员将此球防起后自传自扣上旋球给同伴。每组 15~20 次。也可分两组多人轮换练习，保证球 30~40 次不落地。

（四）连续扣球练习

扣球队员在网前准备扣球，扣球后马上回位，接下一个抛球再扣球。每组 5~8 次，可固定性能（重扣或轻拍）、固定线路，也可指明区域。

（五）吊球练习

在每一侧场地的网前 3 米处的沙地上画一条直线，为比赛区域。两名队员一对一隔网对抗，争取将球击入对方场地。比赛过程中只允许用垫球和救球技术，不许用扣球和传球。采用传统的沙排计分方法。这项练习除了能提高对球的控制，还有助于加强侧向移动，改善救球技术。

（六）固定线路对抗练习

采用比赛的形式，从左侧队员开始，规定左侧队员只能打斜线进攻，进攻之后注意防守对方的进攻，传球队员只负责传球不参与防守。7 分之后攻手换一条线路或一种性能的扣球，也可以换右侧的队员以相同的方式进攻，7 分之后再交换。

（七）连续接发球进攻练习

两名队员各连续接发 10 个球，对立面负责拦防，每次传球队员传球之后都要给攻手以明确的暗示，并逐步改进暗示的时机，提高暗示的效率。

两名队员要在每一次训练过程中不断沟通提升默契度，做到简单高效、积极通畅。传球队员的暗示都应晚给，甚至在击球前的一刹那还要有所改变。

第七节　拦　网

拦网既是一项防守技术，也可以直接得分。拦网是运动员在网前高于球网处用手臂来封堵扣球者的扣球线路，试图改变球的运行轨迹使其落在扣球者一方场地内，或迫使扣球者把球扣向其同伴防守的区域。有效的拦网既能拦死对手直接得分，也能迫使扣球者改变其最擅长的扣球方式而选择其他扣球方式。得分、迫使扣球者失误或者把球扣给防守队员就是拦网的目的。

拦网是一项网前运动员运用的个人技术，同时拦网也是一项集体战术，在比赛中拦网队员必须和防守队员进行有效沟通而不能各行其是。

一、训练指导要点

①起始位置距离网前 1~2 步，这样拦网队员也可以选择后撤防守。同时 1~2 步的助跑能使拦网队员跳得更高。膝盖始终保持弯曲，两手放于胸前，有助于起跳。离网越近越容易形成过网拦网，但触网的几率大。

②在传球开始下落后，拦网队员要紧盯进攻队员——特别是注意其手臂。

③拦网队员的取位是外侧肩膀正对进攻队员的内侧肩膀。

④拦网队员的起跳要在进攻队员起跳之后，并且要伸臂起跳。

⑤手臂尽量伸过网，掌心朝向对方场地。两臂之间留有一球的距离，手指尽量张开。

⑥如果看到进攻队员要推球、吊球或削球，应尽快告知同伴，以便提醒同伴防守轻拍球（图 2-27）。

图 2-27　拦网

二、拦网的分类

（一）过网拦网

过网拦网就是把手臂的一部分伸到对方场区拦网的动作，这是拦网者的最佳选择。但是要特别注意收腹、提肩、手腕下压，手臂不要下压以免触网（图 2-28）。

图 2-28　过网拦网

（二）轻拦

轻拦不是过网拦网。相反它要求手掌冲上，以使球能够触拦网手后向场地后方高高弹起。其目的就是触到球的一部分使球飞向后上方，这样防守队员就能把球救起来。当拦网队员不能充分地竖直起跳形成过网拦网时也会用到轻拦。

（三）分开拦网

分开拦网是同时拦对手的直线和斜线进攻，这无疑是最难有效实施的拦网动作。它需要充分地竖直起跳使肘高于网，手臂的动作也要快，比起普通的拦网，这种拦网舍弃一定拦网高度而注重拦球的过网点，并且增加水平方向拦网面积。

分开拦网开始时是两手抱在一起以迷惑对手，直到最后触球瞬间两手才分开。这样手臂就可以任意地过网拦网，但面部也处在完全的无保护状态（图 2–29）。

图 2–29 分开拦网

一般在以下情况下使用分开拦网：
①拦网者不清楚攻手的进攻意图时。
②拦网的目的仅仅是迷惑对手时。
③普通的拦网不能奏效时。

（四）触球拦网

触球拦网是单手拦网的一种。当球恰好传到网上，对手看起来要抹这个球而不是要扣这个球时可用这种技术。此时造成网上僵持的情况。拦网队员手要伸得尽可能高并且尽量过网，毫无疑问单手拦网比双手拦网达到的高度要高。

（五）拦直线和斜线球

如果要拦直线球，就要与扣球者成一条直线。手臂伸直，如果直接面对扣球者的拦网则很容易被斜线球或大斜线球避开。为了有效地拦防斜线球，要与扣球者的内侧成一条直线，取位于扣球者的同侧，这样就给扣球队员制造比较大的麻烦（图 2–30、

图 2-31）。

图 2-30　拦直线

图 2-31　拦斜线

（六）变换拦网

有时拦网队员站在扣球者的对面似乎是要拦其直线，突然转变拦其斜线，这是一种极好的战术。当扣球者助跑时拦网队员移动跨出一两步到扣球者的内侧就可以拦其斜线，或者判断出对方要扣斜线球而没有时间侧滑步，则跳起来挥动双臂，手臂就会保持同样的距离。手指张开，拦截扣过来的斜线球。此时必须挥臂使手臂处在拦斜线的位置上，且手可以穿过球网的平面。身体回落时手臂要从伸出的位置举起，这样就会避免触网。

高水平的拦网队员起跳拦网时可能会分开双臂，一只手拦直线而另一只手拦斜线，然后再将两手并起拦直线或斜线。大部分的扣球者很难判断出究竟是拦直线还是斜线。这种摆臂存在的一个问题就是在拦网最后到两手并上之前会留下空当。如果扣球者能在拦网队员摆好手臂之前触到球，则扣球者可以直接将球从拦网手之间扣过来，这使得拦网者看起来就像一个足球场上脱手的守门员。

（七）虚晃拦网

虚晃拦网就是在某一点佯做要拦网的动作而实际没有拦网。虚晃拦网难度不大，却能导致对手失误。在开始时要像正常拦网一样，但在最后时刻要后撤。如果时机把握得准确，则会收到很好的效果。

因为进攻队员在起跳前的一刹那都会观察场上的情况，拦网队员可以利用这一点，一旦进攻队员目光转移到球上就迅速后撤。后排防守队员在最后时刻到达防守位置也会加强虚晃拦网效果（图 2-32）。

图 2-32 虚晃拦网

（八）网上僵持

当球恰好传到网上，球网两侧的运动员几乎同时触球时，就出现了网上僵持。在这种情况下要尽可能地利用有效力量来决定球的去向（图 2-33）。

图 2-33 网上僵持

以下是三种有效对抗网上僵持的方法：

①压倒对手的力量（比对手更强壮）。

②向一边或另一边用力，用策略战胜对手。

③后发制人，通常最后发力者会获得胜利。

三、临场运用提示

（一）取舍原则

1. 拦网的理由

①相信自己能拦死这个球而得分。
②相信能迫使进攻队员把球扣到本方防守队员能够防起的区域内。
③如果没有拦网，进攻队员会扣球得分。

2. 不拦网的理由

①不能给进攻队员造成足够的威胁。
②对方无法组织有效进攻，或者对手的进攻不具备威胁性和连续性。
③本方队员后场防守能力较强。
④对方传球距网较远。
⑤判断对方将要使用轻拍技术。

（二）后撤时机

传球是确定是否取消拦网转而后撤防守的决定性因素。球传得距网越远，拦网队员越想后撤防守。当传球出手时就要确定它的轨迹。有时即使球传得距网近也会后撤防守，目的是迷惑对手使其推球或吊球。

后撤防守时，眼要紧盯着进攻队员——即使在侧向移动时。拦网队员要移动到能够防起短线的吊球和推球的位置，但在扣球的瞬间则不要移动。

（三）准确判断

拦网队员可以根据以下情况判断攻手的进攻意图：

1. 助跑

很多攻手扣球的方向与其助跑的方向相同，其他的佯攻与助跑方向有所不同。

2. 身体的方向

一般情况下，身体的方向越偏向于进攻的方向，进攻时就越难改变方向。这可以作为一个判断攻手进攻方向的可靠依据。

3. 摆臂

摆臂是判断扣球去向的最可靠的依据。观察攻手的摆臂很困难，但它却能准确地预示扣球的方向。

（四）拦网手势

两名队员联络协商拦防布局时就会用到手势进行沟通。通常一根手指代表拦网者去拦直线扣球，防守队员就会去防守斜线球和所有的轻打球。两根手指代表拦网者去拦斜线球，因此防守队员就会去防直线球和轻打球。根据比赛的不同情况，两只手的各种手势有不同的含义。例如，手掌张开意味着拦网队员要上前去罩住球，不管是打斜线球还是直线球，这时防守队员就要等到最后把越过拦网手下落的轻打球救起；拳头表明拦网者不会上前拦网而是后退防守其所在的一侧区域；一手握拳一手张开根据实际情况不同会代表不同的含义。因此和新搭档打球之前要统一手势含义。大部分运动员会用两只手来表示他对对方两名队员分别采取什么动作。例如，右边的运动员通常会打斜线球，此时拦网队员会主拦其斜线，于是在身后向下伸出右手两根手指。我们可以设想左边的运动员无论从哪里扣球，此时拦网队员都可以用伸开的左手手掌来做手势（图 2–34）。

做拦网手势的同时还可以暗示将球发给谁，通过移动那一侧的手指或手掌来表示将球发给谁，这完全依照赛前确定的方案。

比赛中，裁判吹哨和双方发球之前有足够的时间供两名队员进行沟通。有时发球队员会要求拦网队员更换其中一种或全部的手势，从而改变战术。但这样的决定要迅速，因为发球之前的时间是有限定的。

图 2–34　拦网手势

（五）注意事项

①不要过早泄露拦网的意图。

②起动不要过早。

③移动不要太晚，向网移动得太晚意味着同伴要负责整个场区的防守。

④不要触网。

⑤不要总拦一种球而被对手猜到拦网方式。

四、训练方法示例

（一）徒手练习

①在网前练习起跳，同时手向球网前上方伸出，放在固定在网前的球上。

②收腹、压腕拦教练员放置的斜线扣球或是直线扣球。

在做这两个练习时教练员要时刻纠正错误动作。

（二）拦高台扣球

教练员在网前高台扣直线球和斜线球，拦网队员负责拦网。教练员可分别打直线重扣、直线轻拍、斜线重扣、斜线轻拍、吊球、顶球等各种类型的扣球，以使拦网运动员适应不同形式的扣球。每组 8～10 个，以能拦死 4～6 个球为目标。场地两侧和球网两侧都要练习。

（三）扣拦练习

四名队员在场上按照比赛的形式进行练习，每局 10 分，练习拦防的一方连续发球。接发球一方得分算 1 分，拦防一方拦起或防起对方的扣球得 0.5 分，直接拦死对方或再攻得分计 1 分，先拿到 10 分为胜，然后双方交换。

思考题

1. 简述沙滩排球各项技术的特点及其成因。
2. 在训练实践中如何根据沙滩排球的技术特点安排训练？
3. 根据你的实践，举例说明如何纠正传球的错误动作。
4. 以强化发球技术为主要内容，设计一节训练课的训练计划。
5. 接发球技术和接扣球技术有哪些区别？

第三章

沙滩排球战术

内容提要

本章介绍了沙滩排球的技战术发展趋势；进攻、防守、发球战术在沙滩排球中的应用及训练；合理运用沙滩排球比赛中自然条件等内容。

教学目的

通过本章沙滩排球基本战术的学习，知晓沙滩排球基本战术的分类和特点，了解各种战术的训练指导要点，掌握各项战术的适用范围及应对变化，熟练运用沙滩排球的技战术发展理念设计符合本队特点的技战术体系。

第一节　进攻战术

进攻就是通过发球、垫球、传球和扣球等一系列技术来控制球并以得分为目的。控球能力和同伴之间的配合是进攻战术的关键。在掌握技术的同时，还能够有效地沟通、配合得默契，这样的球队才会成为一支稳定的、极具进攻性的球队。

一、接发球战术

（一）接发球的取位

为了提高接发球的效率，要明确两人的分工。把场地纵向等分，每人负责一半的场区，在各自半场的3/4处取位。

大多数的发球落点会在后场区，落在前区的发球有更大的得分可能，同时接发球队员也有更多的时间去接近球。

（二）接发球的配合

通常情况下，落在两人接合部位的发球应当由与对方发球队员成对角线的人去接，或者由进攻效率较高的队员接球。每次发球之前要明确沟通以确定谁来接中间球。不接发球的队员应该时刻提醒接发球队员球是落在界内还是界外，是短球还是长球。

（三）进攻性接发球

进攻从接发球开始，接发球是一场比赛的关键。接发球到位才能使传球到位，从而使进攻达到预期效果。接发球时要用前臂垫球以保证不违例及提高接发球的效率。

（四）接发球的落点

首先要根据同伴的需要或习惯来控制接发球的落点。大多数情况下，接发球要距离网1~1.5米，高度要足以使传球队员能够移动到球下取好位。通常接发球队员想把球垫到网中央，以便集中进攻。当发球飞向底线附近时，就没有必要把球垫到场地中央，只需稍微转换角度将球垫起，然后组织近体进攻；对有些凌厉或刁钻的发球，接发球队员即使竭尽全力也难以保证效果，这就需要传球的同伴尽力弥补。控制接发球的一个关键就是接发球之前要在头脑中形成接发球的完美表象。接发球最重要的一点是要克服心理障碍，必须主动去接发球，及时移动取位。此时，队友之间的沟通至关重要！

二、传球战术

（一）传球落点

理想的传球是当对方队员拦网时传起的球距网1~1.5米。如果对手没有拦网，就可以直接把球传得距网较近。每个队员对传球的高度都有不同的喜好：有的攻手喜欢仅仅比球网高出0.6米的传球；而有的攻手则偏爱高出球网1.5米的传球。然而在有风的情况下，则要把球传低一点。对于那些个子不高或弹跳不高的运动员来说，传球不能距网太近。传球应该落在攻手击球臂的前方。当然，如果接发球在场地的远端，那么传球就要足够高，以便攻手有时间去调整位置，把握好场内任何位置的球。

当球发向同伴时，传球队员要与球网形成一个小角度起动，直线跑向球网附近接发球的落点处。当队友接发球触手时，传球队员要跑完一半的距离，而不是全部。因为接发球可能会出现问题，这就给了传球队员对于处理不到位的接发球做出调整的时间。

（二）处理不到位的接发球

当接发球出现问题，如把球垫到后场区，传球队员无法移动到球下用手传球时，就必须用垫传将球传高以促成进攻。此时搭档之间及时有效的沟通非常重要，比如说

“中央”或“上网”之类的言语会给传球队员以明确的方位提醒。

如果接发球飞向了球网，传球队员必须快速移动，在球下取位并与球网保持平行，然后把球垫传给攻手。在不影响对方比赛的情况下，垫传队员的手臂可以越过中线。

当一传垫到边线以外或靠近网时，不要有跑到二传的背后去扣球的想法。这时传球队员要跑过场区去传球，把球向后传回场地内是较简单的方式。在大多数高水平的比赛中，这种变化被用来迷惑对手防守。当接发球垫到边线附近，并且传球队员跑到接发球队员那一侧场区去传球时，这个背传球会让攻手接近于场区中央。这就要求对方的拦网队员移动判断，有时会导致其起跳拦网过晚。

（三）传球后的防守

传球之后，最重要的事情就是防守。如果拦网已经形成并且扣球可能要被拦回，传球队员要责无旁贷把这个球救起来。如果球落在攻手身体的外侧，则攻手要去保护这个球。

当球越过了拦网手，则传球队员要后撤到防守位置或拦网位置准备接对方一次或两次击球过网的球。此时攻手刚刚落地并且尽力转身防守其所在的场区，传球队员必须负责其余的大部分场区。

三、扣球战术

如果传球质量不太好或球不够高，那么攻手要随时调整和转变击球方式。如果同伴传球到位，上步或扣球会容易很多。作为一个团队，当接发球和传球都较好时，焦点就会成为进攻三角的顶点——扣球。

（一）移动助跑

接发球之后，扣球队员移动的路线通常由其所在的那一侧场区决定，且根据运动员的有利手稍有区别。

1. 右手运动员——左侧助跑

无论球从哪里传出，扣球队员都要以一定的角度助跑。如果接发球靠近扣球队员所在的那侧场区，那么助跑时就要多向外绕；如果球从后场区传出，则要快速向外绕以增加向球移动的角度；如果是调整传球，就要与球成一定角度助跑，并且要给同伴言语提示传球的落点；对于到位球，稍向侧跨一步，斜角度直线助跑。

2. 右手运动员——右侧助跑

同样，无论在何处接发球，扣球队员都要直线助跑，肩膀与球网几乎保持平行。

当接发球飞向右侧场区时，攻手就要准备好扣飞过左肩的垫传球，因此不要向前助跑得过早；若接发球在左侧场区，则应快速向内侧移动，以保证能直线移动接近球；当接发球到位时，助跑路线就是几乎直线向前。

3. 左手运动员——左侧助跑

无论球从何处传出或垫出，扣球队员都要直线助跑，肩膀与球网平行。若一传飞向后场区，攻手就要准备扣从右肩上方飞过的垫传球，不要向前助跑得过早；当一传到位时，助跑的路线恰好就是直线。

4. 左手运动员——右侧助跑

无论球从哪里传出，扣球队员都要以一定的角度助跑。如果一传垫到了其所在的那一侧场区的角上，那么助跑时就要多向外绕来接近传球。如果球从场地底线附近传出，则要迅速向外侧移动以增大角度；当球从同伴那一侧后场区传出时，要及时提醒同伴传球的落点；对于到位的一传和二传，稍向侧跨一步以直角助跑。

（二）进攻战术选择

1. 集中球进攻

这是沙排比赛的一个秘诀。作为一支队伍，要把进攻压缩或集中到一个点上。“压缩”意味着汇聚在一起，如果球被垫到或传到两人之间，则将球传到网中间对两名队员都有利。努力把球传得或垫得低一些，尤其在有风的天气里。

当接发球直接冲向场地中央时，二传队员不必把球传得太开，只需把球向上传起在身体附近，这样进攻队员移动起来就很方便，击球也会变得轻松。相反，球传得越开，组织进攻就越难。

2. 轻打球

轻打球主要是越过拦网手将球打到对方防守的盲区，如果扣球落入对方的拦网布局当中，无论这个球是轻打还是重扣，被防起的概率都很大。因此很多情况下拦网队员都是过网拦网封角度，而不是一对一拦球。所以轻打球是进攻战术的重头戏，每个运动员都应该熟练掌握。

（1）底线球

当对方队员已经起跳拦网，或已经放弃拦网并后撤到防守位置时，使用轻打底线球会比较容易得分。对方队员或许会站在场地的前半区，其搭档会在另外一个半区防守各种角度的扣球或轻打球，因此拦网队员身后就是对方拦防的盲区。

(2) 轻打对角线远角球

当对方队员已经起跳拦网并且防守队员站在了底线的位置或场地的前半区时，可以将球轻打到进攻位置对角线远角的区域。轻打对角线远角球能够避开或是越过拦网手，此时防守队员已经准备好去防守直线球或斜线球，或者已向前移动去防守斜线扣球，球就会落在防守队员的身后。

(3) 轻打至场地中后场球

当对方队员起跳拦网并且防守队员在场地前半区时或当两名防守队员去防守两侧而中间空当较大时都可以使用这种方法。

(4) 吊球

任何轻打到端线、场地中部或斜线角区的长线球都被称为吊球或虹式扣球。这两个概念都被用来描述那种弧线长的球。

当对方队员起跳拦网并且防守队员在防底线球时，可以使用吊球。球会落在拦网队员的身后或身体两侧，使其很难有时间从拦网位置落地再转身去救球。吊球落地应距底线 3 米之内，否则防底线的队员就能跑到球下将球垫起。很多情况下球会落在两人之间，并且两人都跑过去救球而导致相撞。当拦网队员决定后撤并且向后移动到防守位置时，采用吊球亦会有很好的效果，特别是对手在向后移动的这个过渡时间是使用短线吊球的绝佳时机，球的运行弧线只要能过网直接下落就足够了（此时网前没有拦网）。对方队员很难有时间转换重心到网前去接球。

(5) 轻拍小斜线

当对方队员已经起跳拦网并且防守队员已经控制了远角、中部远端或底线时，可以使用轻拍小斜线的方式。这种轻打球能让球从封堵直线或斜线的拦网手上飞过，距网很近落下，而防守队员很难跑到球下去救球；当拦网队员下撤到场地中部去防守直线球时，也可以使用轻拍小斜线。同样，当两名队员的防守位置都靠后时，这也是极具威胁的进攻手段。在没有拦网的情况下，如果这种球能拍得距网足够近，那么对那些准备防守重扣的队员来说转换重心并非易事。

(三) 突破拦网扣球

进攻队员总是处于有利的位置，即使要面对对方拦网。因为当拦网队员起跳时，对方只有一人负责余下的场区。

当对方一名队员起跳拦网时，传球队员要告诉攻手进攻的方向。例如明确告知该扣长线球、轻拍小斜线还是吊球，或者给场地四角编上号码或字母，告知球该打到哪个区域。

根据实战经验，准备突破拦网时，要用余光留意防守的位置，然后决定扣或吊球以避开后面的防守队员。低传球能让攻手同时看到球的弧线和对方场区内的状况。重点就是在移动和起跳的时候观察对方场区内的动向。

当攻手开始起跳并且对方防守队员也开始移动时，同伴就是攻手的另一双眼睛。同伴传球之后，就要观察哪里有空当并给攻手暗示。扣球队员按照提示调整扣球。传球队员会停留在近网处防守拦回球。除此之外，传球队员也可以退到后场区接对方防守过网的球。

大多数拦网队员都会拦攻手最大力量的重扣——因此攻手要把球打出弧度，把打直线球和弧线球综合运用到进攻战术中。把球吊过拦网者、打向底线、快速地轻拍小斜线或将球拍向对角线的远角，都可以摆脱拦网。同伴要随时准备防守被拦回到的球(图 3–1、图 3–2)。

图 3–1　拦直打斜

图 3–2　拦斜打直

（四）利用拦网

把拦网作为一种工具来使用以帮助进攻队员得分称为利用拦网。如果扣球线路被封堵，把球扣到拦网队员手里也是一种不错的选择。将拦网队员的手当作一块挡板，把球猛扣过去使之反弹出界或让球回到半场再组织下一次进攻。虽然拦网队员想把球拦死，但进攻队员已经改变了球飞行的方向而使球飞向场区之外。有经验的拦网队员或许会封盖住球并且最终让它直接下落到进攻队员的场区，此时可以打拦网队员的手以使球向上飞起并飞到攻手一侧的边线之外。这种方法除了判断将球打出边线或底线之外，扣球所需的力度也要拿捏得恰到好处。

（五）注意事项

攻手进攻时，有几点是在比赛中任何情况下都要注意的，只有这样才能使球队的进攻战术发挥得淋漓尽致，成效显著。

①如果起跳的节奏总是太快，那么在移动助跑之前稍停一会儿。

②扣球起跳时要充分迷惑对手，这也是进攻队员的个人战术。如果对方队员已经取好位防重扣球并且前排有拦网的话，拍球、吊球、打到角区的虹式扣球都可以使用。

③综合运用各种扣球技术就要准确地击打球上不同的点。

④最佳的吊球时机是当传球非常到位而对手判断其是重扣时。

⑤在吊球、拍球或者轻打长线的上旋球时，使用与重扣相同的摆臂动作。

⑥当传球距网远于 1.5 米时，扣场地中部后区的上旋球，或者没有拦网时，对准边线重扣球。

⑦一旦球过网，本方的防守队员要迅速回撤至防守位置准备防守；如果对方无人拦网，两名队员都要回撤到各自的防守位置。

⑧如果无法组织进攻，那就把球垫到对方场地后区或是空当的区域。

⑨当没有拦网时把球打到场地的哪个区域要提前计划好。

⑩利用短线和长线相结合的战术对付后排防守队员。打两三次短线球后再打一个长线球，然后以一个大的角度击打拦网手，再吊一个短球，这样往往会让对手防不胜防且疲于奔命。对不同的队员要使用不同的战术，绝非仅仅依靠临场的应变，事先的观察和总结是非常重要的，而技术统计就是最佳的实现方式，它会让本队的进攻战术出乎对手意料，而让对手的进攻在本队的掌控之中。

⑪当传球远网而对方拦网队员已经后撤防守时，把球直接打向重心未站稳的拦网队员身上也是一个不错的选择。对于运动员来说，在回撤到防守位置的途中再降低重心接起一个重扣是非常困难的。另外一种打法就是打上旋并让球刚过网急坠，此时正后撤的运动员就很难再改变重心去救起这个短线球，并且防守队员也来不及跑上前去救这个球。

四、进攻技战术训练方法示例

根据翻译国外教练员对国内高级教练员岗位培训课程中的实践训练的讲授内容，以及总结近两年冬训国家集训队及国家队的串联技战术训练内容，这里分别为接发球战术、进攻战术、一攻串联技战术等提供一些相关的练习方法，以供大家参考。

以下图中“△”代表教练员；“×”代表队员；“－－►”代表队员跑动路线；“——►”代表球的运行轨迹。

（一）接发球进攻战术训练方法

接发球进攻是一攻的开始，它对变被动为主动，夺取比赛的胜利，抢占战术及心理上的制高点，具有积极和有效的促进作用。

1. 接发球—控球—传球的战术串联练习

方法：教练员隔网抛球（或发球），队员在底线附近接发球，然后自传一次，再将球传到网前 4 号位进攻位置（图 3-3）。

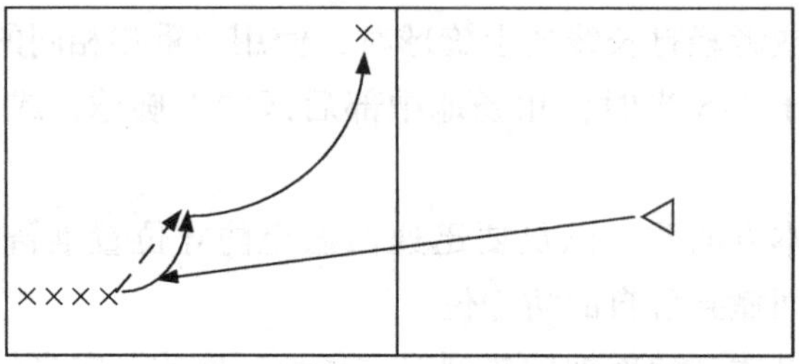

图 3-3　接发球—控球—传球的技术串联练习图示

要求：

①接发球、垫调球要近网。

②自传球、传球亦可改成垫传球。

2. 移动接发球的个人战术练习

方法：教练员隔网发球，队员从场地中线起动，移动到边线附近接发球（亦可从边线起动，然后移动到场地中线接发球）（图 3-4）。

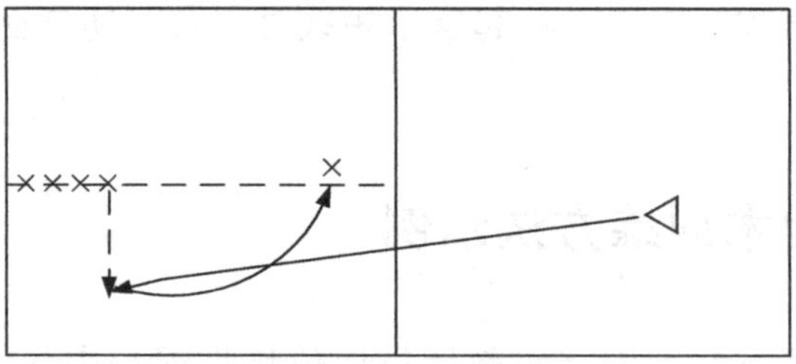

图 3-4　移动接发球的个人战术练习图示

要求：

①教练员发球的位置可从场内逐渐移动到场外，发球方式亦可改变。

②接发球弧度要适中，落点要在网前。

③身体要面向场内接发球，眼睛要时刻盯住来球。

④也可向另一侧边线移动。

⑤基础训练阶段，两边场地都要训练；赛前和赛间训练阶段，队员可在自己的专位上练习。

⑥此练习要多做。

3. 发球—接发球的对抗练习

方法：教练员隔网发球，三名队员轮流接发球，一人固定传球，若干球之后轮换一人传球（图 3-5）。

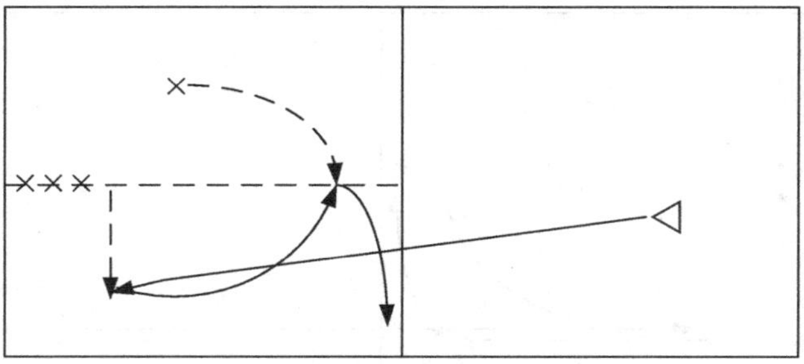

图 3-5　发球—接发球的对抗练习图示

要求：

①传球队员要看接发球的情况，然后起动，快速上前传球。

②教练员可加大距离，改变发球方式以增加发球的难度。

③场地两侧、两边都要练习。

④此项练习为基本练习，要多做。

4. 场地四角移动的接发球战术练习

方法：两名队员一组，一名队员从场地一端起动，先接对面发来的长直线球，然后向前移动接对面发来的网前球。再横向移动到场地的另一侧，接对面发来的网前球，最后后撤到场地底线附近，接对面发来的长直线球后另一名队员起动。第二组从相反方向往回练习。练习数组之后发球队员和接发球队员轮换（图 3-6）。

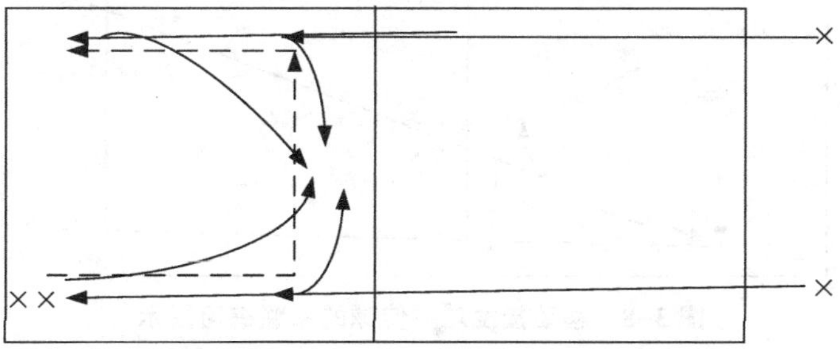

图 3-6　场地四角移动的接发球战术练习图示

要求：

①移动时要注意观察发球。

②身体要转向场内。

5. 接发球的个人战术练习

方法：教练员隔网抛球，第一球抛至网前位置，队员从接发球位置起动，上前接此球；第二球抛到队员身后，队员后退接球，将球送到指定位置（图 3–7）。

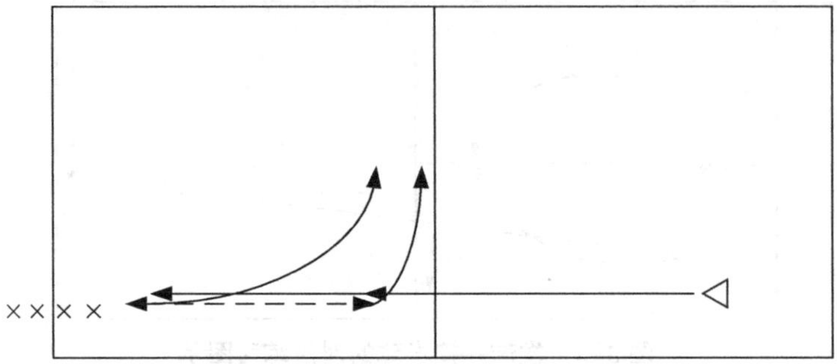

图 3–7　接发球的个人战术练习图示

要求：

①身体时刻注意转向场内。

②眼睛要注视来球。

③此练习可在场地中间或一侧进行。

6. 移动接发球—传球的串联练习

方法：两名队员在场地中按正常位置站好，一名队员专门接发球，另一名队员专门传球。对方两名队员专门发边线球，接发球队员移动到边线附近接发球，同伴传球。练习若干球之后两队交换练习（图 3–8）。

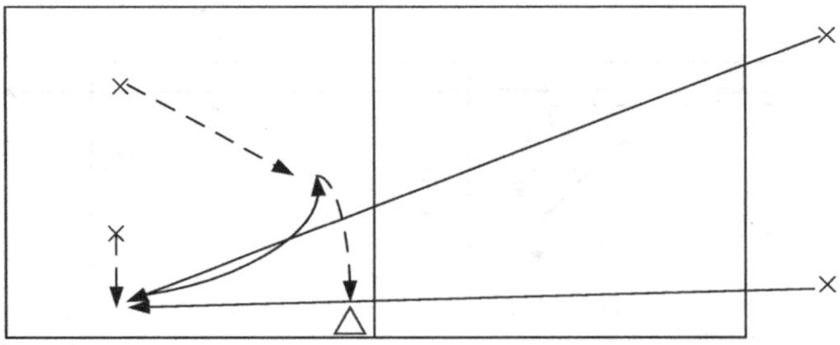

图 3–8　移动接发球—传球的串联练习图示

要求：

①赛前要进行专位训练，基本训练阶段两边场地都要练习。

②通过练习提高队员发边线球的能力。

③可练习发中线球、接发中线球。

（二）进攻战术训练方法

1. 隔网轻拍小斜线扣球个人技战术练习

方法：两名队员一组，站在网前隔网轻拍小斜线口球（图 3–9）。

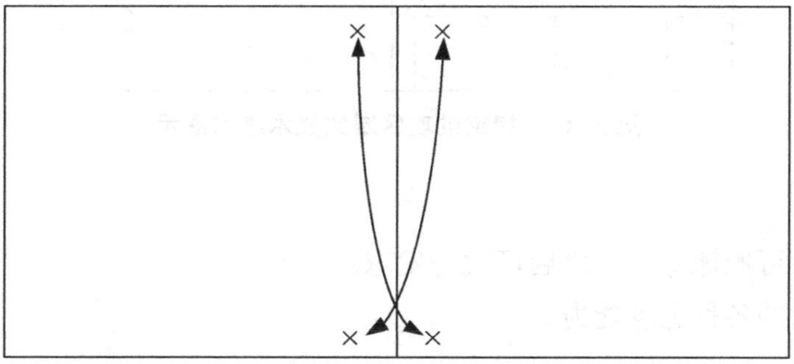

图 3–9 隔网轻拍小斜线扣球个人技战术练习图示

要求：

①强调手腕的动作，球要有下落的弧度。

②强调动作的规范性，教练员要及时纠正错误动作。

2. 轻拍球练习

方法：教练员隔网抛（发）球，一人固定传球，其他人轮流接抛（发）球进攻，将球轻拍到指定的虚线区域内。练习若干球后轮换练习（图 3–10）。

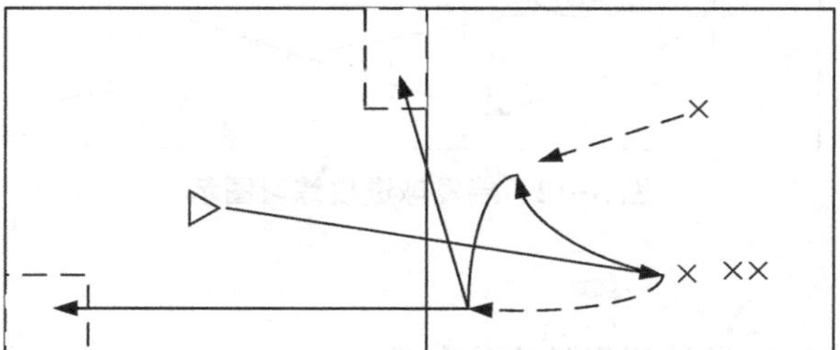

图 3–10 轻拍球练习图示

要求：

①可规定队员进攻的成功率。

②根据传球位置的不同，击球的手法应有所不同。

3. 指定进攻区域的战术练习

方法：教练员隔网抛球或发球，一名队员传球，其他队员接发球进攻，将球扣到阴影区域（图 3–11）。

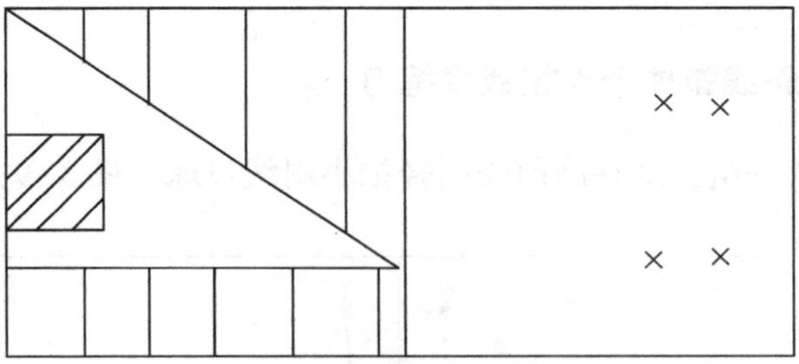

图 3–11　指定进攻区域的战术练习图示

要求：

①开始阶段可抛球练习，之后可改为发球。

②训练队员的各种进攻能力。

（三）一攻串联练习

1. 接发球进攻练习

方法：两名队员在对面场地发球，另外两名队员接发球，打一攻。发球队员将球发到两人的接合部位。接发球队员在接发球后打一攻（图 3–12）。

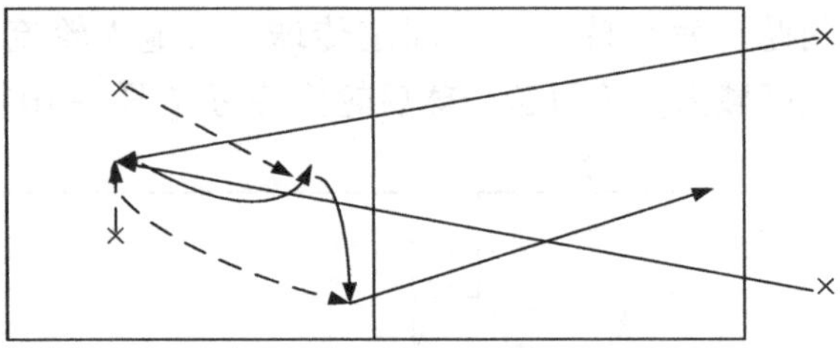

图 3–12　接发球进攻练习图示

要求：

①接发球队员的起球尽量到场地中央位置。

②对一攻落点可有相应的要求。

2. 一攻传扣练习

方法：教练员后场抛球，将球抛至网前中央，队员两人一组，一组连续传球，一组连续扣球（图 3–13）。

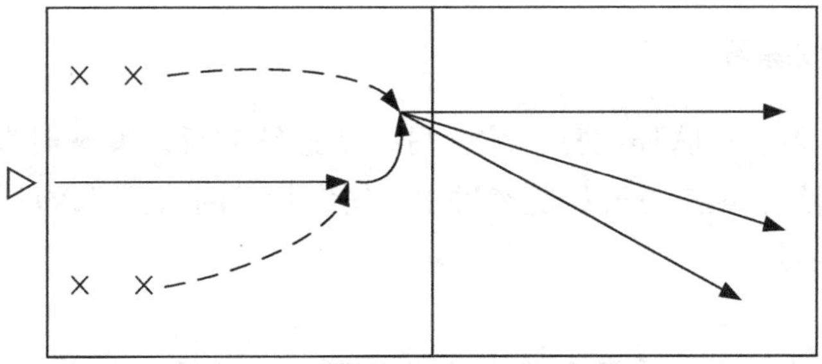

图 3-13 一攻传扣练习图示

要求：

①扣球队员只重扣，可扣直线、斜线和小斜线。

②传球队员、扣球队员掌握起动时机，看球起动。

③扣球队员手臂伸直，注意保持正确的击球位置。

④教练员要不断激励运动员。

⑤一组练习 12 个球，结束之后慢跑捡球，一次只捡回一个球，通过慢跑放松。

⑥教练员也可在对面场地举号码牌锻炼运动员的观察能力。

⑦可两边场地轮换进行。

3. 两队隔网对攻练习

方法：两队隔网对攻，一人连续扣斜（直）线，另一人连续传球（图 3-14）。

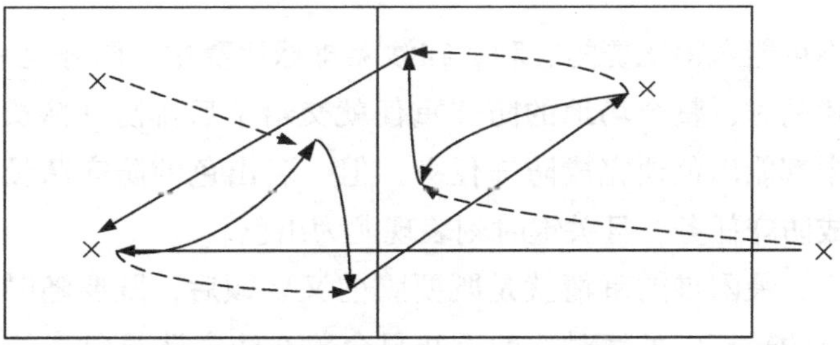

图 3-14 两队隔网对攻练习图示

要求：

①传球队员每次传完球之后都要回到原来位置，然后再上前移动传球，以确保训练效果。

②扣球之前要观察对手的站位，把球扣到对方的手上，使练习连续进行。

③强调控制球的准确性。

④此项练习要换线、换边，多多练习。

4. 二对二对攻练习

方法：对攻练习，一队连续打一攻，另一队连续防反。发球时专发一人，第一球和第二球要求打斜线，第三球开始随意进攻，防守扣球的队员进攻后拦网。5个球为一组，然后换发球练习。

要求：

①注意力要集中，打第一球和第二球之前要观察对手，将球打到对方手上，使练习能够持续。

②前两个球规定扣球线路，也可改为第一球重扣斜线，第二球轻拍直线。

5. 对攻练习

方法：对攻练习，任意进攻，第一次死球时教练员抛球到死球落点处，使进攻连续进行。

要求：

①使用各种进攻方式。

②按照实战情况进攻和防守。

第二节　防守战术

没有防守就不可能赢得比赛的胜利。在沙滩排球比赛中，防守是一项孤单的工作。当同伴站在前排拦网时，整个场地的防守重任就交给了后排防守队员。一名队员不可能在每一场比赛中都能出色地完成防守任务，但一名出色的防守队员可以在大部分的时间里出色的完成防守任务，且关键时刻表现尤为出色。

对于防守而言，最困难的事情就是既要瞻前又要顾后，既要随时准备顶住对方的重扣，又要防对方的轻打。虽然对方的重扣只会落在防守队员负责的半场内（前提是同伴能够有效地封堵相应区域），但轻打球却会满场开花。而很多防守队员只擅长防某一种球：有些队员只会在原位防守，他们只能扑灭对手最强的火焰，却对落在自己几米之外的球无能为力；另外一些队员则能像水蜘蛛一样满场飞奔，但防起的球却大部分飞向了看台。防守队员的目标应该是有出色的防守能力，需要把每一种球都防起来且有足够的高度让拦网队员转身过来接应。

平衡和身体姿势也是非常重要的，没有哪一项沙滩排球技术像防守那样更注重快速反应。当一个时速120公里以上的重扣球飞过来的时候，防守队员必须处在平衡的位置。要想防守好，防守姿势必须简捷高效，没有时间准备，没有其他选择。所谓简捷就包含高效快速的移动以及维持身体必要的平衡。排球的一个回合是相对较短的过程，因此必须要牢记两件事情：一是比赛进行过程中永远不要站着不动；二是要随时准备接球。

第一、二、三次击球都有可能过网。尽管通常情况下是第三次击球才过网，但一个高质量的发球能让对方第一次触球就把球垫上网。有时候发球弧度高，接发球队员接发球就有可能把球送过网。要随时注意第一次击球是否过网。如果对方第一次击球没有过网，要观察对方二传第二次击球时是传球过网或故意把球传过网，还是打二次进攻。

最后，要对对手进攻可能的落点有所预判。要学会掌握对手最擅长的进攻形式，当对手由外向内助跑时通常扣什么球，由内向外助跑时通常扣什么球，当传球不到位时通常会怎样处理。培养对于球的落点的感觉是一个漫长的过程，除了不断积累比赛经验之外别无他途。对球的预判，然后快速地向球移动，这就是那些活跃在世界排坛上的顶级运动员的卓越表现。

把球防起到场地中央较高的位置只是防守的第一步，当一人上前去接球时，另外一人要提前到前排去传球，这就是全队的整体移动，接下来还要准备进攻，此时的传球未必会到位，所以要准备在任何位置进攻。

一、防守技术

（一）准备姿势

防守队员的取位通常要在距离球网4~5.5米的位置（取决于对方进攻队员进攻的能力），且角度要足够开以能够防起轻打小斜线的球，同时降低身体重心。在沙滩上怎样降低身体重心呢？首先从下肢开始：

①两脚开立，比肩稍宽。便于两脚之间转换重心向任何方向起动。

②脚尖稍内扣，这样有利于起动，还可以把身体重心放在脚前掌内侧，如果身体重心放在脚跟上就无法向前移动。

③两膝微屈，头、颈和肩都向上伸展使背部挺直。

④手放置的最佳位置是在可能来球范围的中部，手臂在身体两侧分开，肘部稍稍弯曲。两手张开与腕同高（因为在沙滩排球中用张开的手防守急难球是允许的）。

⑤臀部下沉，介于稍蹲到半蹲之间。

做到以上几点，就是一个非常有利于起动的防守准备姿势了。沙滩排球比赛中，在低位防守可以争取到更多的时间以对来球做出反应，且能更好地控制球。如果同伴扣球被拦回的话，则要降低身体重心去保护球。

（二）预判

有了正确的准备姿势，下一步要做什么呢？防守最需要的是预判。在每一个出色的防守队员身上都可以看到这种无形技术——在攻手进攻之前就判断出他的意图。出色的预判可以在很大程度上弥补速度和防守范围上的不足。

要想提高预判的能力，在防守中就需要认真观察。人在相同的情况下通常都会做出相似的选择，运动员也是如此，也有其最常用的进攻方式和最密集的进攻落点，防守者的任务就是在其最大可能的扣球落点处取位。例如，大部分运动员在大多数情况下会打斜线球，这种方式落点范围大，且打斜线也比打直线球顺其自然一些，如此一来防守队员封堵住斜线球就等于限制了很多球队的进攻武器。这就是一个简单的防守战术，通常也很有效。

二、急难球的处理

如果球落在防守范围之外，首先要冲向球而不要放弃防守。沙子很松软，不易受伤，因此要猛冲出去，尽可能用双臂把球救起来。但如果来球是急难球，则防守时就要随机应变。

（一）双手救球

除了几种特殊情况之外，防守救球动作与垫球动作相同。首先，在防扣球时尽量不要给球加力，球的速度和力量已经很大，要尽量缓冲来球而不是继续加力。因此尽量少用重心的转换，随前动作幅度也应该小一些。垫球时尽量双臂并拢，这样可以更好地控制球；其次，沙滩排球规则允许张开手防守急难球，且允许此时有轻微的持球和连击（规则规定球“不能有明显的停留”）。

当来球很高时张开手的救球技术很有效。五指张开，手在身体两侧伸开，保持与腕同高。当来球在胸部或更高处时，可以把手臂举起来，就像传球那样，用手臂缓冲来球。触球时让手掌和手指同时触球，这样起球的方向会竖直向上。

（二）单手救球

当球在防守者的触球范围之外，而无法使用双手救球时，可以用单手救球而使球不至于落地成死球。单臂救球时要用离球最近的手臂而不要只用有利手。但要切记，只要有可能就要用双手救球。

三、拦防配合

在沙滩排球比赛中，要保证防守的高效，只有前后排队员密切配合，组成合理的拦防布局，才能让球队的拦防体系密不透风，保证防守的高效从而取得比赛的胜利。后排防守要综合各种战术使对手难以琢磨，和前排拦网队员相互配合永远是防守队员的首要任务。

(一) 对方有攻情况下的拦防配合

1. 拦防的落位

防守战术从一开始布局时就要迷惑对手，当发球队员发好球进入场地后，拦网队员和防守队员最好的取位方式就是在对方传球之前在场地中央排成一条直线，此时在后场区大约 6 米线的位置。虽然本方已有特定的防守安排（基于拦网者的暗示），但这样的站位会使对方的传球队员难以给进攻队员提供有效的信息。

这种战术要求防守者的移动要非常迅速。因为防守队员在对方进攻队员触球之前尽量不要移动，所以留给防守队员移动到预定位置的时间很少。

在扣球之前，防守队员可按照以下的方法来做：

①拦网者拦直线球，而后场防守队员去防斜线扣球。

②拦网者拦斜线球，而后场防守队员去防直线扣球。

③拦网者后撤去防斜线球，而后场防守队员移动去防直线球。

④拦网者后撤去防直线球，而后场防守队员移动去防斜线球。

有时，防守可以按照对方传球队员给扣球队员的暗示来布置——尤其是当攻手完全按照传球者的暗示去做的时候。例如，传球队员喊直线，进攻队员就很可能打直线球，那么防守队员就要向相应的方向迅速移动。

2. 拦直线或斜线情况下的防守选择

如果拦网队员拦住了直线，防守队员可以：

①站在防守斜线的位置。

②佯装防直线，却迅速回防斜线。

③提前起动接轻打直线球。

④晚起动去接轻打直线球。

⑤也可以先在拦网队员身后防守，然后迅速跑回到防守斜线的位置。

如果拦网队员拦住了斜线的话，防守队员可以按上面几点去防直线（或斜线）。

防守战术也要根据对方的进攻特点做出相应调整。例如，对手喜欢轻打直线，可以时常采用第④种战术，还可以要求拦网队员拦死斜线，而防守队员在最后一刻跑去防直线。

3. 解读攻手，做最合理的拦防布局

很多运动员在相同的条件下会重复运用相同的进攻方式。当拦网队员封堵住直线时，有些运动员总是打斜线，而另一些运动员则总是推直线。防守队员要记下这些情

况并在比赛中采用针锋相对的拦防布局会取得明显的效果。

观察进攻队员的助跑是预测他们向何处扣球的一个好方法。如果是直线助跑，那么极有可能扣直线球。如果与球成一个角度向球移动，那么有可能扣斜线球。防守队员的肩膀要与进攻队员的肩膀成直线。经验丰富的进攻队员会以相同的方式助跑扣球，或者转腕、或者轻拍球、或者吊球，而大部分的进攻队员助跑的方式往往就预示了他们扣球的方式。

下面针对攻手的某些习惯举例说明相应的拦防布局。

①经常扣球而少轻拍：拦其习惯线路，防守队员重点防守另一条线路。

②通常扣直线：拦直线，防守队员防其斜线和直线吊球。

③通常扣斜线：拦斜线，防守队员防其直线及吊球。

④网前有拦网时通常轻拍：虚晃拦网，然后后撤，防守队员防其另一条线路的轻拍球。

⑤通常依赖同伴的提示做进攻选择：防守队员和拦网队员在中场区排成一条直线，不到最后一秒后排防守队员和拦网队员不分开。

4. 结合发球合理布置拦防布局

发球是进攻的开始，遏制对手的一攻是拉开比分差距进而赢得比赛的关键，拦防布局不仅是从对手进攻开始的，还是从本方发球开始的。从发球开始就要遏制对手最强的攻击点，相应的拦防布局不仅简单明确，还非常高效。

如果对方有一名球员一攻善于扣斜式重球，那么他的进攻对防守队员来说就是一个挑战，此时可以采取把球发给其同伴的方法来限制他的进攻。否则，拦网队员要保证用有效的过网拦网力争直接得分。如果对手善于轻拍，那么拦网队员应该慢跳，并且提高拦网的高度。而防守队员则要加强预判，同时迅速移动。观察对手的优势并进行压制通常是最有效的防守战术。

5. 拦防配合的手势和言语沟通

如果在发球时看到同伴的拦网暗示，那么防守队员应该考虑对方的应变措施：如果有拦网，对手采用哪种进攻方式的可能性大？而此时防守队员应该负责哪一部分场区。此时队员之间的沟通非常重要。喊出“界内”或“界外”，“我的”或是“你的”，这样有助于互相知晓下一个球由谁去打，或者球会落在何方。无论是界内球还是界外球，吊球还是轻打球，都要养成及时沟通的习惯。

（二）对方无攻情况下的拦防配合

网前拦网的队员要处在接过网球最佳的位置上。如果过来的球高，可以向前移动起跳，用类似扣探头球的技术将球扣过去；如果来球弧度较低，可以后撤，将此过网传球垫起，再根据情况组织进攻。

进攻性击球可能从对方场区任何地方（无论是场内还是场外）过网，必须时刻准备，两名队员都有责任去接无攻过网的球。如果球从中路过网，那么与球成对角线的队员先去接。

当对方传球过网的时候，要全神贯注盯球。很多情况下网前队员会因为进攻队员的挥臂假动作而被迷惑，从而错过这个球。

当一名队员上到网前去接过网球时，其同伴也要跟上准备去传球。

（三）拦防配合的假动作

1. 假拦斜线

防守战术的成功很大程度上基于对对手进攻的误导。有时需要故意将防守意图暴露给对手，但实际上运用的战术与此完全不同。例如，拦网队员在网前暗示要拦斜线，而后排防守队员向场边的一侧移动足够的距离来暗示对手要防直线球。此时如果进攻队员被防守队员的移动所迷惑即可能会选择扣直线或推斜线。而就在扣球前一瞬间，拦网者突然跨一步改拦直线，同时后排防守队员移动去防斜线。

2. 拦网假动作

将对手的进攻引诱到本方拦防的布局之中才是最成功的防守战术，因此在拦网时也可以使用假动作。拦网者要在网前面对进攻队员，始终高举双手（甚至在传球时就提前高举双手）会伪装得更像。攻手会用余光看到拦网队员，他也许会忽视同伴的暗示而做出把球推过拦网队员的决定。而在其扣球的一刹那，拦网队员佯作起跳动作转而后撤，此时进攻队员已无法改变扣球动作，很有可能会把球扣到后撤的拦网队员或是已经等在防守位置上的防守队员手里。

3. 防守假动作

防守假动作是由防守队员完成的防守个人战术，意在误导攻手的进攻选择。当防守队员声东击西，先佯作向一个方向移动，动作要逼真，让对手以为就是要向那个方向移动，然后迅速转换重心向目标位置移动。

在扣球之前洞悉进攻的意图有助于提高假动作的水平。关键的两点是：

①攻手在进攻之前会观察防守，而且大多是在起跳之前。此时注意观察攻手的眼神，防守队员有比较充裕的时间移动。

②攻手在扣球之前会听传球队员的暗示，有的攻手会比较依赖同伴的提示，而这恰恰也给了防守队员明确的提示，且有时间移动到位。

总而言之，假动作就是在攻手观察防守时给他虚假的防守布局的信息，再利用对方传球队员的提示从而扰乱对方的沟通。

在做防守假动作时，做到以下五点会更为逼真：

①虚假的试图应该提前进行，而不要在对方扣球时被对方看到移动。

②移动的幅度越大假动作就越逼真。

③当无法确定往哪个位置做防守假动作时，先向场地中部移动然后再移向来球落点就会迷惑对手。

④尽量掌握攻手的选择依赖途径（是自己观察防守布局还是依赖传球队员的暗示）的偏好，这样有助于本方两名队员做出更为合理的假动作。

⑤防守假动作可以与拦网假动作相联系，对手会对这种亦真亦假的拦防布局备感迷惑——比如两个人都去防直线。

（四）对方不同传球情况下的拦防配合

通过观察传球也可以对进攻队员的意图进行预判。如果球传得很好，进攻队员的摆臂充分，那么要准备好防重扣球。如果球传得距网较远，那么他极有可能轻打球。此时防守队员的站位要低，以利于快速移动去接轻打的短线球，或者转身跑向后排防轻打的长线球，亦或侧向移动去接拦网队员身后的轻打球。

当对方传球出现了意外（例如球被风吹走了），此时防守队员要转而去防对方无攻过网的球。

1. 对方传球上网时的拦防布局

当对方传球上网时，就由拦网队员上前去拦网。上网的球是最好拦网的球。因为拦网队员能够罩住这个球（把手直接放在球上捂住球），一旦对方扣球，球就会窝在拦网队员手里。这样球就会反弹到扣球队员的脸上或落在扣球队员体侧对方传球队员空缺的位置。

很多情况下拦网队员没有时间起跳去罩住球，那么会选择去拦角度或是拦线路。与远网球相比，上网的球更易于拦网。因为拦网队员通常可以伸手臂去包住这个球，比拦角度或拦直线效果都要好得多。

2. 对方远网传球时的拦防布局

如果对方传球离网较远，那么防守队员可以站在后场区兼顾短线球，且对方进攻队员不触球就不要移动。

当球传得距网较远时，进攻队员通常不能把球扣到近网区域。因为在离网 1~2 米的位置要把球扣在对方网前区域需要的不仅是超高的弹跳，更是手法和能力。

四、防守战术中的个人战术

（一）拦网的个人战术

1. 拦网选择

拦网队员要确定是拦区域（拦直线还是拦斜线）还是拦球。拦球的话就是试图把任何过网的球都拦死。如果能够形成过网拦网拦球是一种不错的选择。拦区域是拦防布局中通常采用的方式，如此一来防守队员对自己的位置和责任会很清楚。无论选择哪种拦网方式，最重要的是队员之间要及时沟通以明确拦防的布局。

关于拦网队员的选择，有的球队会采用交替拦网，比如发球队员在后场区发球之后，前排的同伴去拦网，这样可以保存体力。但有些队伍如果有优秀的拦网队员，那么也会固定拦网队员，这样无论是比赛或是训练，分工都比较明确。

2. 手势沟通

拦网手势指的是拦网队员暗示同伴其拦网意图的手势。大部分发球方在对方接发球前就做好了拦网手势。而大部分接发球一方直到球在对方场区进行时才做拦网手势。

传统的拦网手势包括双手放于身后，左手代表左侧场地的对手行为，右手代表右侧场地对手的行为。

以下是一个普通手势的含义：

①一根手指代表拦做手势的这一侧场地的对手直线球。

②两根手指代表拦做手势的这一侧场地的对手的斜线球。

③拳头代表不拦做手势手这一侧场地的对手（单拳也代表拦中间场区的球或拦每一个球，直线或斜线。在这种情况下，平掌代表不拦网）。

拦网暗语除了可以告知同伴拦网队员如何拦网，同时也暗示了：

①后场区防守队员的责任。

②如果拦网队员决定后撤，他的责任（最初向球网移动之后）。

对不同的球队来说相同的手势可能代表不同的含义。但最重要的是这两名运动员都要明白这些手势的含义。如果拦网队员向球网或某一侧移动之后，又决定后撤，则此时会用一些约定的手势来说明其防守责任（一根手指：防守其移向的一侧；两根手指：要到移向这一边的对边去防守）。如果防守队员不移动，则就留在原来那一侧。

（二）防守的个人战术

1. 取位

防守队员通常会在后场区 6 米线左右的位置取位，准备好接任何形式的来球，特别是短线球。之所以这样取位，是因为在这个位置是能让防守队员有更好的视角。此外，向前移动总是比向后移动更便捷。

2. 预判

观察进攻队员的助跑是预判其进攻意图的一个好方法。如果直线助跑，那么极有可能扣直线球；如果与球成一个角度向球助跑，那么有可能扣斜线球。防守队员的肩膀要与进攻队员的肩膀成直线。经验丰富的进攻队员会以相同的方式助跑，无论他们如何扣球，而大部分进攻队员的助跑方式就暗示了他们扣球的方式。

观察传球。如果球传得很好，进攻队员的摆臂充分，那么要准备好防重扣球；如果球传得距网较远，那么极有可能轻打球。防守队员的站位要低，随时做好移动接球准备。

3. 应变

第一、二、三次击球，都有可能过网。尽管通常情况下是第三次击球才过网，但一个高质量的发球能让对方第一次触球就把球垫上网。有时候发球弧度过高，对方接发球就有可能把球送过网。要随时注意第一次击球是否过网。如果对方第一次击球没有过网，要观察对方二传第二次击球时是传球过网或故意把球传过网，还是打二次进攻。

离开防守位置的唯一情况就是对方传球出现了意外（例如传得太拉开）。按照规则，球必须从标志杆以内过网，这样球过网后会落在一个相对固定的区域，此时所做的要么是向目标区域移动去防守，要么准备传球或进攻。

4. 沟通

队员之间的沟通非常重要。喊出球是“界内”或“界外”，“我的”或是“你的”，这样有助于提前准备下一个球由谁去打，或者球会落在何方。

五、防守战术训练方法示例

（一）网球防守练习

方法：队员从场地中线（如图之虚线）处起动，移动到边线附近或小斜线球的落点附近，单臂将教练员抛至该位置的网球防起（图 3–15）。

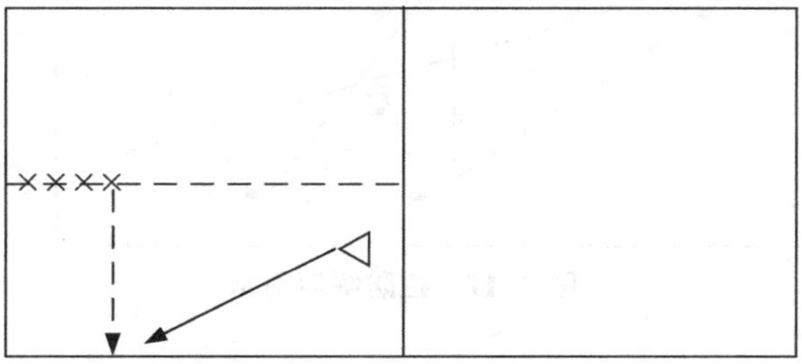

图 3–15　网球防守练习图示

要求：

①身体要时刻面向场地内。

②眼睛要盯住球，注意力要集中。

③亦可练习防守的各个死角区域，场地两边、两侧都要练习。

（二）移动防守练习

方法：队员从场地中线处起动，移动到边线附近防教练员扣来的直线球（图 3–16）。

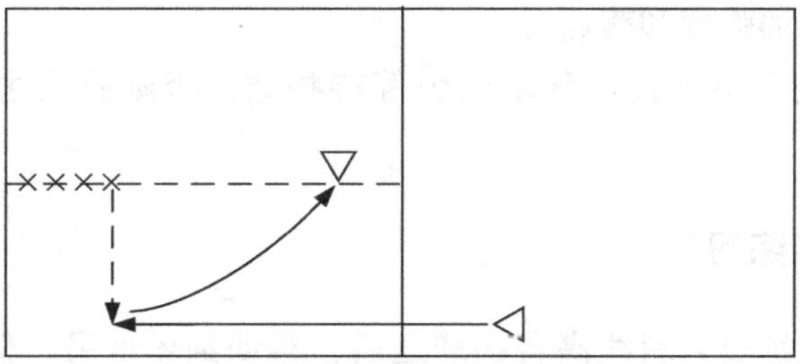

图 3–16　移动防守练习图示

要求：

①身体要面向场内起球。

②场地两边、两侧都要练习。

（三）拦防练习

方法：三人一组，在场地一侧，其中一人专门拦网，两人轮换发球、防守。防守队员先发一斜（直）线球，然后教练员隔网向拦网队员扣球，第一球打直线，扣拦网手，第二球打斜线给防守队员。防守队员起球后，拦网队员负责传球，防守队员扣斜线球。场地另一侧有一名队员负责接发球和防守。练习若干球后轮换（图 3–17）。

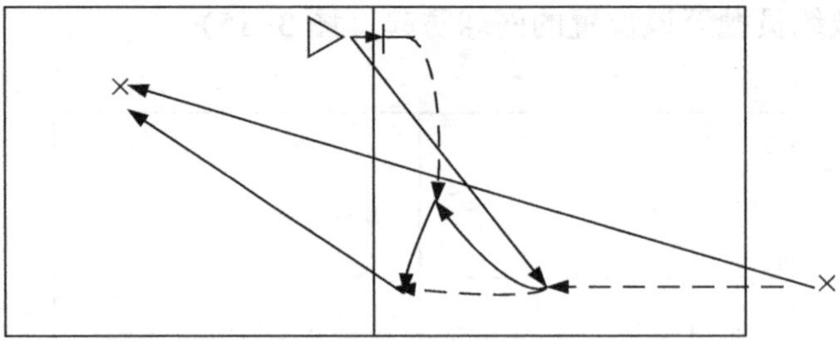

图 3-17　拦防练习图示

要求：

①从正常防守位置起动。

②进攻队员扣斜线球时应使用各种进攻方式。

③拦网队员拦第一球后，第二球踮跳即可，随即转身去传球。

(四) 专位防守练习及简单移动防守练习

方法：教练员高台扣大斜线球，队员在正常防守位置防守；练习数球之后教练员可将球扣到防守队员的左侧一步距离或右侧一步距离，迫使其移动后防守；教练员亦可扣直线球，使队员从场地中线附近起动然后防守直线球。

要求：

①注意防守起球的弧度和落点。

②注意起动时间，不可提前移动到位等待扣球，否则就失去了练习移动防守的意义。

(五) 连续防守练习

方法：队员防教练员大斜线高台扣球之后，移动到场地另一侧直线位置防守另一名教练员抛出的小球（图 3-18）。

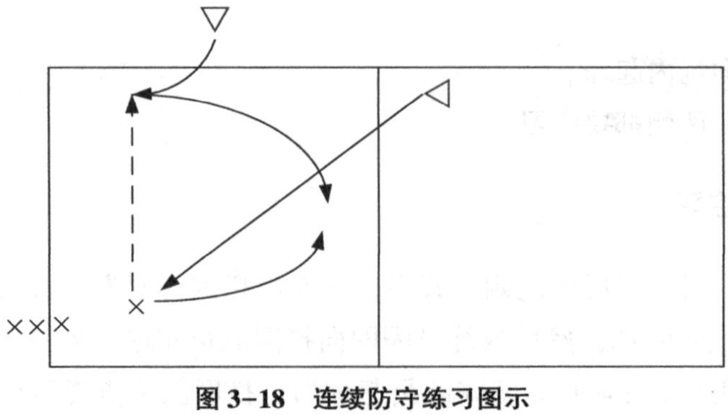

图 3-18　连续防守练习图示

要求：

①队员移动要迅速，时刻注意球。

②要注意防守起球的弧度和位置，尽量起高到场地中央的位置。

（六）拦防练习

方法：队员两人一组，拦网队员网前拦网，防守队员在正常防守位置取位，高台教练员先扣一个直线球到拦网队员的手上，同时另一名教练员抛小斜线球到网前位置，防守队员防起此球，拦网队员拦网后立即转身，然后将防守队员防起的球传到网前（图 3-19）。

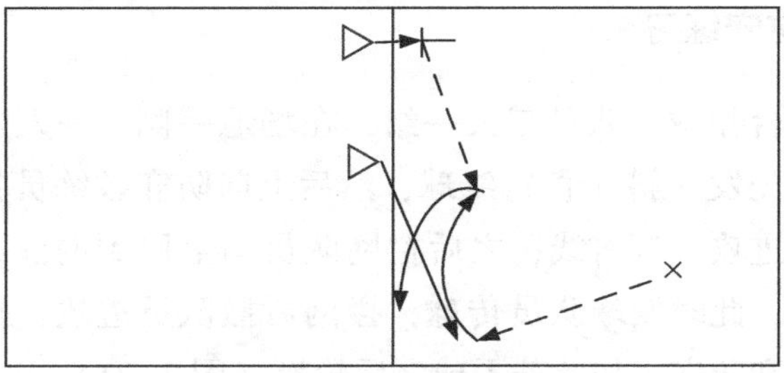

图 3-19　拦防练习图示

要求：

①该练习可换边做，此外还可以教练员扣拦网斜线球，与此同时，教练员抛小球到直线边线附近，防守队员防此球，然后拦网队员转身传此球。

②该练习模拟了拦网队员拦网时，对手变线轻拍的实战情景。

③拦网队员拦网之后，首先转身看球，然后再起动，注意力要集中。

④防守队员一定要在正常防守位置起动，防起球的弧度要高。

（七）拦网综合练习

1. 基本动作练习

方法：队员坐在沙地上，教练员一对一向队员扣球，练习队员的挡球手型。

要求：教练员及时纠正队员的错误动作。

2. 拦网后撤练习

方法：教练员持球在网前站立，队员摸教练员手中的球之后直线（斜线）后撤，防教练员的扣球（图 3-20）。

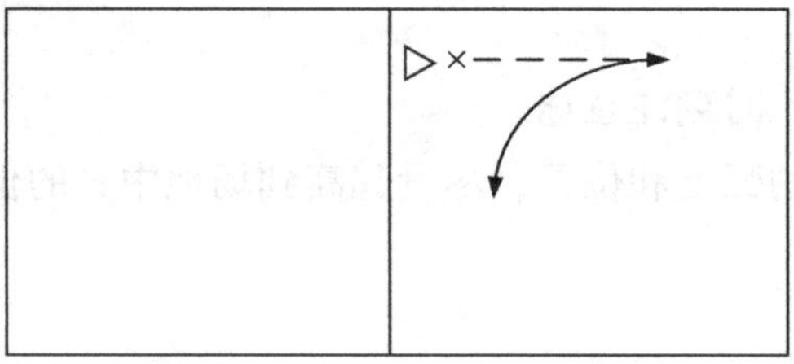

图 3-20　拦网后撤练习图示

要求：

①动作正确，后撤时要注视球，身体要转向场内。

②拦网后撤串联练习

3. 拦网后撤—防守练习

方法：教练员高台扣球，队员三人一组，在场地一侧，一人网前拦网，两人一组轮换发球。发球队员先发一斜（直）线球，然后上前防守教练员扣来的斜线球，防起之后接拦网队员传球进攻，打斜线；之后拦网队员马上回到网前，然后后撤，防教练员高台扣来的直线球，此时发球队员传球，拦网后撤队员进攻，打斜线。场地另一侧有一队员负责接发球和防守。如此若干球之后轮换（图 3-21）。

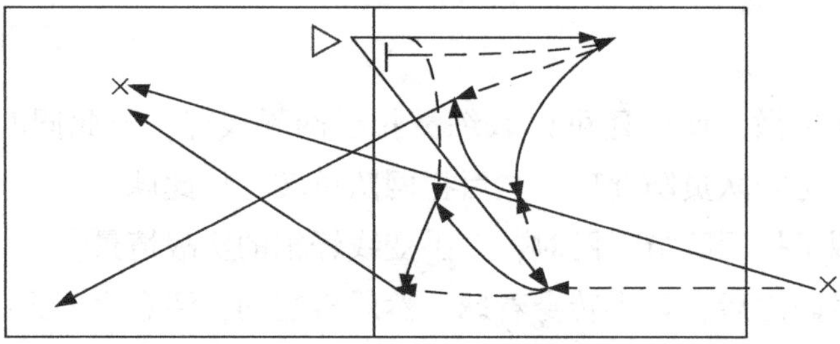

图 3-21　拦网后撤—防守练习图示

要求：

①教练员高台扣球给发球队员时，可扣各种斜线球，以调动其防守。

②两名队员斜线进攻时可使用各种进攻方式。

③拦网队员后撤时要盯住球，因为后撤时要根据传球的情况和对手进攻的特点随时改变，决定后撤与否，以及后撤直线或斜线。

④当队员达不到教练员的要求时可先稍稍降低难度，教练员要及时纠正队员的错误。

⑤后撤路线亦可改为斜线。

第三节　发球战术

发球是运动员在比赛中唯一不受对手影响而能控制比赛的机会，发球是进攻的开始，高质量的发球不仅可以直接得分，而且还可以破坏或降低对方一传的质量，从而降低其进攻的威胁。发球要立足自我，针对性强，并且要包含富于变化的战术。

一、发球区域的选择

（一）长线球

长线发球虽然威力不大，但其优势在于能使对方接发球的距离变长，从而给接发球队员和传球队员以压力。接发球和传球的距离越长就越有可能造成接发球失误。

造成长线球难接发的另一个原因是其弧线。例如长线跳发球，通常带有上旋，并且越过球网后速度会加快。此时接发球队员要特别机警，瞬间的犹豫就可能导致接发球失误或者一个ACE球的诞生。

（二）场地中部的发球

很多情况下将球发到对方场地的中部，即两人结合部位会比较有效。如果球速适当，或者轨迹左右飘晃不定，对手就更加会犹豫不定该由谁来接发球。发到场地中部后场区的球也同样有此奇效。

（三）追身球

将球发到对手胸部高度的位置，这种球接起来是有难度的。此种战术的目的就是扰乱对手，以降低其接发球的质量。

（四）发对角球

发对角球的好处就是可供选择的落点较多。由于球场对角线的距离最长，对于采用跳发技术的队员来说是一种有利的选择。另外，因其轨迹长，击球时可加大力量并加上发飘球的技术，这样会使球产生飘晃的效果。

但在高水平的比赛中，除非需要把球发给对方接发球较差的队员或者只是为了变换一下发球方式，否则发对角球没什么其他的战术优势。

（五）发直线球

发直线球的难度较高，这是因为直线球相对于斜线球其运行距离更短且落点范围更小。也正因为其距离短，特别是对那些用跳发球并且能跳进场内发球的队员来说，直线发球速度更快、力量更大，也更具威胁性。

（六）短线球

短线球或者低速球应该与发长线球搭配使用来迷惑对手。短线球成功率相对长线球要低——因为有下网的危险。但如果成功了，那么对那些常站在后场区的接发球队员，以及速度较慢或者在网前垫不好球的接发球队员则很有威胁。

二、对自然条件的利用

（一）阳光

发球时应该利用阳光与对手的相对位置。如果对手面向太阳，那么发球的路线就要让对手直视太阳。运动员要根据太阳的位置或多或少地增加发球的弧度。这时高空球就非常奏效，尤其是艳阳高照的时候。

如果对手背对太阳，那么发到后场区的高空球或飘球会迫使对方的传球队员面向接发球队员和太阳。如果太阳在对手场地的侧面，则可以沿对角线发球，这样传球队员传球时就会受阳光较大的影响。

（二）风

风，尤其是大风，是可利用的有利条件。例如逆风时运动员可以大力发球，特别是强力的跳发球，因为强风可以阻止球飞得太远，而且有一点上旋就会使球比没风时下落更快。强风还可以提高飘球的飘晃性，因为气流相对于球的有效速度提高了，因此球做不规则的运动也显著加剧了。

当把球发入强风中时，要触球的中部。这适用于任何形式的发球。大多数情况下，随风发球是最好的战术。在大风的天气中，要瞄准场区中部发球。这样即使手触球时有些许走偏，球也还有可能会落入界内。

当风前后直线吹过场区时，在顺风的半场球下落会比想象得快。当风左右直线吹过场地时，随风向发球。选择适当的位置，以使球能随风飘向斜线场区的对手。如果斜线场区的接发球队员技术较好，就站在斜线区的边线发球，此时要瞄准场地中部发飘球，让风把球吹向接发球稍差的队员的区域。

但是要记住，风向随时都会变换。有些比赛打满三局要持续一个半小时。这个时间段里风向会变化三次或者更多。环视场区借助旗子等参照在这段时间里风向可能会有多次的变化，此时可以借助某些参照物，如场地上的旗子等来观察风向。如果没有参照物，还可以扬一把沙子来判断风向；也可以转转身体会一下风向。如果挑边取胜的话，通常选顶风的一边，反之则通常选接发球。

三、发球找人策略

发球战术应该包括对对方接发球队员的选择。可以考虑以下六点：

①上一轮对方接发球是谁失误？为什么失误？这次发球能不能产生同样的效果？

②发给对方情绪激动的队员。

③发给接发球相对较差的对手。

④确定对手谁传球较差，然后发给传球较差的队员。

⑤发给对方进攻较差的队员。

⑥发给对方因拦网而疲劳的队员。

四、平衡攻击性与失误率的矛盾

运动员发球的攻击性越强，其失误率就会越高。发球的攻击性如何很大程度上取决于对手的水平。如果队伍本身防守好，那么就不必冒发球失误的风险去发特别有攻击性的球。

但是，有时候仅仅把球发过去是远远不够的。靠防守得分毕竟是比较困难的，因此攻击性的发球就是获胜的利器之一。即使失误率很高，从全局来看也是利大于弊的。

五、发球队员和同伴的配合

当同伴发球时，按照惯例另一人负责防守对方接发球直接过网的球和二次进攻的球。这些球有可能是接发失误的球，也有可能是传球出现问题的球，还有可能是没扣到的球，但如果防守队员不在其位置上，那么就有可能失分。根据两名队员角色的不同，同伴发球时另一名队员应该在其位置上，而发球队员在发球之后也应该迅速进入场地并选好自己防守的位置。这就是为何许多拦网队员不常用大力跳发而多采用发跳飘球的原因之一。

六、发球战术临场运用提示

①在连续两个发球轮次中绝不能出现两个人都失误。

②交换场地之后，要确保发球质量。

③在发球过程中不要转变想法，决定向何处发球就坚持朝那个方向发球。

④挑边时挑接发球，但以下情况除外：一是有强风（在这种情况下要挑能够随风

发球的场区）；二是一边场区有耀眼的阳光（挑选背向太阳的一方），这仅在对手没有戴太阳镜的情况下有效。大部分太阳镜都有较好的挡光作用，这使得阳光不再成为发球中可利用的因素。

七、发球战术训练方法

（一）隔网对发球练习

方法：四名队员都站在划定的区域内，将球发到对方队员站立的区域内（直线或斜线）（图 3–22）。

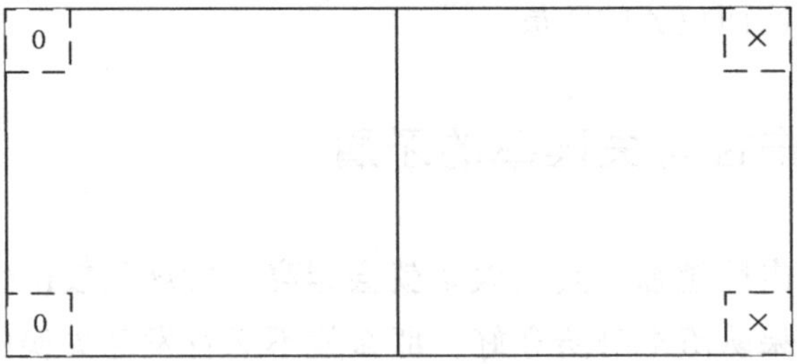

图 3–22　隔网对发球练习图示

要求：

①抛球位置一定要正确。

②重点训练发球的落点。

③发斜线球时身体要转向场内。

④发球逐渐加力。

⑤该练习适合每天训练结束后作为放松训练进行，因为其强度较低。

⑥该练习是为练习跳发球做准备。

（二）发网前球练习

方法：队员站于场地的四个角落，相互发网前球（图 3–23）。

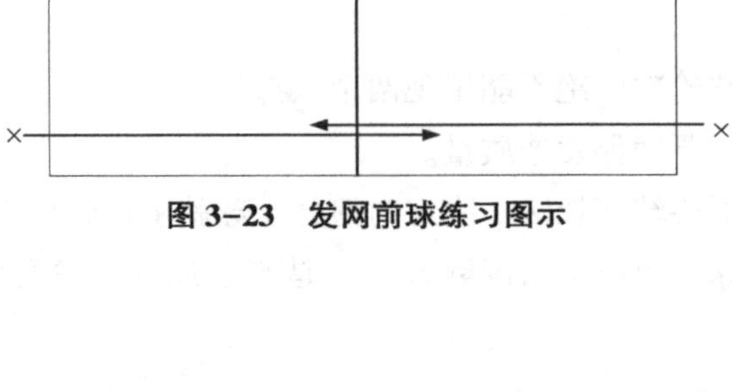

图 3–23　发网前球练习图示

要求：

①发轻球练习。

②发飘球练习。

第四节　沙滩排球技战术训练原则

前文中用了大量的篇幅来介绍各种各样不同技战术的训练形式，以及沙滩排球的各种训练手段和练习方法，而本节则主要是介绍一些沙滩排球固定的、基本的训练思路，通过对这些内容的理解，从而改进训练形式以更好的适应实际训练的需要，切实提高效率。

所有的训练设计都要基于以下几个因素，比如：运动员基本信息（性别、年龄、水平、积极性、动机等）；环境（当地的天气条件，沙地的情况）；场地的物理环境（场地的可用性、场地的物质条件、球的好坏等）；身体状况（训练期的长短，赛季的阶段，身体的疲劳状况等）。

无论是哪几种因素的组合，沙滩排球训练最根本的目的都是用适当的、一般或专项的训练方法来提高和改进运动员的技术和战术水平。

一、沙滩排球的一般训练原则

①训练要考虑气候条件，例如雨天时如何训练。

②考虑场地条件，要在不同条件的沙地上训练。

③初学者应该着重训练技术、个人和集体战术，而不应该按照职业运动员能力要求来训练。

④训练的大部分时间内运动员都要在其常用的那一侧场地进行训练。

⑤比赛中常拦网（防守）的运动员应该重点训练拦网（防守）。

⑥尽量和比自己水平高的运动员一起训练。

⑦训练中，运动员应该尽量与不同的人搭档，与不同的对手比赛，这样才会不断产生新的比赛情景，获得不同的竞技体验。

⑧训练初期务必全面训练，能力过于分化的运动员其竞技水平的成长会受局限。

二、沙滩排球技战术的专项训练原则

虽然沙滩排球的训练是符合众多可行的训练理论中的一种，但也要格外关注以下三点专项训练原则：

（一）专项技战术训练和体能训练相结合

与其他球类项目不同，沙滩排球需要在柔软的沙地上进行，所以，运动员在完成技战术动作时对体能的要求更高。加强专项技战术训练和体能训练相结合，对运动员预防运动损伤也具有良好的促进作用。

（二）专项训练循序渐进

从易到难，强调无球准备，躯干核心位置的稳定和控制，判断分析球的时空属性，合理运用各项技战术。从单项训练到多项组合训练，从发、拦、防、调、攻或接、调、攻训练转换到拦、防、调、攻各种专项组合训练。

（三）设定专项训练目标

像所有的运动项目一样，沙滩排球教练员有责任使其球队在关键时刻达到最佳的竞技状态。系统训练计划的重要性由时间因素决定（如每周训练几次）。要以实际情况为基础评价训练目标，制订训练计划，并对上述所有与球队及运动员相关的因素进行分析。训练目标应该综合考虑所有相关人员的意见（教练员、运动员、营养师、理疗师、医生等）。可根据时间的长短制定不同的目标：长期目标（指导思想），中期目标（一般目标），短期目标（特殊目标）。

一旦目标确定无误后，就要参照赛季进程表制订年度训练计划。它应该包括以下几个方面：一是全盘的计划，包括联赛、赛季的开始和截止日期，联赛中间的休息期、假期等；二是划分各个时期，包括准备期，过渡期，比赛期；三是选择侧重点，根据选择的侧重点，不同的因素组合决定了在不同的阶段有不同的任务（身体素质训练、技术训练、战术训练）；四是制定训练量和训练强度。量和强度的关系，类似于一般训练内容和特殊训练内容的安排，都根据球队及运动员的水平而定。如果他们的身体状况良好，技战术水平较高，心理承受能力强，那么最好给他们安排接近比赛的强度和一般但突出重点的运动量。建议训练期之间的间隔不要太长。

三、战术选择与环境适应

沙滩排球是一项受周围环境影响较大的运动。这些环境因素不仅影响沙滩排球的技术的发挥，更会影响沙滩排球的战术并考验运动员的体能。

由于影响沙滩排球的环境因素主要有沙滩、风和阳光等。因此在日常的个人、集体战术训练及比赛中，应根据对手的特点及相关的室外环境变化，选择适宜的技战术，提高比赛的成功率。

（一）沙滩

沙滩被认为是一种易变形，没有刚性的固体，就像是有黏性的液体。牛顿第三定律（作用力和反作用力定律）适用于不易变形的固体，但对于沙地，比如起跳时，一部分能量转化成竖直向上的动量，而另一部分能量却消失在沙地的形变中，这部分分散入沙地的能量使其向各个方向移动。这会影响运动员的移动和起跳，并且会影响技术的发挥、身体训练的方式，当然，还有战术的选择运用。练就适当的步法和辅助动作很重要，在沙滩排球中这些动作通常要提前做（也会带有上半身的旋转）。应用不同的脚步的动作，通过脚步移动及适当的“扒地”与“踩实”技术，减轻甚至避免脚陷入沙子，提高身体的稳定性及重心的变换速度。

沙地对下半身运动的生物力学影响是显而易见的，这就需要增加下肢肌肉的力量以提高身体的稳定性及人体的平衡能力，增强核心稳定性。此外，力量还与沙地的松软度（与沙地的湿度和沙砾的大小）有关。对于第一次打沙排比赛的运动员，建议其先在坚硬压紧的沙滩上（如靠近水边的沙滩上）做一些过渡训练，然后再转到松散的沙滩上运动，以提高对沙地的适应性。对于后期才从排球项目转为沙滩排球项目的运动员，沙地技战术身体适应性的身体训练比专项技术的训练更为重要。

沙滩排球规则规定，比赛场地的沙子厚度为40厘米的松软的细沙。因此，如果部分北方的队伍或者无条件接触沙地训练的队伍，应该及早地到赛区做相关沙地训练，提高技战术的练习与运用。另外，考虑到夏天温度过高及训练后的卫生等方面的问题，建议沙地要有一个供水系统，运动员训练或者赛后要及时保证清洁，尤其是眼部的卫生。

（二）风

沙滩排球的比赛场地，大部分在海边，通过对沿海地区的海边度假场所，进行临时改建与改造，这同在中心城区或者公园通过运沙、堆沙建造场地相比成本低，观众认可率高，赛事举办方也可以达到低成本高效益的作用。对沙排运动员来说，海边的风对比赛成绩的影响还是比较大的。一般来讲，风力和风向是影响沙排比赛的两个主要因素。

1. 风力

风力会改变球飞行的远度和在空中的速度，从而改变球的轨迹，使每一项技术运用起来难度都有所增加。因此如果是在靠近海边比赛，应根据不同的季节以及赛时的天气变化，调整战术的运用。赛前也应该通过适应性的训练，体会不同时间段、不同气候条件下的战术选择的时机，以及根据天气预报，同教练员及队友一起商讨不同风力条件下的适应性技战术，并做好应对预案。

2. 风向

风向可以影响球飘晃的方式、速度并改变球侧方向上的轨迹，因此在使用高难度的技术和战术时要审时度势。我们可以运用规则中前两局逢 7 和 7 的倍数，第三局逢 5 和 5 的倍数，进行场地交换的时机，根据顺风和逆风的室外风向变化，选择不同的发球个人战术，以及两人配合的传球与扣球线路，打吊结合，消耗对方的体能，了解对方的技、战术特点，利用环境及风向的变化，主动应对，灵活多变。

（三）阳光

在室外比赛，强烈的阳光照射会直接影响运动员的视线，这使得运动员对球的感知及对技术的运用都变得更加困难。

此外，阳光也会间接地对运动员的生理水平产生一定的影响，长时间暴露在阳光之下会使身体迅速脱水。如果不能及时补充会导致疲劳的产生。而作为沙滩排球运动员则必须克服这种热反应。为了适应艰苦的自然条件，训练也要有目的有计划地安排在一天中最热的时候进行，以提高自身的适应能力。

四、对量和强度的认识及把握

提高训练的负荷可以通过加量和增加训练的频率来实现，也可以通过提高训练强度来实现。加量要先于加强度。在准备阶段，侧重点应该是力量，而在比赛期，侧重点则应该是强度。

（一）如何加量

①提高训练频率。
②延长训练单元。
③改变训练方法（增加重复次数或延长训练时间）。

（二）如何提高强度

①保持重复次数和练习长度不变，增加负荷。
②保持相同的时间间隔，增加重复次数。
③改变场地的距离和面积，球的类型和轨迹，球网的高度等。
④在对训练方法的理解、决定和操作层面上多下功夫。
⑤增加串联技术的训练。
⑥增加额外的心理负荷。

长期训练计划只能给出训练的主要任务。为了制定特殊的训练侧重点，要把不同的时期划分成几个小周期。在准备阶段，小周期的长度为4~6周；在比赛阶段，小周期的长度就可以缩短为2~4周。此后，一个周循环就被划分成一个小周期，每个小周期结束时都要检查训练的效果。

（三）小周期训练的原则

①准备阶段和比赛阶段的长度应有所不同。

②同一周的训练主题应该进行全面计划。

③训练重点宁缺勿滥，要始终如一。

④在比赛或极量训练之后，建议进行一些简单的、趣味性的比赛。

在一个训练单元中最好不要安排过多的主题。如前所述，要根据训练的实际情况制定内容。每一个训练周期都要进行评价，以避免犯同样的错误，并要有所改进。

（四）把控训练过程的技巧

为了让教练员/运动员对整个训练过程有所控制，可以运用以下四个方法：

①系统地观察运动员及球队的进展、组织和重点。

②运动员的自我控制。

③在训练比赛和联赛中加以观察。

④进行一些技术和身体素质测试（主要是为了测试身体状况）。

这些检查可与训练计划内容、数量和强度相联系，以优化训练结果，得到的反馈将有助于改进以后的大周期训练计划。

思考题

1. 沙滩排球技战术发展的趋势是什么？在训练实践中应该如何顺应潮流的发展？

2. 如何培养运动员的战术意识？请举例说明。

3. 沙滩排球的战术是如何分类的？如何根据队伍自身特点和对手情况建立和选择适合自己的战术体系？

4. 如何提高战术训练的效率？

5. 以拦防战术为例，谈谈如何根据当前队伍自身的竞技水平和发展趋势进行完善与提高。

6. 根据全运会的赛制，谈谈如何安排全运会赛前一个月的技战术训练。

参考文献

[1] 王红英，王建平，向前．沙滩排球［M］．北京：人民体育出版社，2011：152.

[2] 宋元平，谢洪志．中国男排防守技战术运用特征和发展策略研究［G］//我国竞技体育可持续发

展的思考，2009.

[3] 马丽．时空耗散结构理论在排球防守技战术中的运用研究——以对3号位进攻的防守为例 [D]. 兰州：西北师范大学，2013.

[4] 高伟．沙滩排球“战斧式”防守技术的训练 [J]. 中国排球，1997 (3)：30-33.

[5] 谢洪志．现代竞技排球运动防守技术、战术特征与应用研究——以六人制排球为例 [D]. 苏州：苏州大学，2009.

[6] 王力军．对奥运测试赛中巴女子沙滩排球决赛之战攻防技战术的研究 [J]. 辽宁体育科技，2008，30 (2)：67.

[7] 胡文秀．排球防守战术在比赛中的运用 [J]. 体育教学与研究，2012 (64)：103.

[8] 杨慧，徐岩，庄嘉．浅谈沙滩排球的防守配合 [J]. 山东师大学报，1996，11 (1)：88-90.

[9] 缪本海，李建军，何健，等．影响沙滩排球运动员预判能力的心理因素分析 [J]. 安徽体育科技，2002，23 (1)：50-52.

[10] 南春霞．预测性思维能力培养对提高排球普修课防守战术教学效果的实验研究 [D]. 长春：东北师范大学，2011.

[11] 曾盛誉．排球跨步垫球技术运动学分析 [D]. 长沙：湖南师范大学，2011.

[12] 赵亮，葛春林，陈小平．高水平沙滩排球运动员核心稳定性与下肢专项移动能力的相关性研究 [J]. 北京体育大学学报，2013，36 (1)：134-139.

[13] 王晓菲．功能训练视角下的沙滩排球运动员沙地移动能力训练方法与手段分析 [D]. 北京：首都体育学院，2015.

[14] 王隽．我国男排运动员下肢关节稳定性的评价指标和干预手段研究 [D]. 北京：北京体育大学，2014.

[15] 席光庆．世界高水平女子沙滩排球赛攻防技术运用定量研究 [D]. 北京：北京体育大学，2009.

[16] 徐兰英．我国优秀女子沙滩排球运动员攻防技战术运用的研究 [D]. 北京：北京体育大学，2007.

[17] 郑义辉．我国沙滩排球防守技术现状分析 [J]. 天津体育学院学报，2002，17 (3)：74.

[18] 杨江明，柯育平，吴佳伟．排球防守技术中的非正规动作研究 [J]. 体育文化导刊，2010 (1)：59-61.

[19] 黎禾．沙滩排球技、战术运用特征探讨 [J]. 中国体育科技，2001 (37)：91-93.

[20] 孙媛．现代排球防守战术原理及应用 [J]. 体育科技，2012，33 (3)：50-51.

[21] 黄勇潮．对沙滩排球防守的研究 [J]. 体育科学研究，1998，2 (2)：6-9.

[22] 纪祥磊，王红英．我国优秀沙滩排球运动员注意力特征分析 [J]. 中国体育教练员，2013 (2)：45-47.

[23] 赵惠洁．析沙滩排球运动员心理反应能力的影响因素 [J]. 浙江体育科学，2003，25 (5)：58-59.

[24] 郝文亭，林明祥，张雅玲．第5届世界大学生沙滩排球锦标赛技战术运用情况的调查与统计分析 [G] //社会科学会议，2013.

[25] 徐伯彤．沙滩排球新规则对技战术训练的影响与导向 [J]. 广州体育学院学报，2003，23 (3)：68-70.

[26] Michael P. Riggs, Jeremy M. Sheppard. THE RELATIVE IMPORTANCE OF STRENGTH AND POWER QUALITIES TO VERTICAL JUMP HEIGHT OF ELITE BEACH VOLLEYBALL PLAYERS DURING THE COUNTER-MOVEMENT AND SQUAT JUMP [J]. Journal of Human Sport & Exercise, 2009 (3): 222-236.

[27] Christina Koch, Markus Tilp. Beach volleyball techniques and tactics: A comparison of male and female playing characteristics [J]. Kinesiology, 2009, 41 (1): 52-59.

[28] 王兴浩 . 2013 年世界女子沙滩排球巡回赛高水平队伍攻防技术运用情况的研究 [D]. 聊城：聊城大学体育学院，2014.

[29] 白成凤 . 第 29 届奥运会中国女子沙滩排球与世界其他强队攻防效果的比较研究 [D]. 西安：西安体育学院，2010.

[30] 王建 . 第十六届亚运会男子沙滩排球决赛技战术分析研究 [J]. 南京体育学院学报，2012，11 (3): 70-72.

[31] 潘友利，孟晓，骆长兴，等 . 队形组织在排球准备姿势与移动学习中的应用 [J]. 当代体育科技，2014，4 (28): 21-22.

[32] 许瑞勋，沈明领 . 规则修改对排球运动发展影响的博弈论分析 [J]. 辽宁体育科技，2007，29 (2): 65-66.

[33] 金卫星 . 论排球“前高位、后低位”的立体化防守战术 [J]. 文化建设，2008 (6): 120-121.

[34] 王庆华，杨春荣，翟成竹，等 . 男子沙滩排球运动员高方田 、韩胜威技战术特点分析 [J]. 山东体育学院学报，2010，26 (2): 59-62.

[35] 张海斌 . 排球比赛战术的博弈分析 [D]. 青岛：中国石油大学，2011.

[36] 邱金新 . 青少年排球运动员防守训练应注意的问题 [J]. 文化教育，2014 (10): 162-163.

[37] 杨江明，柯育平，吴佳伟 . 排球防守技术中的非正规动作研究 [J]. 体育文化导刊，2010 (1): 59-61.

[38] 潘世君 . 排球教学中移动技术的教学要点 [J]. 文体用品与科技，2012 (2): 87.

[39] 郝霖霖，葛春林，钱俊伟，等 . 排球竞赛中战术行为决策的混合策略纳什均衡研究 [J]. 南京体育学院学报，2015，29 (1): 108-113.

[40] 张晖 . 排球准备姿势与移动技术分析 [J]. 集宁师专学报，2006，28 (4): 89-96.

[41] 李雯 . 浅谈沙滩排球技战术 [J]. 成都纺织高等专科学校学报，2009，26 (3): 61-62.

[42] 侯春天，谢学红 . 浅析沙滩排球比赛中防守预判能力的培养 [J]. 山西体育科技，1998 (3): 35-36.

[43] 姜红 . 沙滩排球的技、战术特点及训练对策 [J]. 沈阳体育学院学报，1995 (4): 18-20.

[44] 盛彦，张洪流，孙计金，等 . 世界大沙排锦标赛我国技战术分析 [J]. 当代体育科技，2014，4 (7): 173-174.

[45] 赵文娟 . 我国男子排球高水平副攻运动员专项移动和弹跳素质表现特征的研究 [J]. 中国体育科技 . 2011，47 (1): 58-64.

[46] 九运会沙滩排球调研组 . 我国沙滩排球防守技术现状分析 [J]. 天津体育学院学报，2002，17 (3): 74.

[47] 乔士兰 . 我国沙滩排球运动员个性心理特征研究 [D]. 上海：上海体育学院，2011.

[48] 荆杰 . 现代竞技排球运动防守技术、战术特征与应用 [J] 课程教育研究，2014: 211.

[49] 孙媛．现代排球防守战术原理及应用［J］．体育科技，2012，33（3）：50-64.

[50] 王红英．优秀男排运动员沙滩排球扣球技术的运动学比较研究［J］．上海体育学院学报，1996，20（2）：60-65.

[51] 董洪园．优秀男子排球运动员交叉步技术的研究［D］．北京：北京体育大学，2009.

[52] 宋元平，谢洪志．中国男排防守技战术运用特征和发展策略研究［J］．我国竞技体育可持续发展的科学思考，2008：426-431.

[53] 宋志刚，郜磊．中国沙滩排球U20女子运动员技战术中运动思维训练实验效果分析［J］．山东体育科技，2013，35（5）：65-69.

[54] Christina Koch，Markus Tilp. ANALYSIS OF BEACH VOLLEYBALL ACTION SEQUENCES OF FEMALE TOP ATHLETES［J］. Journal of Human Sport and Exercise，2009，4（3）：272-283.

[55] 高沈阳．教练员岗位培训教材——排球［M］．北京：人民体育出版社，2002.

第四章

沙滩排球运动员训练计划的制订与实施

内容提要

制订运动训练计划是全部运动训练工作的重要组成部分，有利于加强各个运动训练环节、训练结构之间的联系，有利于提高训练的整体效益。运动训练计划不但为教练员、运动员提供了一个科学的训练目标体系，而且还提供了具有可操作性的实现运动训练目标的行动方案。本章节主要从沙滩排球运动员训练计划的制订与实施两方面进行了阐述，希望能在训练中根据具体情况对训练实施情况进行及时、准确、客观的检查评定，主动地对训练过程和规划做出必要的、适宜的变更，以保证运动员顺利地实现状态转移，完成预定的指标。

教学目的

通过本章沙滩排球运动员训练计划的制订与实施，知晓沙滩排球运动的比赛特点及供能特征，了解运动训练周期中的时间安排及建议，全面掌握沙滩排球运动员年度训练计划、阶段训练计划及周训练计划的实施与控制要点，并能够熟练的在运动实践中加以运用。

第一节　沙滩排球运动员训练计划的制订

运动训练计划是实现运动训练目标的未来训练活动的蓝图，是对未来训练活动预先做出的理论设计。运动训练计划把训练目标细化为若干个紧密联系的训练任务，可以使得训练活动的全体参加者统一认识和行动，从而有效地控制运动训练过程。运动训练计划的制订和实施，是运动训练过程的中心环节，贯穿训练实践活动始终。

一、沙滩排球运动员训练计划的探究

（一）沙滩排球的比赛特点

沙滩排球由室内排球演变而来，起源于20世纪初，并于1996年被列入夏季奥运会

名单。按照国际排联的规定，参加沙排比赛每队需派2名选手，在16米×8米（长×宽），正中设宽8米、高2.43米（女子2.24米）网的沙地上进行三局两胜制的比赛。判定每局比赛胜负时，在第一、第二局比赛中，一队有2分净胜分且率先赢得21分即为获胜。当前两局比赛两队比分为1:1，第三局比赛任意一队有2分净胜分且率先赢得15分即为获胜。第一、二局比赛中，在每局比赛双方比分总和是7或7的倍数时，两队换边。前两局比赛中当双方比分之和达21分时，有1次1分钟的技术暂停。第三局比赛中，双方总比分之和是5或5的倍数时，两队换边。第三局获胜的队取胜整场比赛。

（二）沙滩排球的供能特征

根据国际排联2009年的数据统计（表4-1），两局（总比分2:0）的男子沙排比赛的平均时长为41.5±6.2分钟，总得分为75.3±6.7，三局（前两局1:1，进行第三局）的女子沙排比赛平均时长为59.8±7.6分钟，总比分为105.3±7.9；两局（总比分2:0）的女子沙排比赛的平均时长为38.3±5.3分钟，总得分为74.5±6.1，三局（前两局1:1，进行第三局）的女子沙排比赛平均时长为55.0±70分钟，总比分为104.6±6.9。

表4-1　沙排比赛时长与比分统计表

性别	时长及总得分	两局	三局
男子	时长（分钟）	41.5±6.2	59.8±7.6
	总得分	75.3±6.7	105.3±7.9
女子	时长（分钟）	38.3±5.3	55.0±70
	总得分	74.5±6.1	104.6±6.9

根据黎涌明等人对竞技体育专项供能比例的纠正，对于持续时间>10分钟的周期性和非周期性项目来说，其有氧供能比例可认为>96%。所以对于沙排项目，无论以每场比赛的最短时间38.3分钟（女子两局比赛）还是以每局比赛的最短时间18.3分钟（女子三局比赛）来计算，沙滩排球是以有氧供能为主的运动项目。

由表4-2可知，肌肉运动的直接来源是三磷酸腺苷（ATP），但是ATP在肌肉内的储量非常有限（约5~7毫摩尔/千克湿肌），只够肌肉进行3~4次最大收缩或者1~2秒的最大持续做功。此后肌肉需要通过其他途径合成ATP，以维持肌肉做功。ATP的合成途径包括无氧非乳酸（磷酸原）、无氧乳酸（糖酵解）和有氧（葡萄糖、脂肪的分解）三条途径。高强度运动开始时由于内脏器官的生理惰性，摄氧量无法满足需氧量而出现氧亏，此时的能量空缺被认为由无氧供能来补充。在沙排比赛中，动员进行高强度比赛的持续时间每分球为6~8秒，之间有低强度的间歇恢复时间。所以在安排训练计划时，发展运动员的ATP-CP和无氧乳酸能力对于运动员专项能力的提高同样重要。在实际比赛中，运动员完成发球、扣球、拦网等技术动作都需要在纵跳状态下进行，沙排运动员完成单个技术动作时主要依赖于无氧供能系统。大多数的主动进攻技术在运动员纵跳的腾空期完成，大多数的被动防守技术需要运动员在变向跳跃情况下完成。由此可见，跳跃能力是构成沙排运动员的专项能力的重要组成部分。澳大利亚体育科学研究所对澳洲男子沙排队在世界沙排巡回赛中的 7 场比赛进行分析后发现，每位运动员平均每场比赛要全力跳跃 145 次。纵跳水平主要由运动员的启动功率决定，而决定启动功率的两大因素是运动员的速度和力量。发展运动员速度、力量素质的训练以无氧训练为主。综上所述，教练员在安排沙滩排球运动员训练计划时应以有氧训练为主，但也不能忽视无氧训练，因为运动员的技术发挥很大程度上依赖于跳跃能力的高低，而发展跳跃能力的有效途径就是以无氧供能为主的速度、力量练习。

表 4-2 人体能量代谢三大功能系统代谢原料、功率和做功能力一览表

代谢原料		功率（毫摩尔/千克湿肌·秒）	做功能力（毫摩尔/千克湿肌）
磷酸原	ATP→ADP	3~6	20~25
	CP→Cr		
	ADP→AMP		
糖酵解	葡萄糖→乳酸	1.5~3	50
有氧	葡萄糖→CO_2，H_2O	0.5~0.75	取决于原料
	脂肪→ CO_2，H_2O	0.24~0.40	

二、沙滩排球运动员训练计划周期安排

（一）沙滩排球运动员训练周期时间安排

由表 4-3 可知，2015 年国际沙滩排球联合协会共举办了包括世界杯公开赛（9 场）、世界杯决赛（2 场）、国际沙排大满贯（5 场）、世界杯系列赛（3 场）、世界杯冠军赛（1 场）在内的总共 20 场国际比赛。全年赛季从 2015 年 4 月开始至 11 月结束，跨度 8 个月，休赛期从 12 月开始至来年 3 月份，跨度 4 个月，赛季与休赛季的时间比为 2:1。按照国际沙滩排球的比赛规定，除世界杯冠军赛的赛程安排为 10 天，其他各比赛的赛程安排为 6 天，所以运动员全年实际参加比赛的时间有 124 天，占全年总时间的 1/3。

表 4-3　2015 年国际沙滩排球联合协会沙排比赛日程图（单位/场）

月份赛事名称	世界杯公开赛	世界杯决赛	国际排联大满贯	世界杯系列赛	世界杯冠军赛	总计
1 月	0	0	0	0	0	0
2 月	0	0	0	0	0	0
3 月	0	0	0	0	0	0
4 月	1	0	0	0	0	1
5 月	2	0	1	0	0	3
6 月	0	0	1	2	1	4
7 月	0	0	1	1	1	3
8 月	0	0	2	0	0	2
9 月	3	1	0	0	0	4
10 月	2	1	0	0	0	3
11 月	1	0	0	0	0	1
12 月	0	0	0	0	0	0

（二）沙滩排球训练周期安排建议

随着运动员竞技训练水平的发展，沙排运动员参加比赛的幅度也逐渐增加。作为竞技比赛主体的高水平运动员连续参赛能力与运动损伤之间的矛盾也日益冲突。张晓丹等人研究发现，中国女子排球运动员的身体形态较世界优秀女子排球运动员没有区别，而运动员的足踝部急、慢性损伤，以及拦网时的运动损伤发生率却显著高于国外优秀运动员。竞技训练是提高我国沙排运动员水平的核心，预防伤病是运动员训练、比赛的基本保障。引起运动员受伤的因素有多种，其中具有较强可控性的是长年训练负荷积累导致身体疲劳引起的运动损伤，这就要求教练员应根据运动员的身体状态及时调整竞技训练负荷，准确认识传统训练周期理论和板块训练周期理论各自的应用领域，为指导训练实践服务。

通过对传统周期理论与板块理论的异同点的分析，结合我国沙排运动员的比赛计划，对我国沙滩排球运动员的训练计划模式作出以下几点建议（表 4-4）。

表 4-4　沙滩排球训练周期安排建议

时期 月份	休赛期 1~3 月	赛季 4~11 月	休赛期 12 月
比赛	安排少量热身赛	正式比赛	无
适用理论	传统周期理论	板块周期理论	传统周期理论

续表

时期 月份	休赛期 1~3 月	赛季 4~11 月	休赛期 12 月
发展模式	技（战）术+基础训练	专项训练+技战术	过渡+体能
负荷特点	全面刺激	集中刺激	全面刺激（少量）
竞技状态	逐渐调节	加速形成	缓慢调节
机能恢复	不完全恢复	完全、超量恢复	完全恢复–少量疲劳

第二节　沙滩排球运动员训练计划的实施

运动训练计划细则主要包括划分训练阶段，确定各阶段的训练任务和内容比重，规划运动负荷的变化趋势，选择运动训练方法和手段，确定各方法手段的运动负荷，确定恢复的措施，检查评定的内容、指标、时间、方法、手段，规定训练时间。

一、年度训练计划实施与控制要点

（一）训练负荷的控制要点

在休赛期的训练主要以低强度和多样化的训练模式为主，同时配合少量高强度训练，在发展运动员有氧能力的同时，获得无氧能力的最佳刺激。根据沙滩排球比赛特点和全年比赛安排，赛季结束后运动员进行为期 1 个月的调整，竞技状态逐渐下降，对应传统周期理论的过渡期，这段时间不参加任何比赛，训练采取主动恢复的方式，以少量的体能训练为主，负荷特点由少量刺激逐渐增加。经过为期 1 个月的过渡期，来年的 1~3 月的休赛期对应传统周期理论的准备期，训练以基础训练和技（战）术训练为主，由于没有正式比赛的任务，运动员的训练负荷通常更注重全面刺激，运动员的竞技状态经过调节逐渐上升，为赛季做准备，这一时期的训练量和强度逐渐增大，到赛季前的两周，训练强度接近比赛强度，此时训练量逐渐下降，可以安排少量热身赛检验训练效果，观察队员技战术的磨合程度。

（二）以赛代练的控制要点

由于赛季比赛占据了相当多的时间，运动员参加比赛承受了很大的负荷，所以只能在比赛期间穿插安排训练，以发展运动员的 1~2 项专项素质或技战术为主。设计赛季训练计划模式时需注重比赛期竞技训练的负荷集中刺激，建议使用板块周期训练理论来设计赛季期间运动员的训练模式。随着赛季的开展，比赛逐渐增多，运动员的训练随之减少。为了保证运动员竞技状态的加速形成，避免过量训练造成的疲劳，此时的训练应以技战术练习为主，辅以专项训练集中发展运动员的专项能力。需要注意的是，沙滩排球虽然是一项有氧供能为主的运动项目，但是不能忽视运动员无氧能力的发展。因为大量的快速力量练习都是以磷酸原供能为主。所以建议在赛季过程中，以采取高强度训练为主，在比赛中穿插“微型板块”进行适量的抗阻训练。一方面有效地发展运动员的力量素质，另一方面可以提高足踝部的稳定性，避免运动损伤，为运动员持续参赛提供健康保障。

（三）变向能力的体能训练控制

沙滩排球作为集体球类项目，比赛过程中存在大量的变向运动，而有别于周期性运动对速度的要求，沙滩排球的变向运动需要运动员在运动过程中根据比赛态势进行不同方向的位移，所以运动员的移动包含了速度和方向的变化。目前国内外对变向运动的研究还处于起步阶段，变向能力是由技术、腿部力量及速度共同决定的。有关研究表明，目前对集体球类、格斗类、持拍类项目运动员变向能力的训练还集中在传统的直线速度训练或最大力量训练，未能结合项目技术特点设计训练内容。所以即使安排了有效的长期训练计划模式，但在训练内容上的错误仍会导致训练效果的低下。而有限的实验结果证明，集体球类项目的青年运动员可以通过力量训练提高变向能力，而不同训练方法对优秀运动员变向能力的提高机制尚不明确。所以，在设计沙滩排球训练计划时，需要结合该项目的技术特点，根据运动员的水平，安排不同的力量训练，结合专项技术，发展运动员的变向能力，为提高专项成绩服务。

二、阶段训练计划实施与控制要点

制订阶段训练计划时，很重要的一点就是根据项目特点和该阶段的主要任务，确定小周期之间的序列与节奏。对沙滩排球项目而言，应着重熟练成套动作，提高成套练习的成功率，抓好集体的协调配合。根据不同运动员的特点，选择、熟悉并掌握一些简易而又实用的战术组合。案例 1 是国家男沙队冬训及备战大洲杯阶段计划示例。

在比赛前安排的中短期集训，其计划可视为一个阶段训练计划。这种计划的制订，取决于比赛的任务和集训人员的具体情况及集训的物质条件，关键在于集训后期能使运动员形成良好的竞技状态。对集训前一直保持系统训练的运动员来说，集训期间的训练计划不需要做大的调整，力求与原年度训练计划保持一致性和连续性；对缺乏系统训练的青少年运动员和中断训练较长的老运动员而言，其集训计划的制订则比较复杂，除了事先要对各种情况进行调查了解之外，还必须考虑在集训的开始阶段要有一个适应期，包括对训练负荷和教练员与运动员之间的适应。

案例 1　国家男沙队冬训及备战大洲杯阶段计划

国家男沙队参加大洲杯比赛备战周期分为冬训阶段、参赛演练、赛前备战三个阶段。具体安排如下：

1. 冬训阶段

①冬训划分为三个阶段，冬训第一阶段为基础储备阶段，时间为 11 月 23 日—1 月 3 日，共 42 天。重点在于树立目标，增加队伍凝聚力，抓纪律作风整顿，加强思想作风教育，提高认知能力，打好体能和技术的基础，重点强化技术环节中的薄弱部分，弥补自身不足。

②冬训第二阶段为全面提升阶段，时间为 1 月 4 日—2 月 11 日，共 40 天。重点在于分析录像，研究主要对手特点，强化同伴间的信任和沟通，增加专项体能训练及技术中的配合串联，提高心理抗压能力，全面提升技战术水平。第二阶段结束后利用比赛检验训练成果，于 2 月 14 日—19 日，参加世界巡回赛（伊朗站）公开赛。

③冬训第三阶段为重点强化阶段，时间为 2 月 20 日—3 月 20 日，共 28 天。重点在于坚定必胜的信念，研究对手特点并有针对性模拟训练，突出强化自身网上优势，增加对抗训练，利用比赛检验训练成果，有针对性地向专项技能的熟练运用发展，做好赛前的准备，迎接比赛。

2. 参赛演练

经教练组研究，根据比赛时间安排，根据冲击里约热内卢奥运会资格赛的主要对手情况，拟参加以下五站比赛（世界巡回赛厦门站公开赛因与两站泰国比赛时间冲突，可否派另外三对选手参赛）。

①参加亚洲巡回赛（澳大利亚）公开赛，时间待定。

②参加 2016 年亚洲锦标赛（澳大利亚），时间为 3 月 24—28 日。赛后回国调整训练一周，时间为 3 月 29 日—4 月 6 日。调整训练一周后，赴三亚训练。

③参加亚洲巡回赛（泰国站）公开赛，时间为 4 月 9 日—11 日。

④参加亚洲巡回赛（泰国站）公开赛，时间为 4 月 14 日—16 日。

⑤参加世界巡回赛（福州站）公开赛，时间为 4 月 19 日—24 日。

3. 赛前备战

（1）赛前备战阶段

①组织赛前备战训练，时间为 4 月 25 日—5 月 9 日，共 15 天，地点在三亚。重点是适应比赛气候，储备体能，针对对手特点进行模拟训练，研究战术，进行赛前心理调节。

②参赛：参加2016年大洲杯半决赛（第三阶段），时间为5月12日—14日，地点在泰国，目标为获得冠军。

（2）备战决赛训练阶段

①组织备战决赛训练阶段，时间为5月15日—6月17日，共33天，地点在北京（待定）。

②参赛：参加2016年大洲杯决赛（第四阶段），时间为6月20日—26日。目标是取得里约热内卢奥运会资格。

三、周训练计划实施与控制要点

（一）赛前训练周的训练计划

赛前训练周的任务是力求使运动员的机体适应比赛的需要和条件，把长期训练过程中所获得的各方面的竞技能力集中到专项上，主要用于比赛前的专门训练准备。

赛前训练周的训练内容与基本训练周相似，即通过训练内容的合理交替，让运动员在一周中持续承受多次负荷的训练，从而有效地发展专项竞技能力。它们之间的区别在于：赛前训练周的训练内容和练习方式更加专项化，练习的组织形式更接近比赛的特点。在素质训练方面，一般运动素质的比例减少，而专项运动素质的比例增加；在技术训练方面，分解练习的比例减少，完整练习的比例增加，并努力提高练习的成功率和稳定性。技战术主导类对抗性项目运动员应努力提高运用战术的能力，增加实战训练的比例；对集体项目来说，个人基本技术训练的比例减少，而数人至全队的配合技术训练的比例增加。

赛前训练周负荷变化的基本特点是提高训练强度，适应减少负荷量，同时要注意加强恢复措施，以保证运动员能更好地完成这一阶段的训练任务。如果原来的量不大，可以保持原有的负荷量，此外，应避免负荷强度和负荷量的同步增加，否则会导致运动器官的局部负担过重，造成运动损伤的出现，或者导致运动员机体的过度疲劳。案例2是国家男沙冬训第二阶段第一周训练计划示例。

案例2　国家男沙冬训第二阶段第一周训练计划

<table>
<tr><td rowspan="2">任务</td><td rowspan="2">1. 进入第二阶段全面提升阶段，山东队来合练3天
2. 继续进行素质教育，观看录像对比，讨论读书笔记，提升全面素质
3. 技术训练继续加强乱球的找球能力和进攻能力，增加串联，中段合练对抗，个别对待
4. 体能训练逐渐增加强度，增加个别对待，打好基础，提高弱项能力，排除伤病隐患</td><td>周训练时数：26小时</td></tr>
<tr><td>周训练负荷：大</td></tr>
</table>

续表

时间	1月4日 星期一	1月5日 星期二	1月6日 星期三	1月7日 星期四	1月8日 星期五	1月9日 星期六	1月10日 星期日
早晨			整理内务				
上午	8：45—11：30个别对待，李健、陈诚写笔记，包健立增看录像，李焯新垫、调球，哈力垫球	加摄像机8：45—11：30技术训练，大角线与直线防守串联、跳发球训陈，李健、陈诚、李焯新、哈力、包健立增个别对待	8：45—11：30个别对待，李健、陈诚写笔记，包健立增跳发球，李焯新垫、调球，哈力垫球	加摄像机8：45—11：30技术训练，与山东队合练，发垫与轻拍对抗、接发球，李焯新、哈力等个别对待	9：30—11：00业务学习，讨论读书笔记，素质教育，观看录像	加摄像机8：45—11：30技术训练，大角线与直线、防守串联、跳发球训练，李焯新、哈力、包健立增个别对待	休 息
下午	加摄像机15：30—17：30技术训练，乱球、找球、进攻大角线与直线、防守串联、跳发球训练	15：30—18：00力量训练，核心肌群热身、腹背肌基础、上下肢基础力量，弱项个别对待	加摄像机15：30—17：30技术训练，打防、调串联、到位球传扣配合练、抢一攻、扣拦对攻	15：30—18：00力量训练，核心肌群热身、腹背肌基础、上下肢基础力量，弱项个别对待	带球15：30—18：00力量与轻技术，核心肌群热身、腹背肌基础、上下肢基础力量、传垫球与轻打	休 息	带球15：30—18：00力量与轻技术，核心肌群热身、腹背肌基础、上下肢基础力量、传垫球与轻打
晚上	全队会（周小结），讨论读书笔记	观看新闻联播，学习治疗	业务学习（治疗），观看录像	观看新闻联播，学习治疗	观看新闻联播，学习治疗	观看新闻联播，学习治疗	休息

2016年1月4日至1月10日

教练：孙治野、吴鹏根

（二）比赛周的训练计划

比赛周的任务是培养运动员的最佳竞技状态，为参加比赛做直接准备和最后调整，力求创造优异成绩。比赛周是以正式比赛日为最后一天，倒数一个星期予以计算。比赛周的训练内容主要根据不同性质的负荷后，达到超量恢复的时间来安排。通常把无氧代谢训练、速度训练、力量训练及高强度专项训练安排在比赛周的第 3～5 天，而把恢复性的有氧训练和中低强度的一般性训练安排在第 1～2 天进行。

比赛周训练负荷的安排，要全部围绕能使运动员机体在比赛日处于最佳状态来进行，训练负荷的组合方式需要根据运动项目的特点、运动员个人的特点以及赛前的状态而定。一般来说，比赛周的总负荷不高，在多数情况下运动训练负荷量应保持或减少，但在特定的条件下，如在简短训练后的恢复训练过程中参加比赛时，可适当加量。

比赛中对人文环境的创造与运用应当特别注重。有时往往在强调最佳竞技状态的形成时是对运动员个体自身的调节，但在与比赛对手的关系处理上却被人们所忽略。运动员之间赛前、赛中和赛后的交流是一种必要的礼仪，但其更深层次的目的在于对对手的了解，这对未来的比赛中能够处于一个良好的氛围，形成与保持最佳竞技状态都大有裨益。

（三）恢复周的训练计划

恢复训练周的任务是通过降低训练负荷量及采取各种恢复措施，消除运动员心理和生理上的疲劳，尽快实现超量恢复。在许多项目中，普遍采用的做法是在两个大负荷训练周之后安排一个恢复周。恢复周的内容广泛而灵活，包括一般性身体练习，引起运动员训练兴趣的练习，带有游戏性的练习和对运动员的机体刺激强度不大的练习等。

恢复周应大幅度降低或减少负荷强度和负荷量，或者将其保持在一定的水平上。如果比赛周负荷量很小，也可在恢复周适当增加负荷量。

思考题

1. 制订运动训练计划的意义是什么？
2. 制订运动训练计划的基本内容有哪些？
3. 沙滩排球运动员年度训练计划实施与控制要点有哪些？
4. 沙滩排球运动员阶段训练计划实施与控制要点有哪些？
5. 沙滩排球运动员赛前训练周训练计划实施与控制要点有哪些？

参考文献

[1] Koch, C, M. Tilp. BEACH VOLLEYBALL TECHNIQUES AND TACTICS: A COMPARISON OF MALE

AND FEMALE PLAYING CHARACTERISTICS [J]. Kinesiology, 2009. 41 (1): 52-59.

[2] 黎涌明，毛承．竞技体育项目的专项供能比例——亟待纠正的错误 [J]. 体育科学，2014，34 (10): 93-96.

[3] Greenhaff, P. L. , E. Hultman, R. C. Harris. Carbohydrate Metabolism [M]. Karger Publishers, 2004: 108-151.

[4] Bishop, D. A comparison between land and sand-based tests for beach volleyball assessment [J]. Journal of Sports Medicine and Physical Fitness, 2003, 43 (4): 418.

[5] 张晓丹，葛春林，王卫星．中国优秀女子沙滩排球运动员身体形态特征 [J]. 中国体育科技，2009，45 (1): 62-66.

[6] 张晓丹，葛春林，周典明．中国优秀沙滩排球运动员运动损伤发生率及预防对策研究 [J]. 中国体育科技，2007，43 (1): 61-63.

[7] Homberg, S. , A. Papageorgiou. Handbook for beach volleyball [M]. Meyer, 1995.

[8] Young, W. B, R. James, I. Montgomery. Is muscle power related to running speed with changes of direction? [J]. Journal of Sports Medicine & Physical Fitness, 2002, 42 (3): 282-288.

[9] 田麦久，武福全．运动训练科学化探索 [M]. 北京：人民体育出版社，1988: 316-398.

第五章

沙滩排球竞赛规则与裁判工作简介

内容提要

本章主要介绍了沙滩排球竞赛方法、运动特点，竞赛规则的制定和修改，沙滩排球教练员与规则及裁判员的关系，以及沙滩排球规则要点诠释。同时介绍了沙滩排球裁判员执裁过程中的相关程序。

教学目的

了解沙滩排球竞赛的主要规则，并熟悉沙滩排球裁判员的执裁程序。

第一节　沙滩排球运动的比赛方法与特点

沙滩排球运动是属于技能主导类隔网对抗性的集体项目，虽然沙滩排球是排球的一部分，但它因运动员人数、场地、环境及比赛方法等的不同，故与六人制室内排球相比，有其自身明显的特点。

沙滩排球比赛是由两支队各两名选手上场，在被球网隔开的两个均等面积的沙地内，以身体任何部分将球从网上击入对方场区，而不使其在本方场区内落地，其基本方法是由一名队员在发球区用一只手将球直接击过球网开始。每方最多击球三次使球过网，不得持球。一名队员不能连续击球两次。比赛不间断进行，直至球落地、出界或某队犯规。发球队胜一球后，该队得一分并由同一名队员继续发球。接发球队胜一球后，得一分并按预先登记的发球顺序，换由下一名队员发球。

比赛采用三局两胜制。前两局比赛实行每局 21 分制，先得 21 分并同时至少超过对方 2 分的队伍赢得该局，比分没有上限；如出现 1∶1 的局分，则进行第三局比赛。第三局比赛实行 15 分制，先得 15 分并同时至少超过对方 2 分的队伍为该场比赛的胜队，比分没有上限；在前两局比赛中，每当双方比分相加为 7 分或 7 分的倍数时，交换比赛场地。第三局中，双方比分相加为 5 分或 5 分的倍数时，交换比赛场地。

由于沙滩排球是两人一队进行比赛，参赛人数少，队员活动区域大，比赛场地松软，自然环境干扰大（阳光、风向及观众观赛时的热情踊跃），因此这就要求队员必须全面掌握各项技术，要求技术运用既要有攻击性，又要有准确性。并能利用阳光、风向等自然条件加以准确运用各项技战术。双方的攻防转换始终是在激烈的对抗中进行，要求场上两名运动员在技术水平全面的基础上，配合默契、身体素质和体能出众，以完成在松软场地上各种跑、跳、跃等动作。沙排比赛不允许教练场外指导，这就对运动员的适应能力和抗干扰能力提出了一定的要求。这恰恰突出了选手临场应变和驾驭比赛的能力。

第二节　沙滩排球竞赛规则的制定和修改

没有规矩，不成方圆。沙滩排球竞赛规则是沙滩排球运动的基本准则，它以法规的条文形式，规定了沙滩排球比赛过程中的合法和违规，为了保持攻防矛盾的相对平衡，维护比赛的连续性，争取比赛时间的可控性和有利于电视转播，近年来对规则进行了不断地修改，以适应和推动沙滩排球运动的发展。

一、沙滩排球竞赛规则与沙滩排球运动发展的内在关系

沙滩排球竞赛规则是对沙滩排球运动技术的统一规范与准则，是沙滩排球竞赛中必须遵守的规定和法则。沙滩排球运动的竞技化发展产生了竞赛规则，并决定了规则的内容。沙滩排球竞赛规则的制定是沙滩排球运动发展的有力保障。规则的存在限定了比赛的特性，保证比赛在公正、平等和相对稳定的条件下顺利进行。随着排球技战术的变化，排球规则也发生着相应的变化，这种变化表现在规则的修改和裁判尺度的变化，规则的修改和裁判尺度的变化，可以促进某项技术的发展，又可淘汰某些技术。沙滩排球规则的制定要符合技术与战术的发展规律和运动特点，也促进了运动技术水平的提高和合理发展。同时，掌握好规则对沙滩排球运动发展的反作用，能动地把握规则的修订，以促进和推动沙滩排球运动向着更理想、更完美的目标发展。

二、沙滩排球竞赛规则演变简史

每一次规则的改变，都会相应推动技术水平的提高，使比赛更加具有观赏性。沙滩排球规则改变的意图也是如此。

（一）2001 年沙滩排球竞赛规则修改

自 2000 年国际排联设定了规则修改内容后，采用了一年的试验期，中国是最早试行新规则的国家之一，自 2001 年 1 月 1 日起全部国内赛事都启用了新规则。试行了近

一年后，沙滩排球新规则最后被国际排联敲定，新的排球规则，每球得分制的实行加强了比赛的激烈程度。而场地的缩小降低了防守的难度，比赛随着来回球的增多而趋精彩。这是沙滩排球运动历史上力度最大的一次规则调整，它给沙滩排球运动带来了新的挑战，使沙滩排球技术出现了革命性的变化。修改内容具体如下：

①比赛由发球得分的15分一局制，改为每球得分的三局两胜制。前两局先到21分并且超过对方2分以上赢一局，没有最高限分。第三局先到15分，并至少领先对方2分的队获胜，没有最高限分。

②比赛场地由原来的18米×9米改为16米×8米，每条边线和底线均缩短了1米，即场地面积比原来缩小了34平方米。

③比赛过程中由原来两队比分累计5分或5分的倍数时交换场区改为前二局两队比分累计10分或10分的倍数，第三局比分累计5分或5分的倍数时交换场区。

④每队每局有2次暂停，每次时间为30秒。

⑤局间休息时间为1分钟。

⑥每人每场比赛只有一次受伤暂停的机会。

⑦延误比赛和不良行为仅在这一局中累计，不累计到下局中。第一和第二局之间，第二裁判员要询问挑边失利队，选场地、发球或接发球，并再次确认队员的发球次序。

（二）2007—2008年沙滩排球竞赛规则修改

2007年，国际排联再次修订完成了《2007—2008年沙滩排球竞赛规则》，在上一版规则的基础上调整、修改了一些词语的描述，重点就比赛间断中的暂停做了较大的改动，由原来的每队每局有2次暂停，每次暂停时间为30秒，修改为每局每队最多可请求1次暂停，每次暂停时间为30秒。第一局和第二局比赛，当双方比分累积为21分时，有1次30秒钟的技术暂停。

（三）2011年沙滩排球竞赛规则和执行尺度变更

根据国际排联沙滩排球裁判与规则工作组的建议，国际排联沙滩排球部就2011年裁判规则及执行尺度做了部分说明与更改，并经国际排联裁判委员会通过，于2011年赛季开始执行，具体的改动部分简要概括如下：

1. 抗议程序

（1）目的是取消运动员因对裁判员判罚质疑而提出抗议的可能性。具体执行办法为：授权第一裁判员根据以下三条标准判断是否需要提交裁判代表以启动抗议程序，分别是：①错误理解或运用规则；②比分记录错误；③比赛条件的质疑。

（2）裁判代表仅受理第一级抗议，并根据以上三条标准决定是否接受或拒绝抗议。

（3）取消原有的第二级抗议（即原规定中在第一级抗议被拒绝的情况下，运动员可提出第二级抗议)。新的第二级抗议是指在整场比赛结束后，运动员可对第一级抗议的结果提出抗议仲裁。

(4) 将建立以下处罚标准，列入2011年技术手册并在国际排联世界巡回赛（含公开赛、大满贯和世锦赛）以及世界杯比赛和奥运会比赛中执行：

①如裁判代表对第一级抗议的仲裁结果为“拒绝”，则对提出抗议的运动队处以500美元的罚款，若第二次该队提出抗议且仲裁结果仍为“拒绝”，则处以该队1000美元的罚款；第三次处罚数额再次翻倍，以此类推。

②如该情况发生在主场地，则第一次处以1000美元的罚款，第二次处以2500美元的罚款，第三次处罚数额再次翻倍，以此类推。

③如该场第一裁判员未参考启动第一级抗议程序的三条标准，而同意运动员抗议请求以中断比赛并邀请裁判代表至场地进行仲裁，即使该抗议不符合三条标准，仍被仲裁为“拒绝”，仍应按上述标准进行处罚。

④如运动队提出第二级及以上级别抗议，一旦在记录表上记录并在比赛结束后签字确认，须在赛后30分钟内提交给技术代表。同时，提出抗议的运动队须以书面形式向技术代表提出抗议请求，描述所抗议问题。提出抗议的运动队还须递交1000美元现金作为押金（如该情况发生在主场地，应递交2500美元现金作为押金)。

执行委员会将于该队下一场比赛开始前作出最终仲裁结果，最多不超过比赛结束后2小时。如执行委员会中有与提出抗议运动队相同国籍者，则不参加仲裁讨论。

(5) 如在其他类型比赛（如洲际、全国性比赛）中不施行罚款，建议规定抗议仅可在赛后提出。

(6) 对于国际排联国际比赛，如某场比赛进行现场电视直播，裁判代表必须就座于仲裁席直至电视转播比赛结束。

2. 球印检查程序

(1) 运动员不再有权提出球印检查要求。当第一裁判员对球出界与否不能做出明确判断，且认为需要进行球印检查时，可启动该程序。

(2) 执行过程中，须既快又准，以减少第一裁判员做出最终判罚后存在争议的情况。

(3) 2011年技术手册须明确规定，比赛器材须使用符合标准的规范的地线和平沙耙，主办方须培训合格的平沙员。

3. 受伤暂停程序

(1) 目的：为了减少运动员滥用医疗暂停拖延比赛进程的情况。

①运动员如请求医疗暂停但不需要医疗人员帮助，则医疗暂停将不得启动，这样可减少运动员滥用医疗暂停的可能性。

②进一步定义医疗暂停的治疗时间最多为 5 分钟，且根据实际治疗需要时间进行执行。

③一旦治疗结束或无须治疗，将由比赛官方医疗人员决定治疗时间是否已结束。

④一旦医疗暂停时间结束，球队将选择继续比赛或宣布阵容不完整。

⑤持比赛证件的球队医疗人员可在医疗暂停时进入场地进行治疗。

⑥如球员选择本队的医疗人员进行救治，一旦该医疗人员开始治疗，则开始计时；不然，则等比赛官方医疗人员到场后开始计时。

⑦任何情况下，一旦比赛官方医疗人员被叫至场内，则由其决定治疗时间是否结束，并告知裁判员。

（2）以下表述将记录在 2011 年技术手册，并在国际排联世界巡回赛（含公开赛、大满贯和世锦赛）以及世界杯比赛和奥运会比赛中执行：

①每名运动员在 12 个月周期内最多可使用 2 次医疗暂停。

②使用额外的医疗暂停须支付相应的费用：

· 使用第三次医疗暂停须支付 1000 美元。

· 使用第四次医疗暂停须支付 5000 美元。

· 使用第五次医疗暂停须支付 10000 美元。

（3）以下为规则改动后裁判员执行的变更：

①体温过高或脱水退出比赛。在这种情况下，运动员要被问到：“在过去 5 天里，你有没有呕吐或腹泻？

②当有球员受伤时，第二裁判员必须马上走向球员，并确定其受伤的性质和程度，第二裁判员必须询问球员：

· 你能继续比赛吗或你需要医疗吗？

· 如果需要医疗：你需要官方医生还是随队医生？

· 还需问：你需要医生还是物理治疗师，或两者都要？

如果运动员请求随队医生治疗，有 2 个时间应在比赛记录表上记录下来：

· 第二裁判询问的时间。

· 球员重新开始比赛的时间。

如果运动员请求官方医务人员到场治疗，有 3 个时间应在比赛记录表上记录下来：

· 第二裁判询问的时间。

· 医务人员到场的时间。

· 球员重新开始比赛的时间。

4. 不良行为（执行尺度）

（1）规则部分不做改动，但是在执行方面要进一步加强对规则和案例的理解（以往出现的问题是规则中的规定很明确，但是裁判员和官员的执行有偏差）。

（2）在2011年技术手册中，将采用新的表述方式，对器材、裁判员、官员和工作人员采用不良行为的运动员施以重罚（罚牌、罚分等），以取代原来的罚款规定。

5. 延误

（1）回合间12秒的规定：规则部分不做改动，但是在执行方面要进一步加强对规则和案例的理解，以保证每回合间歇时间不超过12秒。

（2）球员与裁判员/官员的长时间讨论或解释规则部分不做改动，但是在执行方面要进一步加强对规则和案例的理解。重点是裁判员需要对球员的请求进行甄别，仅对需要解释和说明的情况进行说明。球员如要求对裁判员的判罚进行解释，裁判员应立即予以拒绝，若球员继续坚持提出请求，应拒绝并立即按延误进行判罚。

（四）2013年沙滩排球竞赛规则修改

2013年，国际排球联合会为了适应新的变化及比赛要求，促进赛事平稳有序、公平公正的开展，2012年9月，国际排球联合会第33届代表大会对裁判员指南和竞赛规则方面又作出了系列改革和重要调整：

①球队队长对整个球队的行为和纪律负责，只有队长在比赛中断期间有权和裁判员理论，只有队长有权请求暂停，新规则进一步突出了队长的权利和作用，保证了赛事的可控性、观赏性、连续性。

②击球时的犯规，其中对持球一项作出了重大的调整，由“held”变为“catch”，提高了对持球的判罚标准。

③对发球掩护犯观也进行了新的规定，在满足网前队员遮挡了本方发球队员和发球飞行轨迹的前提下，可判发球队发球掩护犯规，避免了比赛因为球员遮挡而造成的比赛意外中断。

（五）2017年沙滩排球竞赛规则修改

2017沙滩排球规则变化不大，只是对比赛场地、连续触球、比赛回合等的描述更加准确，强调了沙滩排球规则与室内排球规则在语言的描述、语法的逻辑以及解释的一致性。明确了国际排联比赛、世界性比赛和正式比赛中，运动员在比赛中不得接受外部的帮助或指导，但允许有例外情况（参照各年龄段比赛以及洲际比赛第一和第二阶段的具体规程），新增细化了队员干扰对方比赛的五种情况（不限于此）：

①队员击球动作中，触及标志杆或标志杆之间的球网。

②借助标志杆之间的球网支持身体平衡。

③通过触网使本方获利。

④妨碍对方合法的击球。

⑤拉拽球网。

队员在球附近试图击球，即使没有触球也被认为是击球动作。队员触及标志杆外的球网不是犯规（规则9.1.3除外）。在第一裁判员职责的判定中新增了“发球和第三次击球从第一裁判员一侧的标志杆外侧或上方通过”一条。第二裁判员职责的判定中新增了“发球和第三次击球从其一侧的标志杆外侧或上面通过”一条。第二裁判员在第一裁判员不能主持挑边的前提下，可以在决胜局前主持挑边。并将相关信息通知记录员。

三、规则修改后对我国沙滩排球运动的影响

规则修改对我国沙滩排球运动带来的震动和变化是不言而喻的，场地缩小，防范增多，技术更精，战术加快，观赏性提高，使沙滩排球更具魅力，更吸引观众。同时也对沙滩排球运动技术和战术提出了更高的要求。主要表现在：

（一）对技术要求更全面、更精确

“每球得分制”既是每一个球都可以得分，也是每个球都可以失分。得失分就在一瞬间完成，这就要求运动员在技术的运用中要全面、准确、熟练，既要有把握性，又要有攻击性。场地的缩小使防守的难度降低，起球率提高，反击的机会增多。要求选手基本功更加扎实，技术更加全面，更突出了选手临场应变和驾驭比赛的能力。同时，场地缩小，也引起了防守技术的变化，在沙滩排球引进我国的最初阶段，挡球技术在各队中掌握和运用的熟练程度还很不够，挡球只是作为一种辅助的防守动作或者保护动作出现。而随着比赛场地的缩小，攻防转换速度加快，上手挡球技术的运用明显增多。在国际比赛中，挡球技术运用已占整个防守的近四分之一，已成为一种主要的防守技术。随着规则修改，对运动员网前技术的要求也更高，特别是拦网技术要求更加突出，强化拦网技术、加强网上实力成为当务之急。

（二）战术的运用更注重网上实力

随着规则修改，比赛场地面积缩小，防守难度降低，攻防转换次数明显增多，网上争夺日显激烈，缺乏高度和实力的组合，就会显得底气不够，后劲不足。沙滩排球从初始阶段的运用吊、轻打等技术，强调以打点、打线为重点的战术运用已逐渐过渡到简单、实用的网上进攻战术。充分利用网长的两边拉开和短平快、背飞等进攻战术开始被频繁运用。在技术全面的基础上，比赛中两人间的配合逐渐默契，拦防趋向专位化，分工更加明确，拦网和防守的配合讲究整体性、区域性。特别是第一回合的争斗更加突出地集中到网上的争夺。

（三）加强发球变化提高有效率

发球技术既可以直接得分和破攻，又可以直接失分的矛盾显得格外突出。运动员发球压力越来越大，特别是在比分接近的情况下，大多数队员的发球攻击性减弱，尤其是对跳发球的攻击性、稳定性都提出了更高的标准。根据沙滩排球特定的比赛环境，运动员往往会受到阳光、风向的影响，所以单一的跳发大力球或站飘、跳飘等发球技术远远不够，如何充分利用自然条件，在发球性能上采用跳发大力球与跳发飘球相结合，上旋与侧旋相结合，在不同发球地点采用不同角度、弧度、速度的球。在战术上采用找人、找点及远、近结合，同时要加强发球把握性，提高发球效果，才能在第一回合争夺中占据优势。

（四）对运动员的体能要求更高

三局两胜制对运动员的体能提出了高标准。沙滩排球正式比赛通常都是在近50摄氏度的地温情况下进行，每支队伍每天要打两到三场比赛，加上比分不设上限，每个运动员承受的运动量和强度可想而知。天气炎热难耐，比赛强度大，就有运动员因体力不支而发生肌肉痉挛，也有因乏力而导致技术走样、节奏失调。因此，规则修改实施对沙滩排球运动员的体能提出了更高的要求。为此，我国沙滩排球在制定以体能为本、意识当先、攻防均衡、技术全面、配合默契、快准巧变的技战术指导思想中，把体能为本放在首位，意在突出体能在沙滩排球运动中的重要性。

（五）要求运动员有更强的心理承受能力

沙滩排球执行的是双败淘汰制，这就意味着运动队只要连输两场比赛，就会被淘汰出本次赛程。这就使运动员临场压力更大，比赛处于高度紧张和激烈对抗之中，随时随地都有一种紧迫感和危机感，从而影响技术的发挥，导致失误，又加重了心理负担。所以规则修改和赛制的实施对运动员临场心理承受能力提出了更高的要求，比赛一开始运动员就应进入最佳竞技状态，自始至终保持高度的精力集中。一方面理解队友的失误，另一方面对自己的失误做出及时调整，要能在强大的压力下发挥自己的最佳水平，关键时刻不手软，敢打敢拼，作风顽强。

第三节 沙滩排球教练员与规则及裁判员的关系

把握规则实质，正确理解和掌握规则，巧妙利用规则是作为一名合格教练员的基本要求，也是教练员与裁判员建立健康、友好关系的首要前提。

一、沙滩排球教练员与裁判员应建立信任

教练员与裁判员的相处要以信任为前提，首先应该相信绝大多数裁判员的品德是好的，是会公平公正执法的。裁判员一点错误不出是不可能的，对裁判员的错判、漏判要理解，要服从，当然必要时也要据理力争。裁判员是有组织、有纪律约束的，是在技术代表、裁判代表和组委会监督下执行工作的。没有确凿的依据不要轻易怀疑裁判员的公正性，没有信任，心怀成见，经常无端指责、怀疑裁判员的教练员是不易和裁判员处好关系的。与裁判员友好往来，相互交换意见，交流信息，建立正常的朋友关系。长远、平和、稳定的友谊是加深教练员和裁判员之间相互了解、增进信任、缓解矛盾的有力保证，也能形成比赛正常发挥的良好氛围。杜绝与裁判员发生财物往来和不正常的交往，以免污染相互关系，动摇信念，增加自己的思想包袱，影响比赛的正常发挥。

二、沙滩排球教练员应精通规则

教练员与裁判员交涉首先要熟知、精通规则，把握要点，谙通裁判员心理。要训练好队长，充分发挥队长在比赛中可以与裁判员对话的作用，通过队长建立与裁判员的联系渠道，通过队长解决比赛中发生的问题。要讲求方式方法，把握时机，不可心浮气躁。只有精通规则的教练员才能得到裁判员的尊敬，对沙排技、战术的理解和探讨相互之间才能有共同语言，才可能建立起和谐的工作关系。

三、树立良好的个人形象

尊重裁判、尊重观众、尊重队员、举止文雅、自尊、自信、自爱的教练员是受裁判员爱戴的。平时目空一切，战时乱作一团，不反省自身训练，一味埋怨裁判员、骂队员的教练员，是最受裁判员蔑视的，也是最容易毁坏个人形象的行为。

第四节　沙滩排球竞赛规则要点解读

沙滩排球竞赛规则是沙滩排球运动的基本准则，作为教练员必须掌握沙滩排球规则的基本要点，并能在规则基础上，根据不同年龄层次、不同参与人群的需求，因地制宜，灵活应用规则开展各类沙滩排球赛事，以吸引更多的人参与沙滩排球运动。

一、比赛特性与方法

(一) 比赛计分方法

(1) 胜一场：胜两局的队胜一场；如果1∶1平局时，决胜局（第三局）先得15分，并至少领先对方2分的队获胜。

(2) 胜一局：一局中（决胜局除外）先得21分并同时至少超过对方2分的队胜一局。当比分20∶20时，比赛继续进行至某一队领先2分（22∶20；23∶21等）为止。

(3) 胜一球：无论是发球失误，还是击回球时失误或任何其他的犯规，对方即胜一球。其结果如下：

①如果对方是发球队，则得1分并继续发球。

②如果对方是接发球队，则获得发球权同时得1分。

(二) 比赛方法

(1) 比赛开始：裁判员鸣哨允许发球，发球队员击球时比赛开始。

(2) 比赛中断：裁判员鸣哨终止比赛，比赛中断。

(3) 比赛上场阵容：每队两名队员自始至终参加比赛，无换人，不允许更改运动员。

(4) 队员的位置：队员在场内可随意站位，无固定位置。发球次序在整局比赛中始终如一（在队长挑边后立即确定）。

二、比赛参加者的义务和权利

(1) 只有队长有权请求暂停，国际排联正式比赛中不允许教练员进行场外指导。

(2) 除第一裁判员特许外，队员必须赤脚比赛，队员的比赛上衣号码必须是1和2，号码必须在胸前。

(3) 队员必须了解并遵守沙滩排球竞赛规则。必须以良好的体育道德作风服从裁判员的判定，不允许争辩，如有疑问，可提请解释。

(4) 队员不得有任何影响裁判员的判断或掩盖本队犯规的动作和行为的表现。

(5) 队员不得以任何行为延误比赛。比赛中，当成死球时，队员可以就下述三种情况与裁判员交流。

①请求对规则和规则的执行进行解释。如果队长对解释不满意，则应立即向第一裁判员提出启动抗议程序的意愿。

②请求允许：更换服装或装备；核对发球队员号码；检查球网、球、地面等；整理场地线。

③请求暂停：当比赛成死球时，在裁判员鸣哨发球之前，队长可用相应的手势请求暂停。一次暂停可与另一次暂停相连续，中间无须经过比赛。队员必须得到裁判员的同意才能离开场地。

三、比赛行为

（一）发球

1. 发球定义

发球队员在发球区内用一只手或手臂将球击出而进入比赛的动作称为发球。

2. 发球犯规的几种情况

（1）发球次序错误。

（2）发球击球时或跳发球起跳时，发球队员触及场区（包括端线）和发球区以外的地面，其脚伸至线下。

（3）发球队员在第一裁判员鸣哨后5秒钟内未将球发出。

（4）球被抛起或持球手撤离后，却未击球。

（5）球触及发球方队员或球的整体没有从过网区通过球网垂直平面。

（6）球触网后落入对方场区外。

（二）比赛中击球

1. 正确的击球

（1）每队最多可击球三次将球从球网上空击回对方。

（2）球必须被击出，而不能被接住或扔出。球可以向任何方向弹出。

下列情况例外：

①用上手传球动作防守急难球时，球在手中可短暂停滞。

②当双方队员网上同时触球时可以"持球"，比赛继续进行，获得球的一方可再击球三次。双方队员在网上同时击球后触标志杆，判争球，该回合球重新进行。

（3）球可以触及身体的不同部位，但必须是同时触及。

下列情况例外：

①在拦网中，允许一名或更多的拦网队员在同一拦网动作中连续触球。

②在第一次击球时，除非上手传球外，允许身体不同部位在同一击球动作中连续触球。

（4）两名队员可以同时触球，但被计为击球两次。两名不同队的队员在网上同时触球，如果比赛继续进行，则获得球的一方仍可击球三次。如果球落在某方场区外，则判为对方击球出界。如果双方队员网上同时触球造成“持球”，则不算犯规。

2. 击球犯规

（1）四次击球：球在进入对方场区之前一个队击球四次。

（2）借助击球：队员在比赛场地以内借助同伴或任何物体的支持进行击球。

（3）持球：队员没有将球击出。但防守急难球时或双方队员网上同时触球时造成的短暂“持球”除外。

（4）连击：一名队员连续击球两次或球连续触及队员身体的不同部位。

（三）球网附近的球

1. 球越过球网规定

球必须通过球网上空的过网区进入对方场区。过网区是球网垂直平面的部分，其范围是：球网上沿的标志杆及其假想延长线至天花板之间的空间。

2. 球的整体或部分从过网区以外的空间飞入对方无障碍区的击球规定

（1）可在本队击球次数之内将球击回：球必须整体或部分地从同一侧过网区以外空间被击回。对方不得阻拦。

（2）球的整体越过球网以下垂直平面为“界外球”。

（3）队员可以进入对方场区将从过网区外越过球网的球或尚未完全越过球网下垂直平面的球从网下或过网区外击回。

3. 球触球网的规定

（1）球越过球网时可以触网。

（2）球入球网后，在该队的三次击球内，可以再次击球。

（3）如果击球破球网或使网坠落，则该球不计，重新进行。

（四）球网附近的队员

每队必须在其本场区内及其空间进行比赛，但允许队员越出无障碍区进行救球，将球击回。

1. 越过球网的规定

（1）拦网时，允许拦网队员越过球网触球，但必须在对方进攻性击球后并不得妨碍对方比赛。

(2) 允许队员进攻性击球后手越过球网，但必须在本场区空间完成击球。

2. 进入对方空间、场区/或无障碍区的规定

在不得妨碍对方比赛的情况下，允许队员进入对方空间、场区/或无障碍区。

3. 触网的规定

(1) 禁止触及球网的任何部分和标志杆。

(2) 队员击球后，可以触及网柱、全网长以外的网绳和其他任何物体，但不得影响比赛。

(3) 由于球被击入球网而造成的球网触击对方队员不算犯规。

(4) 由头发造成的轻微触网不算犯规。

4. 队员在球网附近的犯规

(1) 对方队员进攻性击球前或击球时，本方队员在对方空间触及球或对方球员。

(2) 队员进入对方空间、场区或无障碍区并妨碍了对方比赛。

(3) 队员触及球网。

(五) 进攻性击球

1. 进攻性击球定义

(1) 除发球和拦网外，所有直接向对方的击球都是进攻性击球。

(2) 当球的整体通过球网垂直面或被对方拦网队员触及，进攻性击球则告完成。

(3) 任何队员都可以对任何高度的球进行进攻性击球，但触球时必须在本场地空间。

2. 进攻性击球犯规

(1) 队员在对方场地空间击球。

(2) 队员击球出界。

(3) 队员用张开的手指吊球完成进攻性击球。

(4) 队员对对方发过来的球的整体高于球网上沿时完成进攻性击球。

(5) 队员用上手传球且传球轨迹不垂直于双肩连线完成进攻性击球。传给同伴的球除外。

(六) 拦网

1. 拦网定义

拦网时队员靠近球网，将手伸向高于球网处阻拦对方来球的行动。

2. 拦球队员的击球

拦网后可以由任何一名队员进行第一次击球，包括拦网时已经触球的队员。

3. 进入对方空间拦网

过网拦网触球应在对方队员进攻性击球之后。拦网时队员可以将手或手臂伸过球网，但不得影响对方击球。

4. 拦网的触球

（1）拦网的触球算作球队的一次击球。一个队拦网触球后只能再击球两次。

（2）在一个动作中，球可以连贯（迅速而连续）地触及一名或更多拦网队员。这仅算做球队的一次击球。

（3）身体任何部位都可以拦网。

5. 拦网犯规

（1）在对方进攻性击球前或击球同时，拦网队员在对方场区空间触球。

（2）队员从标志杆以外伸入对方空间拦网。

（3）队员拦对方发球。

（4）拦网出界。

四、正常比赛间断的规定

（一）暂停

（1）当比赛成死球时，在裁判员鸣哨发球之前，队长可用相应的手势请求暂停。一次暂停可与另一次暂停相连续，中间无须经过比赛。队员必须得到裁判员的同意才能离开场地。

（2）在 FIVB 巡回赛和正式赛中，第一局和第二局每当双方比分相加为 21 分时，有一次 30 秒的技术暂停。

（3）每局的比赛中，每队最多可请求 1 次暂停，时间为 30 秒钟。

（二）交换场区

（1）比赛双方比分相加为 7 或 7 的倍数（第 1、2 局）和 5 或 5 的倍数时（第 3 局），比赛双方交换场区。

（2）交换场区时，没有休息时间。球队必须无延误地交换场地。

（3）如果未按时交换场地，则在发现时立即进行，比分保持不变。

(三) 局间休息

局间休息为1分钟。第三局前休息时，第一裁判员主持挑边。

五、意外比赛间断的规定

(一) 受伤

(1) 比赛中出现严重伤害事故，裁判员应立即中断比赛。该球重新进行。

(2) 一场比赛中最多给予受伤队员1次5分钟的恢复时间。裁判员必须同意专门指定的医护人员进场照看受伤人员。只有裁判员能允许队员离开场地无须处罚，5分钟到时后裁判员鸣哨要求队员继续比赛。这时，只有受伤队员自己决定是否可以比赛。如果此时受伤队员仍不能恢复比赛和回到场地来，则该队被判为不完整。在极端的情况下赛会的医生和技术监督有权反对受伤队员的继续比赛。

注意：受伤恢复的时间从赛会的正式医护人员抵达比赛场地照看受伤队员时开始。如果没有设置医护人员，则恢复时间从裁判员允许时开始。

(二) 外界干扰

(1) 比赛中出现任何外界干扰，都应停止比赛。该球重新进行。

(2) 一次或数次间断时间累计不超过4小时：比赛可选择在原场地或另一场地进行，则间断的一局应保持原比分。已结束的各局保留比分。

(3) 一次或数次间断时间累计超过4小时，则全场比赛重新开始。

六、比赛的延误

(一) 延误的定义

一个队拖延比赛继续进行的不正当行为为延误。

(二) 延误的类型

(1) 在裁判员鸣哨恢复比赛后，拖延暂停时间。

(2) 在同一局中再次提出不符合规定的请求，下列情况为不符合规定的暂停请求：

①在比赛进行中或在裁判员鸣哨发球的同时或之后提出请求。

②超过次数的请求。

(3) 拖延比赛的继续进行（正常情况下，从上一个球结束到裁判员鸣哨发球最多时间为12秒）。

（三）延误的判罚

（1）在一局中，对一个队的第一次延误给予延误警告。

（2）在同一局中，同一队任何类型的第二次及其后的延误均构成犯规，给予延误判罚，失去一球。

七、不良行为犯规

（一）不良行为类别

（1）非道德行为：争辩、恫吓等。

（2）粗鲁行为：违背道德原则和文明举止，有侮辱性表示。

（3）冒犯行为：诽谤、侮辱的言语或行为。

（4）侵犯行为：人身侵犯或企图侵犯。

（二）不良行为判罚等级

（1）不良行为警告

用于非道德行为。不进行判罚，只警告该成员在同一局中不得再犯。

（2）不良行为判罚

①判该队失一球。用于粗鲁行为或道德行为的再犯。

②判罚出场：用于冒犯行为或粗鲁行为的再犯。队员被判罚出场必须离开比赛场地，该队在该局比赛中被宣布为阵容不完整。某队被宣布一局或一场比赛阵容不完整时，该队失去这一局或这一场比赛，应给对方胜该局或该场比赛必要的分数和局数。阵容不完整的队保留其已得分数和局数。

③取消比赛资格：用于冒犯行为和侵犯行为。被罚队员必须离开比赛场地，该队在该场比赛中被宣布为阵容不完整。某队被宣布一局或一场比赛阵容不完整时，该队失去这一局或这一场比赛，应给对方胜该局或该场比赛必要的分数和局数。阵容不完整的队保留其已得分数和局数。

（3）不良行为判罚的规定

①不良行为，按《不良行为判罚等级表》进行判罚。

②一名队员在同一局比赛中可以得到多次的不良行为判罚，同一局中第三次粗鲁行为的队员将被判罚出场。

③判罚的累加仅在同一局中对同一人执行。

④对侵犯行为的取消比赛资格，无须先一次的判罚。

⑤任何局前和局间的不良行为都应按《不良行为判罚等级表》进行判罚，并将判罚表记录在下一局中。

第五节　沙滩排球竞赛执行程序

沙滩排球比赛所执行的各项程序是建立在正确掌握沙滩排球竞赛规则基础上，果断、准确地运用和执行规则。也是密切配合赛事裁判管理工作的基本体现。

一、比赛开始程序

竞赛开始前的基本程序如表 5-1 所示。

表 5-1　比赛开始程序表

时间	执行程序
比赛开始前 10 分钟	上场比赛结束，裁判员结束已完成的比赛并离开赛场
比赛开始前 8 分钟	平沙员整理场地后，马上进行比赛通告，运动员和裁判员进入比赛场地。运动员此时开始必须穿正式比赛服。平沙和洒水在此时完成。运动员在比赛场地热身及作其他准备。裁判检查比赛设备、记录表、环境条件、球员席等
比赛开始前 5 分钟	在记录台前挑边（如果场地条件允许，挑边时间可以前移，以便增加准备活动时间）
比赛开始前 4 分钟	开始 3 分钟正式热身活动时间
比赛开始前 1 分钟	结束正式热身活动，运动员离开赛场回到他们各自球队席。第一裁判员上裁判台，第二裁判员站到记录台前，所有其他辅助人员各就各位。各个运动员在被介绍后站在各自赛场底线。当最后一名运动员介绍完并站好后，第一裁判员鸣哨，运动员跑向场地中间隔网握手
比赛开始	比赛开始
比赛结束	运动员与对手握手，并在第一裁判员的裁判员台前与裁判握手后，通过赛场来到记录台前。双方队长在记录表上签名。所有参赛运动员收拾好东西，由裁判员带领离开赛场，以便下一场比赛的准备

注意：

①此程序中如果将 3 分钟正式准备活动时间改为 5 分钟，则挑边时间应为：“比赛开始前 7 分钟”。

②如果有必要，此程序可能会因为严格的电视转播需要而变动。

③如果为了加快完成程序的速度，挑边可以提前在场外完成。

④由于国际排联官员而使准备活动时间被延长，所有裁判员须在赛前 10 分钟进场，并在赛前 8 分钟启动程序。

⑤正式热身活动开始前，允许教练在其队伍热身活动场区。

二、赛前挑边程序

①赛前 7 分钟（或 5 分钟），第一裁判员鸣哨，召集双方队长到记录台前。

②第一裁判员面向记录台站，第二裁判员背向记录台站，双方队长面对面分别站在裁判员的左右手两边。

③第一裁判员明确双方队名，并分别握手。

④第一裁判员引导双方队长分别与第二裁判员握手。

⑤开始挑边。

⑥双方队长在记录表上签字确认队员姓名、号码与发球顺序。

⑦第一裁判员将挑边结果告知记录员，如：“某队是 A 队，A（B）胜 A（B）发球”。

三、暂停执行程序

当比赛成死球时，在第一裁判员鸣哨发球前，只有场上队长可以请求暂停，请求暂停队长必须要用正式的暂停手势表明，口头的请求裁判员将不予理睬。程序如下：

①场上队长用正式手势请求暂停。

②第二裁判员鸣哨，给出暂停手势，随后手势指向请求暂停一方。

③第二裁判员看表计时，同时监督场上队员离开场地，以及球队席的情况。

④第二裁判员到记录台，确认本次暂停正确的记录在记录表上。

⑤15 秒时间，运动员离开场地，走到球队席。

⑥30 秒时间，运动员在球队席休息。

⑦45 秒时，第二裁判员鸣哨并督促运动员返回比赛场地。

⑧运动员 15 秒时间走回到比赛场地。

⑨整个暂停过程总时间为 1 分钟。

⑩第二裁判员与记录台沟通，确认准备就绪，向第一裁判员举手示意。

⑪第一裁判员鸣哨恢复比赛。

四、交换场区工作程序

双方比分之和每积 7 分（第 1、2 局）或 5 分（第 3 局）时，双方必须交换场区，交换场区时，两队必须立即进行，不得延误。工作程序如下：

①第二裁判员鸣哨，做交换场区手势（可以同时口头提醒）。

②双方运动员立刻交换场区（12 秒内）。

③第二裁判员与记录台确认记录完毕，举手向第一裁判员示意。

④第一裁判员鸣哨继续比赛。

备注：如没有及时交换场地，则在发现错误时立即交换。

五、技术暂停执行程序

一场比赛中，在第一局和第二局，每当双方比分之和为 21 分时，有一次 30 秒的技术暂停，执行程序如下：

①第二裁判员鸣哨，并口头提示技术暂停，运动员离开比赛场地。

②第二裁判员看表计时，同时监督场上队员离开场地，以及球队席的情况。

③第二裁判员到记录台，确认技术暂停并正确地记录在记录表上。

④15 秒时间，运动员离开场地，走到球队席。

⑤30 秒时间，运动员在球队席休息。

⑥45 秒时，第二裁判员鸣哨并出示交换场区的手势。

⑦运动员 15 秒时间内走回到比赛场地，并交换场区。

⑧整个暂停过程总时间为 1 分钟。

⑨第二裁判员与记录台沟通，确认准备就绪，向第一裁判员举手示意。

⑩第一裁判员鸣哨恢复比赛。

六、球印检查程序

球印检查程序的本质是解决运动员和裁判员之间就球是否在界内的争议。所以裁判员要注意步骤要透明、不能延误、结果要确定、沟通要舒畅，要尽快恢复比赛。

（一）程序

球印检查程序是比赛诸多程序中的一部分，且需要裁判员认真执行，特别是第一裁判员速度要快，以便快速而准确地重新开始比赛。球印检查程序的主要步骤：

（1）如果第一裁判员对球界内或界外有任何疑问时，他可以决定开始球印检查程序。

（2）运动员没有权力坚持要求启动球印检查程序。

（3）裁判员和司线员阻止运动员任何故意掩盖或改变球印的行为。第一裁判员可以对其行为进行适当的判罚。

（4）如运动员承认最初的判断是错误的，就不需要启动球印检查程序或球印检查程序立即结束。

（二）第一裁判员的工作

（1）第一裁判员快速做出判断是否启动球印检查程序。

（2）第一裁判员从裁判椅下来召集相关司线员到球印处。

（3）另外要让球印落点方的运动员远离球印。这对公平公正判断非常很重要。

（4）确定球印（界内或界外）：首先确认球是否打到线。这包括球是否打到沙滩上拱起的线。很重要的一点是要给司线员机会，指出球印位置（不能碰到球印），解释他们看到的球落地或其他情况。当第一裁判员了解所需信息能够做出判断时，在走向裁判台的同时应尽快告知相关队伍此球的判决。

（5）第一裁判员在裁判台上出示球印判定手势（指出发球队），如果运动员从网下穿过去检查球印应给以相应的判罚。

（6）如有必要，第一裁判员向观众口头通告球印检查结果，同时出示手势。

（7）第一裁判员恢复比赛。

（三）第二裁判员的工作

（1）第二裁判员到球网附近阻止运动员过网和双方争辩。

（2）提醒比赛队越过球网或其延长线进入对方场地是不合法的。

（3）整个过程与第一裁判员进行眼神交流。

（4）如果需要，第二裁判员可协助第一裁判员进行判断。

（5）第二裁判员必须确认记录员已将正确的结果记录，直到记录员表示已记录完毕时，比赛才能重新开始。

（四）司线员

（1）司线员必须尽可能判断正确，特别是界内或界外，以避免启动球印检查程序。

（2）如果第一裁判员启动球印检查程序，司线员必须确信能描述正确的球印位置及球触及比赛场地的有关情况。

（3）如果第二裁判员需要，包括球印位置和球触及比赛场地的信息须传达给第二裁判。

（4）一般情况下第一裁判员应召集司线员要来到球印处。

（5）司线员（和其他官员）不能破坏球印所在的比赛场地表面。注意避免在上面走动或在上面用手指或司线旗来指划。

七、受伤暂停程序

（一）在出现受伤的当时

（1）当有运动员受伤时，第二裁判员必须马上走向运动员，并确定受伤的性质和程度。

（2）第二裁判员必须询问运动员：

①你能继续比赛吗？

②你需要受伤暂停吗？

③你需要医生吗？

④你需要什么样的医疗救助？（与到达现场的比赛医务人员一起，如急救人员、医生、按摩师等）

（3）如果可以，比赛应继续进行，不能耽搁。这种情况要求运动员在非常短的时间回到自己位置上（15 秒之内），没有进行受伤暂停。

（二）流血的受伤

（1）如果运动员出现有流血的较小创伤，如手指、手、脚或腿上的一个小口子，这种情况应及时得到处理，即使因此造成比赛的暂时延误。参赛人员的安全是最重要的。这将不认为是一次医疗暂停。

（2）在这种情况下，医务人员须在近处等候以免延误。

（3）如果出现较大的创伤（包括流血或不流血），应按照下面的要求进行医疗救助或医学处理。这种情况将被视为一次受伤暂停。

（三）运动员使用厕所的规定

（1）运动员使用厕所时会拖延比赛，可以使用受伤暂停。

（2）运动员要求使用厕所，必须告知一第裁判员，当超出用于其目的的比赛开始前可用的正常间断时间（暂停、技术暂停、局间、回合间的 12 秒）时，裁判员启动该运动员的受伤暂停时间。

（3）第二裁判员陪伴运动员到厕所，第一裁判员在记录台前管理整体情况。

（四）当运动员的回答是不能继续比赛，但不需要治疗时

（1）当运动员不需要治疗，但又不能马上继续比赛时（如上所说），第二裁判员必须马上确认时间（包括分钟和秒钟），并记录在记录表上（通过记录员）。并在适当的时间检查时间是否记录正确。

（2）作为一项预防措施，第二裁判员必须要求必要的医务人员到场，以便受伤需要医务处理。

（3）通知裁判代表和技术代表。

（4）第一裁判员从裁判椅上下来以便监督受伤暂停程序。

（5）第二裁判员（或第一裁判员）应积极监督运动员在5分钟之内回到原位。

（6）这名运动员不能离开比赛场区或无障碍区，但可以在场内自由走动或回到各自的球员席。

（7）受伤运动员的队友及对手必须留在比赛场区或无障碍区或回到各自的球员席。球员可在这段时间内用球活动。

（8）在这5分钟内，第二裁判员必须核实所有的时间细节并正确地记录下来，到比赛可继续进行时（以受伤运动员表示回到场上位置为准），清楚地告诉记录员（并核实）将所有细节已记录在记录表上。

（9）在受伤暂停期间，要告知运动员已过去的时间。

（10）所有的细节都是重要的：运动员的姓名、号码、国家、局、时间、比分都应记录在记录表上。因为当出现抗议或第二次受伤暂停情况下，这些数据可能是非常重要的。在每场比赛中，一名运动员只能有一次受伤暂停。

（11）在5分钟结束时，第二裁判员应当鸣哨且示意运动员回到各自的位置。比赛队可要求任何未用的暂停，但在暂停结束时应马上继续比赛。如果运动员这时仍不能继续比赛，则这局或这场比赛按该队阵容不完整结束比赛。

（12）没有更多的时间留给受伤的运动员。受伤时间不能累计计算。

（五）当运动员的回答是不能继续比赛并需要医疗救助时

（1）如果运动员要求医疗救助时，第二裁判员必须马上确定受伤的情况，并通知医疗人员到场，同时立即通知相关人员。首先让记录员记录下询问运动员是否要求医疗救助的时间（分、秒）。第一裁判员走下裁判台去监督事件过程。最重要的是联系下列人员：医疗人员、国际联排技术代表、裁判代表和医疗代表（如果在场的话）。

（2）第二裁判员应积极寻找上述人员，这可能需要离开场地或使用对讲机。第一裁判员可留下来观察受伤的运动员。

（3）受伤的运动员可在场上保持固定的姿势，如果医务人员不能马上到场，只有在第二裁判员（或技术代表）的陪伴下，运动员才能离开场地。如果可能的话，这种情况应尽量避免，但在某些情况下也可能发生（如需吸氧）。

（4）受伤暂停的5分钟计时应从医务人员到场开始，且有三个时间应在比赛记录表上记录下来：

①第二裁判员询问的时间。

②医务人员到场的时间。

③运动员重新开始比赛的时间。

(5) 在5分钟之内，第二裁判员（或第一裁判员）应积极监督运动员回到原位。

(6) 这名运动员不应离开比赛场地或无障碍区，但可以在场内自由移动或回到他们各自的球员席上，但上述的情况除外。

(7) 注意：受伤球员可在裁判员的同意下离开比赛场地。

(8) 受伤运动员的队友和对手必须留在比赛场地或无障碍区或到他们各自的球员席。运动员可在这段时间内用球活动。

(9) 在这5分钟内，第二裁判员必须核实所有的时间细节都被正确的记录下来，到比赛可继续进行时（以受伤运动员表示回到场上位置为准），清楚地告诉记录员（并核实）将所有细节已记录在记录表上。

(10) 在受伤期间，应告知运动员已使用的时间。

(11) 所有的细节都是重要的：运动员的姓名、号码、国家、局、时间、比分都应记录在记录表上。因为当出现争议或第二次受伤暂停的情况下，这些数据可能是非常重要的。在每场比赛中，一名运动员只能有一次受伤暂停。

(12) 注意：在5分钟结束时，第二裁判应当鸣哨且示意运动员回到各自的位置。比赛队可要求任何未用的暂停，但在暂停结束时应马上继续比赛。如果运动员在这时仍不能继续比赛，则这局或这场比赛以该队因受伤而造成阵容不完整结束比赛。

(13) 没有更多的时间留给受伤的运动员，受伤时间在性质上不能积累。

八、FIVB抗议程序

(一) 概述

抗议程序是在运动员听完第一裁判员对规则使用或说明做出的解释之后，正式表达出抗议的愿望时开始，由相关的FIVB官员在比赛前，赛中或赛后执行。抗议程序有三个级别：级别一、二要在抗议发生时处理，级别三则在比赛结束后处理。

(二) 衡量抗议的标准

合法抗议的认同标准应含以下情况的一项或多项：

(1) 裁判错误地解释了比赛规则。

(2) 记分有误（轮换或比分）。

(3) 比赛或判罚中有较大分歧。

(4) 技术方面的比赛条件（天气、灯光等）。

(5) 裁判员没有正确地运用规则/条例，或对自己的判罚没有采用正确的处理方法。FIVB官员不能接受涉及比赛动作或不良行为的抗议，除非对比赛规则的解释有误。

（三）一级抗议程序：抗议时解决

抗议程序是运动员在听完第一裁判员对规则使用和诠释的说明之后正式表达抗议意愿时开始的，之后第一裁判员要求有关 FIVB 官员入场，抗议程序正式开始。裁判代表与第一裁判员弄清有关的问题。然后向其他当事人收集信息/证据。依据下列原则解决抗议程序：

（1）严格执行权衡抗议的标准（以上第三条）。

（2）假定比赛官员所做的判决是正确的，尤其是第一裁判员的最终判决。

（3）通过询问抗议当事人，尤其是比赛官员观察所确立的事实依据。

（4）根据规则确定与比赛规则相关的官员行为的正确性。

比赛规则没有涉及的具体行为，裁判代表可按规则进行处理。抗议程序结果应首先告知第一裁判员，然后再告知其他官员。之后，将结果告知场上的双方队员。告知队员抗议程序结果之后，要马上询问是否接着进入二级抗议程序。无人要求进入二级抗议程序，完成下列程序后恢复比赛：

①向记录员传达裁决结果。

②向公众传达裁决结果（可能包含当众宣布裁决结果）。

③向转播媒体传达裁决结果（电线、无线电等）。

在抗议程序期间，运动员在最初的信息收集时间段后可以进行以下行为：

①使用比赛场地但不能离开自由区。

②使用比赛用球。

③使用当前的一边场地或在所有队员同意后使用两边场地。

经过抗议程序后，一级抗议可能有五种结果（在抗议发生时解决或试图解决）：

①裁判代表一开始就驳回抗议，不执行任何抗议程序，在这种情况下，裁判代表通知技术代表实施处罚。

②运动员的抗议最初被裁判代表所接受，执行抗议程序后，抗议被驳回。

③运动员的抗议最初被裁判代表所接受，执行抗议程序后，抗议成功。

④抗议程序不能执行（如没有 FIVB 官员在场）以及/或运动员可能对抗议程序结果提出上诉。这两种情况都应按照二级或三级抗议处理。

⑤队员正式提出抗议后没有执行抗议程序（如第一裁判员没有要求有关 FIVB 官员进入比赛场地），这种情况按三级抗议在赛后解决。

（四）二级抗议程序

当抗议程序在一级时被驳回或抗议程序开始被接受但随后遭到另一支球队的反对时，任一球队可对一级抗议程序的结果正式表示抗议，由双方任一队员正当要求并且在一级抗议程序之下记录，二级抗议程序开始。技术代表将成立一个执行委员会，抗议委员会进入比赛场地。可要求裁判代表对被驳回或接受的一级抗议和裁决标准相关的事实进行总结，向抗议委员会提供与比赛规则相关的意见。FIVB 官员解决二级抗议程序包含下列阶段：

（1）根据球队的抗议初步确定抗议的性质。

（2）由抗议委员会根据抗议，决定是否继续执行抗议程序。

（3）向裁判代表询问可用的详细的信息/证据。

（4）向其他官员询问可用的详细的信息/证据。

（5）向有关官员和队员传达抗议程序。

（6）向记录员和其他当事人员传达抗议结果。

（7）开始或恢复比赛。

一级抗议程序的许多规定和过程也适用于二级抗议程序。

（五）赛后解决的三级抗议程序

三级抗议程序是队员赛后在下列基础上正式表示抗议的愿望：

（1）抗议程序在一级或二级没有启动（如队员要求抗议后，在场的 FIVB 官员或第一裁判员没有执行抗议程序）。

（2）FIVB 官员未启动一级抗议程序。

（3）比赛结束后的事件。

（4）在一级和二级抗议程序中没有遵循应有的程序。

三级抗议程序必须与队员正当要求和记在一级或二级抗议之下的抗议有关（赛后的事件除外）。球队在记录表的备注区填写有关详细情况以表示抗议的愿望，相关球队的队长签字后，此时抗议就开始了。FIVB 官员解决三级抗议程序包含下列阶段：

（1）在记录表上对抗议依据进行初步记录。

（2）缴纳抵押金。

（3）抗议委员会审查抗议依据。

（4）把抗议结果告知所有当事人，包括对裁决依据的理解。

（5）如果合适可改正误判，重新比赛。

一般来说，二级抗议程序的许多规定/程序也适合于三级抗议程序。

一旦双方队长（或相关技术代表）在记录表上签了字，而且备注区没有记录三级抗议，其后的抗议无效。抗议程序（三级）需支付保证金。

九、弃权和退出比赛

放弃比赛的情况各不相同，弃权将会结束比赛，如果没有按照规定程序执行，会很容易导致抗议。因此，裁判员要特别注意，严格执行下述规定，有关信息得到记录，并通知与此程序有关的所有人员。

（一）相关规则

涉及放弃比赛和因故退出比赛的国际排联沙滩排球规则两部分。

（1）放弃比赛和队伍不完整退出比赛：

如果一个队伍在裁判员要求进行比赛时拒绝继续比赛，则被宣布弃权。比赛结果为0∶2，比分为0∶21、0∶21。

（2）一支队伍在比赛开始时没有出现在赛场，则被宣布放弃比赛：

比赛结果为0∶2，比分为0∶21、0∶21。

（3）一支队伍被称为一局或一场比赛阵容不完整，失去一局或一场比赛：

对方队伍获得赢取一局或一场比赛的得分。阵容不完整退出比赛的队伍保持已得分数和局数。

（二）可能出现的情况

1. 一支队伍在比赛开始前正式放弃比赛

这种情况由国际排联相关代表掌握，与裁判员影响不大。裁判员按照国际排联记录指南完成记录表，裁判员必须了解放弃比赛的结果对赛程的任何改变。

2. 一支队伍在规定开始比赛时间没有出现在比赛场地而放弃比赛

必要步骤及具体方法如下（如果没有解决按下一步做）。

步骤1：核实队伍到场情况。

赛前，裁判员到场后马上确认双方运动员是否到达场地（两名运动员）。裁判员在正式准备活动开始前必须到场。

步骤2：找寻队伍。

如果一支或两支队伍没有到场，裁判员马上分工采取行动，了解运动队在哪里。这包括使用场地主管的对讲机，第二裁判员离开场地，确认信息已经传达给国际排联代表和赛事工作人员。第一裁判员留在场地。

步骤3：通知国际排联相关代表。

如果队伍到场情况解决，马上通知国际排联相关代表来到场地。技术代表来到场地做最后决定，例如开始执行比赛程序或放弃比赛由技术代表作出决定。裁判员应该继续执行正常巡回赛比赛程序。国际排联相关代表设法查明运动员缺席原因，根据规定给予裁判员指导。如果国际排联相关代表在正式比赛程序开始前没有到场，裁判员应掌握情况，只有国际排联代表可以最后决定队伍是否放弃比赛。

步骤 4：继续执行比赛程序。

如果国际排联相关代表没有到场，裁判员应该自动开始或继续走正式比赛程序（除非国际排联代表有其他要求）。裁判员按正式比赛程序的所有步骤不中断执行比赛。

步骤 5：挑边后进行正式准备活动。

裁判员在正式比赛程序要求下（国际排联相关代表）按时间进行正式比赛准备活动，开始挑边（除非得到其他通知）。

特殊程序Ⅰ。

如果挑边时一支队伍运动员没有到场，她们的对手自动赢得挑边胜利，可以选择发球或接发球等。只需要一名运动员到场就可以进行挑边程序。裁判员根据这一特殊执行程序：

①鸣哨叫双方队伍到记录台前挑边。

②确定只有一支队伍到场，通知这支队伍自动获得挑边权，有权先挑。

③获得到场队伍的第一选择（如哪方场地）。

④通知到场队伍，另一支队伍将在正式准备活动结束时完成他们的挑边决定。

⑤确认记录员已经获得挑边信息，并取得队长赛前签名，记录了必要信息（如发球顺序）。通知记录员在这种情况下不要完成赛前记录程序，例如：不知道的比赛场地队；先发球队伍和先接发球队伍。

⑥鸣哨表明正式热身活动时间开始（如 5 分钟）。

⑦不要中断队伍的热身活动去获得更多信息（如果另一支队伍到场）。

⑧正式准备活动一结束，马上鸣哨，示意队伍到运动员休息区。

⑨只有到场挑边的队伍才能到运动员休息区。

⑩没有到场挑边的队伍到记录台确认他们尚未确认的信息（发球、接发球场地）。

⑪该队队长赛前签字并指明发球顺序。

⑫记录员完成记录表，告知裁判员已经得到赛前所有信息。

⑬通知先到场的队伍、后到场队伍的挑边结果。

⑭裁判员马上开始比赛。

特殊程序Ⅱ。

如果两支队伍都没到场（如运动员没来），无法进行挑边。则要把时间记录在记录表的备注栏，裁判员按正式比赛程序开始正式准备活动程序（通知正式准备活动开始）。如果在正常比赛程序中队伍到场，程序继续执行，后到场的队伍没有额外的准备活动时间（除非得到其他通知）。

步骤 6：放弃比赛的最后决定。

（1）第一裁判员完成正式准备活动程序后，鸣哨并告知比赛准备正式开始。

（2）如果运动员仍旧没有到场，裁判员通知国际排联相关代表（例如：正式准备活动时间结束，按程序比赛应现在开始）。

（3）第一裁判员正式比赛程序结束后不必去裁判椅。

（4）国际排联相关代表负责向运动员（如果到场）、比赛官员、观众、媒体等宣布放弃比赛决定。

3. 一支队伍比赛开始后放弃比赛

（1）这种情况通常出现在有运动员受伤时（不是只出现在受伤时）。

（2）马上通知国际排联相关代表到场。

（3）在受伤暂停程序后，第一裁判员必须口头初步确认队伍不完整退出比赛，第一裁判员需执行下述程序：

①获得退出比赛队伍的签字（确认他们要求退出比赛）。

②跟国际排联相关代表确认队伍退出比赛。

③通知对方队伍退出比赛的信息。

④完成记录表，检查后签字。

十、比赛结束程序

（1）第一裁判员鸣哨，手势示意比赛结束。

（2）第一裁判员示意运动员到网前握手，同时第一裁判员从裁判台上下来。

（3）第二裁判员及司线走到裁判台前（第一裁判员站右侧，第二裁判员站左侧）。

（4）运动员在裁判台前与裁判员握手，提醒双方队长到记录台签字。

（5）通过赛场来到记录台。

（6）双方队长签字后，第一、第二裁判员分别检查记录表并签字。

（7）比赛队员收拾好东西，由裁判员带领离开赛场。

思考题

1. 明确规则及裁判员的作用。
2. 如何处理好教练员与裁判员的关系？
3. 了解沙滩排球比赛过程中的相关程序。
4. 简述沙滩排球和室内 6 人制排球比赛规则的区别。
5. 简述沙滩排球裁判员如何公正执裁比赛？

参考文献

[1] 中国排球协会. 沙滩排球竞赛规则 2017—2020 [M]. 北京：人民体育出版社，2018.

第六章

沙滩排球竞赛组织工作与编排方法

内容提要

本章由沙滩排球竞赛组织工作、沙滩排球竞赛场地与器材设施、沙滩排球竞赛场地修建与检测、沙滩排球竞赛编排方法等相关知识组成。主要介绍了沙滩排球竞赛的具体内容与方法，沙滩排球比赛场地、器材设施的要求，沙滩排球场地的修建和检测方法，以及沙滩排球的竞赛组织编排与实施等内容。

教学目的

了解沙滩排球竞赛组织与编排的基本知识与基本方法，掌握沙滩排球比赛不同赛制的基本特点、编排要求和成绩计算方法；了解沙滩排球比赛对场地器材的要求，并学会科学地修建并检测沙滩排球场地。

第一节　沙滩排球竞赛的组织与实施

沙滩排球竞赛的组织与实施是指管理者为保证比赛正常进行并实现目标而进行的安排、控制过程。作为竞赛的策划组织者应对整个比赛的规模要求及要达到的目的非常明确，对竞赛策划组织机构的主要工作内容和相互关系有清晰的认识，从而有效地对整个比赛组织和运作过程实现有效管理和最佳调控，在策划组织竞赛时能恰如其分地使人力、物力与财力最大限度地发挥作用。沙滩排球竞赛组织工作依主题和对象的不同包括两个层次的工作：第一层次是对竞赛的策划、组织与调控，这是竞赛组织者的主要工作之一；第二层次是对竞赛组织工作的具体操作与实施，这是一次比赛中负责竞赛业务部门的主要工作之一。

一、沙滩排球竞赛的组织机构及其职责

（一）沙滩排球竞赛的组织机构

竞赛组织者在组织沙滩排球竞赛时，首先应依法或按照有关规定成立相应的组织

委员会，使之成为即将举办的沙滩排球竞赛的权利机构，并在其领导下推动和保障各项竞赛工作的顺利进行。根据竞赛计划的设想和要求，组织委员会可以有不同的规模和形式。大型沙滩排球竞赛的组织机构如图 6-1 所示，而一般学校或基层单位的沙滩排球竞赛组织委员会则可以根据情况适当精简。

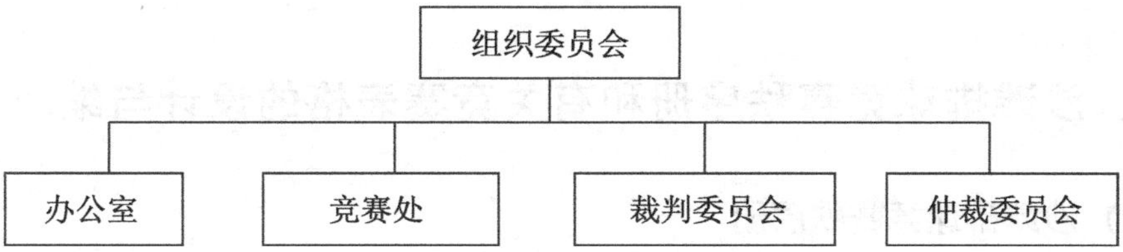

图 6-1　沙滩排球竞赛组织委员会结构

在采用主客场制组织比赛时，应成立两个层次的组织领导机构：一是成立联赛组织委员会，二是各承办单位成立赛区委员会。

（二）沙滩排球竞赛组织机构的职责

1. 组织委员会

组织委员会（简称组委会）是沙滩排球竞赛的最高领导机构，对竞赛进行决策、组织和控制。由于沙滩排球竞赛涉及人、财、物及信息等方面，所以组委会在实施领导中应以调动人的积极性、做好工作为根本，并注意掌握运动竞赛复杂、竞争及多变的特点，善于在动态中做好组织和管理工作。

组委会的主要职责包括：听取、讨论并通过竞赛计划及各部门工作的实施方案；商议并批准竞赛经费的预算和决算方案；讨论并处理竞赛过程中发生的重大问题；审议并通过竞赛工作中的奖惩提案；听取、讨论并通过竞赛总结工作报告。

2. 办公室

办公室是组委会下设的办事机构，负责秘书、会议、联络、接待、食宿、交通、医务、财务、保卫等行政事务工作。

3. 竞赛处

负责竞赛的组织安排、成绩的登记与公布，组织裁判长、领队及教练员联席会议，负责开幕式及闭幕式的组织及奖品的颁发等。

4. 裁判委员会

负责竞赛的裁判员选调、培训、临场工作安排和裁判工作业务评定等事项。

5. 仲裁委员会

仲裁委员会是沙滩排球项目竞赛的仲裁机构，在组委会的领导下进行工作。其任务是复审比赛期间执行竞赛规则、竞赛规程中发生的纠纷，保证竞赛规则、规程的正确执行。

二、沙滩排球竞赛秩序册和有关竞赛表格的设计与编印

（一）沙滩排球竞赛秩序册

沙滩排球竞赛秩序册，包含沙滩排球竞赛的日程、人员名单及规程等内容。它虽不是法则，但却是所有参加沙滩排球竞赛的人员必须遵守的竞赛文件。沙滩排球竞赛秩序册通常包括下列内容：沙滩排球竞赛规程、组织委员会名单、裁判员名单、总日程表、竞赛日程、参赛队伍名单和成绩记录表；秩序册有时还包括开闭幕式程序、场地图等。

（二）赛前训练表

赛前训练表是在比较正式的沙滩排球竞赛中，由组委会为参赛各队安排赛前训练所使用的一种表格。赛前训练表通常应包括训练日期、训练时间、球队名称和训练场地等相关信息。除了采用由组委会根据参赛队伍数量、能够开放的训练场地数量及开放时间等情况直接排定各队的赛前训练表外，也可以根据“先签先得”原则，由各队在规定的时限内自己填写赛前训练表，预定训练时间和训练场地。无论是由组委会直接排定训练场地和训练时间，还是由参赛队根据情况自主选择训练场地或训练时间，一旦赛前训练表排定，应立即下发或公布，以便让参赛各队及相关部门和人员周知。

（三）沙滩排球竞赛有关文件、表格的印制

在所有的相关竞赛文件和表格制定、设计完毕后，应根据沙滩排球竞赛规模和竞赛文件及表格的发放范围计算所需要的印制数量，并组织人力进行印制和发放。竞赛文件和表格的印制数量既要满足竞赛的实际需要，又要避免无谓浪费，尽量节约赛事支出。

三、沙滩排球竞赛规程

沙滩排球竞赛规程是沙滩排球竞赛的指导性文件，它规定着每个队参加沙滩排球竞赛的条件及程序，规定着竞赛的规则及办法，是组织比赛、参加比赛和裁判员进行

工作的具体依据。沙滩排球竞赛规程的制定可根据有关竞赛计划结合竞赛目的、任务、规模和主办单位的具体条件制定。一般由主办单位指定专人负责起草，经有关人员讨论修改后，送主管竞赛领导审批确定。经审批后的竞赛规程，就是此次比赛的重要法律文件，具有高度的权威性和指导性，是竞赛组织者和参加者都必须遵循的法规，任何单位和个人均无权修改，对规程的最终解释权属主办单位。

（一）制定沙滩排球竞赛规程的依据

1. 以沙滩排球竞赛计划为依据

沙滩排球竞赛规程应依据省、市沙滩排球协会，或单位、学校的竞赛计划来制订。沙滩排球竞赛规程是年度或学期体育竞赛计划中，安排实施某一次沙滩排球竞赛活动的具体法规。其内容可根据计划的目标和任务，结合沙滩排球运动的推广、普及和发展的需要，进行适当修正与补充。

2. 以沙滩排球竞赛目标和任务为依据

沙滩排球竞赛规程应符合沙滩排球运动发展的长远规划和战略目标，体现出有利于沙滩排球运动技战术水平的发展，有利于沙滩排球竞技体育后备人才的培养，有利于沙滩排球运动的普及与推广，有利于全民健身活动的开展。同时沙滩排球竞赛规程还应根据有关单位的相关规定，以及沙滩排球比赛的需求，全面考虑沙滩排球竞赛的目的任务。

3. 以客观实际条件为依据

沙滩排球竞赛规程应依据国内外沙滩排球运动发展趋势和社会对沙滩排球竞赛的需求状况，结合举办沙滩排球比赛的经费条件、场地设施和人员等实际情况进行制定。

（二）制定沙滩排球竞赛规程的原则

为保证沙滩排球竞赛的质量，确保沙滩排球竞赛规程的有效实施，制定沙滩排球竞赛规程应按照一定的规律，遵循一定的原则，使沙滩排球竞赛规程制定得更加科学、合理、有效。

1. 可行性原则

沙滩排球竞赛规程是组织和参加竞赛的依据，竞赛规程所提出的比赛方案和内容，必须从实际出发，做到切实可行。在制定沙滩排球竞赛规程时，应综合考虑人力、物力、财力、场地、器材和时间等因素，充分考虑不同年龄组的参加办法、竞赛办法和奖励办法。比赛的分组应根据运动员不同年龄段的特点和运动队的实际水平有所区别，实施对沙滩排球比赛过程最优化的设计和组合。

2. 公正性原则

沙滩排球竞赛规程是比赛参加者应共同遵守和执行的法规，其内容应使全体参加者在客观条件相同的前提下展开公平竞赛，使每支队伍均享有争夺优胜的机遇和同等条件，体现出一视同仁、机会均等的公平竞技理念。只有竞赛规程的公正，才能实现竞赛过程的优胜劣汰，才能得到社会的认可，才能促进沙滩排球运动的健康发展。

3. 合理性原则

合理性原则是指沙滩排球竞赛规程的内容要客观、适度、合乎理性。沙滩排球竞赛规程的制定从竞赛组织、竞赛编排、竞赛形式、竞赛方法等方面都应尽量体现客观合理，有利于运动员发挥沙滩排球技战术水平，提高运动成绩，达到“更高、更快、更强”的目的，这是保证沙滩排球竞赛活动顺利进行的重要一环。

除此之外，制定竞赛规程要详尽完整，语言表达简洁准确，条理分明，逻辑清晰，切忌表达含糊，自相矛盾。

（三）制定沙滩排球竞赛规程的内容和方法

沙滩排球竞赛规程的内容和方法是根据沙滩排球竞赛的目标、目的和性质而设定的，主要包括以下几方面：

1. 竞赛名称

根据比赛的性质确定比赛名称，名称要显示是哪一年（或第几届）的比赛，明确是什么性质的比赛。例如：2016 年全国沙滩排球巡回赛；北京高校第九届“振兴中华杯”沙滩排球锦标赛。赛会期间的文件、会标、宣传材料等方面的名称要统一。

2. 竞赛目的和任务

根据举行本次沙滩排球比赛的总目标，简要说明此次比赛的目的和任务。如为了进一步贯彻落实全民健身计划，增强学生整体素质；推动沙滩排球运动的普及，提高沙滩排球运动水平；总结交流沙滩排球教学训练工作经验，增进团结和友谊等。

3. 竞赛时间、地点和举办单位（或承办单位）

竞赛时间应写明比赛开始和结束的时间，举行沙滩排球比赛的地点和举办比赛的单位（包括主办、协办和承办单位）。

4. 参赛办法

（1）明确规定报名截止时间，报到日期，规定参赛运动员的资格或标准。如运动等级、运动成绩、年龄、性别、健康状况、代表资格等。

（2）规定每队运动员的参赛人数，领队、教练、医生和工作人员人数，以及参赛的其他规定。

（3）规定报到的具体地点，以及往返车旅费和食宿费用的负担办法等。报名后，对运动员的调整、替换等的办法和截止日期也应做出规定。

5. 竞赛办法

（1）确定比赛所采取的竞赛方法，如循环法、淘汰法、混合法及其他特殊的竞赛方法。确定比赛是否分阶段进行，各阶段采用的竞赛方法是否相同，各阶段比赛的成绩如何计算和衔接。

（2）具体竞赛的编排原则和方法。

（3）确定决定名次及计分的办法。

（4）对运动队违反规定的处罚方法。

（5）规定比赛使用的器材（如比赛用球的品牌等）、运动员比赛服装（如颜色、套数、号码等）。

（6）明确抽签的日期、地点等。

6. 竞赛规则

提出此次比赛所采用的竞赛规则及竞赛规则以外的规定或说明。

7. 录取名次与奖励

（1）规定竞赛录取的名次，奖励优胜者的名次及办法。例如：对优胜队分别给予奖杯、奖旗、奖状、奖章及奖金奖励等。

（2）设置体育道德风尚奖的奖励办法等。

（3）设置技术奖时，规定技术奖的奖励内容、奖励名额、评选办法及奖励办法等。

8. 报名和报到

（1）规定运动队报名和截止报名日期，运动队书面报名的格式、份数，报名表投寄的地点、单位，以及违反报名规定的处理办法。

（2）确定运动队、裁判员等报到的日期、地点、单位，以及比赛地点。注明报到时应携带的材料或物品，以及违反报到规定的处理办法。

9. 裁判委员会与仲裁委员会

（1）确定裁判长、裁判员的选派办法、名额分配及对裁判员的资格或等级要求，对裁判员赛前准备工作提出要求。

（2）确定仲裁委员会的组成。

10. 注意事项或未尽事宜

必要时竞赛规程中可注明赛区食宿条件、标准、交通费开支办法等。如有未尽事宜，由组委会随时修订补充在正式开赛之前以《补充规定》的形式下达各参赛单位。

11. 规程解释权的归属单位

规程要留有余地，解释权属于组织委员会。

四、沙滩排球竞赛规程范例

2016 年全国沙滩排球竞赛规程

一、比赛名称

2016 年全国沙滩排球巡回赛

2016 年全国沙滩排球冠军赛

2016 年全国沙滩排球锦标赛

2016 年全国沙滩排球大满贯赛

二、2016 年竞赛日期和地点

站别	比赛时间	地点	备注
第一站	4 月 27—30 日	福建厦门	全国大满贯赛
第二站	6 月 2—5 日	云南曲靖	全国冠军赛
第三站	6 月 9—12 日	福建晋江	全国大满贯赛
第四站	6 月 16—19 日	宁夏吴忠	全国巡回赛
第五站	6 月 23—26 日	甘肃敦煌	全国巡回赛
第六站	7 月 7—10 日	新疆乌鲁木齐	全国锦标赛
第七站	9 月 1—4 日	山东文登	全国巡回赛
第八站	10 月 11—14 日	浙江嵊泗	全国巡回赛

三、运动员资格

（1）报名参加全国巡回赛的运动员必须是在中国排球协会注册的排球或沙滩排球运动员。

（2）以下特殊情况经中国排球协会批准可持外卡参赛，但不计入年度排名：

①承办比赛的赛区或赞助商要求派队参加本站比赛的，可派男女各两对选手参加。

②港、澳地区及境外选手参赛者。

四、报名与报到

（1）各运动队根据竞赛日程安排自愿选择报名参加各站比赛。

（2）报名人数：每队选手由2名运动员组成，各单位参赛队数不限。运动员必须代表其注册的单位参赛，不得跨单位组队。

（3）承办单位只负责提供各参赛单位的男女各2对选手和男女各一名教练员的食宿补贴（参赛队只交纳食宿费，不足部分由赛区补贴）。其他参赛选手、领队、教练员、队医等的食宿费均自理，承办单位协助提供方便。

（4）各运动队往返赛区的交通原则上自行解决，但各赛区应提供帮助。

（5）参赛队报名时须准确地填写报名表（注明选手的排列顺序及参赛站名），加盖单位公章及医务部门的体检合格章，邮寄或传真至国家体育总局排球运动管理中心。报名后无正当理由不允许换人。如经排球中心批准换人，须在技术会议前2小时持书面批准文件向技术代表确认，否则将被罚款500元人民币。

（6）抵达各赛区的报到办法以赛区补充通知为准。参赛队提前到达或推迟离开赛区的，费用全部自理。

五、竞赛办法

（一）2016年全国沙滩排球巡回赛、锦标赛、总决赛赛制

比赛分为两个阶段，第一阶段为小组赛，根据参赛队的数量，分为12个小组、8个小组或6个小组，每个小组内进行单循环比赛；第二阶段均为24队单败淘汰比赛。

1. 如参赛队达到36队及以上时

（1）第一阶段分为12个小组进行单循环比赛。小组赛抽签办法：

①根据各队过去52周（截止赛事报到日）的全国巡回赛（含锦标赛、冠军赛、总决赛、大满贯赛等）的积分排名，按照蛇形排列进行抽签：排名1-12号的队按顺序分别进入各组的1号位置，其他队按13-18（进入G-L组）、19-24（进入A-F组）、25-36（进入A-L组）、37-48（进入A-L组）同档次抽签的办法进入各小组。

②东道主队如没有在队伍列前12名之内，则名次最高的东道主队将被排在第12名的位置；如东道主队的列前12名之内，则名次最高的东道主队将被排在第1名。

（2）获得各小组前2名的队将进入第二阶段比赛，获小组第2名的队伍按以下规则分出名次：

与小组第一名之间比赛的胜负局比值，高者列前；如相等则比较与小组第1名之间比赛的胜负分比值，高者列前；如还相等则根据第一次技术会议抽签的顺序，高者列前。按此规则排出的前4名为第一档；5-8名为第二档；9-12名为第三档，进入第二阶段的24支队伍将通过抽签，决定24支队伍对阵办法。

2. 如参赛队超过24个队、少于36队

（1）第一阶段分为8个小组进行单循环比赛。小组赛抽签办法：

①根据各队过去52周（截止赛事报到日）的全国巡回赛（含锦标赛、冠军赛、总决赛、大满贯赛等）的积分排名，按照蛇形排列进行抽签：排名1-8号的队按顺序分别进入各组的1号位置，其他队按9-12、13-16、17-24、25-32、33-35次抽签的办法进入各小组。

②东道主队如没有在队伍列前8名之内，则名次最高的东道主选手将被排在第8名位置；如东道主队在列前8名之内，则名次最高的东道主队将被排在第1名。

（2）获得各小组前3名的队将进入第二阶段比赛，并将通过第二阶段抽签，决定进入24支队伍对阵办法：

3. 如参赛队为24个队或不足24个队

（1）第一阶段分为6个小组进行单循环比赛。小组赛抽签办法：

①根据各队过去52周（截止赛事报到日）的全国巡回赛（含锦标赛、冠军赛、总决赛、大满贯赛等）的积分排名，按照蛇形排列进行抽签：排名1-6号的队按顺序进入各组的1号位置，排名7-12、13-18、19-24号的队抽签进入各小组。

②东道主队如没有在队伍列前6名之内，则名次最高的东道主选手将被排在第6名位置；如东道主队在列前6名之内，则名次最高的东道主队将被排在第1名。

（2）小组赛结束后各队都将进入第二阶段比赛，并将通过第二阶段抽签，决定24支队伍对阵办法：

①如第一阶段6个小组均为4个队时（即24个队参赛），所有小组第2名中，成绩最好的队计算办法：先计算小组积分，如相同则计算*C*值（总胜局/总负局），如仍相同则计算*Z*值（总胜分/总负分），如还相同则抽签决定排位；

②如第一阶段6个小组有的组别少于4个队时（即少于24个队参赛），成绩最好的小组第2名计算办法：计算这些队在各小组前3名的队伍之间比赛的*Z*值（总胜分/总负分）；如相同，抽签决定排位。

4. 第一阶段小组赛抽签时原则

（1）将回避同单位的选手在同一小组内。

（2）如港澳选手及东道主非注册选手执外卡参赛，没有全国巡回赛积分的，原则上进入最后一个档次抽签。

（3）如国家队选手参加全国巡回赛比赛，将根据过去52周内其参加国际、全国沙滩排球赛事的成绩，取与全国巡回赛相同站数的最好成绩，按照国家体育总局排球运动管理中心排球字〔2016〕34号文件有关规定换算成全国巡回赛积分，参照上述规定进行排名抽签。

5. 小组赛比赛结束后的小组内排名办法

（1）小组赛胜一场得2分小组积分，负一场得1分小组积分。

（2）所有非正常完成的比赛须经技术代表确定负队为被取消资格（记录表记录为DSQ）还是因伤失去资格（记录表记录为INJ/DSQ），并确定其是否能得到小组积分。

如果某队在比赛开始前因伤（以医生诊断证明为依据）弃权，其获得1分小组积分，比分计为0:2（0:21、0:21），其对手获得2分小组积分，比分为2:0（0:0、0:0）；如果某队在比赛过程中受伤，无法继续比赛，其已获得的比分和局数将被保留，并获得1分小组积分，其对手将获得2分小组积分及保留对手弃权时的分数［例如A队对B队，A队以21:19赢得第1局，第2局当比分4:6时，A队受伤弃权，则最终比赛结果是A队以1:2（21:19、4:21、0:15）输掉本场比赛，B队以2:1（19:21、6:4、0:0）获胜］；如果某队无故弃权或未按时参加比赛，其以0:2（0:21、0:21）输掉本场比赛，并获得0分小组积分，对手以2:0（0:0、0:0）获胜，并获得2分小组积分。

（3）积分高的队名次列前；如遇两队或两队以上积分相等，则：

①如两队积分相等，则计算这个小组所有队之间比赛的Z值（总胜分/总负分），Z值高者列前；如仍然相等则根据技术会议上抽签所产生的种子排名，种子位高的名次列前。

②如三个队积分相等，则计算这三个队之间比赛的Z值（总胜分/总负分），Z值高的名次列前；如仍然相同（三个队都相同或其中两个队相同），则计算这个小组所有队之间比赛的Z值（总胜分/总负分），Z值高的名次列前；如还相同，则根据技术会议上抽签所产生的种子排名，种子位高的名次列前。

6. 第二阶段抽签原则

（1）第二阶段抽签应回避第一阶段同一小组的队在24队单败淘汰的前2轮相遇。

（2）各档次抽签时按照从上往下顺序进入上述对阵图相应位置（当参赛队不足24队时，须将24队对阵图中多余的位置除去）。

7. 比赛名次

（1）第一阶段分为12个小组比赛时，获得小组第3名的队名次为本站比赛并列第25名，小组第4名的队并列第37名；第一阶段分为8个小组比赛时，获得小组第4名的队获得本站比赛的并列第25名，小组第5名的队并列第33名。

（2）第二阶段第1轮的负队获得本站比赛并列第17名，第2轮的负队获得并列第9名，第3轮的负队获得并列第5名，第4轮的胜队将争夺冠亚军、负队争夺3、4名。

（二）2016年全国沙滩排球冠军赛、大满贯赛的竞赛办法将另行通知

（三）其他

（1）根据国际排联的规定，从2013年开始，全国沙滩排球各站比赛均列入国际排联世界排名积分系统，获得前8名的队将同时获得国际排联世界排名积分。因此，全国沙滩排球巡回赛将采用国际排联的BVIS系统，要求所有参赛运动员均须在国际排联注册。注册工作将由排球运动管理中心统一进行。

（2）全国沙滩排球巡回赛每站比赛共进行4天，在4块比赛场地进行。原则上运动队提前2天报到，技术官员和裁判员提前3天报到。

六、录取名次、奖励与处罚

（1）各站比赛对获得前8名的运动员颁发证书，同时对前3名的运动员颁发奖牌。

（2）各赛区均设奖金和津贴。奖金总额度为巡回赛每站男女各4万元人民币。奖金只对每站比赛前16名的运动队发放。

（3）所有参赛运动员都将获得相应的个人积分，我中心将在年底公布年度运动队积分排名。

（4）运动员无故弃权不参加比赛，或出现打架、辱骂观众、辱骂裁判员等违反赛区组织纪律的行为，将根据《中国排球协会竞赛纪律规定》进行处罚。

七、裁判员

（1）各站比赛均设技术代表和裁判委员会。技术代表，裁判委员会主任、副主任由排球管理中心统一选派。

（2）国家级以上执哨裁判员由排球管理中心统一调配，辅助裁判员（记录员）由赛区当地选派。

（3）技术代表、裁判员名单将另行通知。

八、其他

（1）竞赛规则：执行国际排联最新沙滩排球竞赛规则和规则修改部分。

（2）比赛用球：由中国排球协会提供“Wilson”牌专业沙滩排球。

（3）比赛器材：根据协议，“强槐”牌沙滩排球器材成为“中国排球协会沙滩排球器材供应商”，全国沙滩排球巡回赛各站均须使用“强槐”牌沙滩排球器材。

（4）比赛服装：

①如排球中心无统一提供的比赛服装，则由各运动队自行准备。

②男子比赛服短裤裤腿前方应印有运动员姓名的拼音缩写（例如：张某某，应印成ZHANG M. M）。

③比赛服上衣应有运动员比赛号码，分别为1号或2号。男子比赛服号码位于左胸或右胸和后背的中间，号码高8厘米，笔画宽1.5厘米；女子比赛服前面的号码位于左胸或右胸，后面的号码位于正中位置，号码高6厘米，笔画宽1厘米。号码必须清晰、与服装颜色有大的反差。

④比赛服上允许运动队印有各自的广告，男子比赛服广告总面积不得超过300平方厘米，女子比赛服广告总面积不得超过200平方厘米。

⑤各站比赛组委会如需要运动员佩带本站比赛广告的，将在赛前统一安排。但运动员不得穿着未经批准的带有其他广告（含世界巡回赛广告）的比赛服装。

（5）从2016年第一站比赛开始到2017年全运会前一个月期间进行的所有全国沙滩排球巡回赛比赛均为第13届全运会的资格赛。

九、未尽事宜另行通知

十、本规程的解释权属国家体育总局排球运动管理中心

第二节 沙滩排球竞赛场地与器材设施

了解沙滩排球比赛对场地、器材的要求是保障竞赛顺利完成的重要指标之一，也是确保运动员和工作人员安全的首要条件。

一、标准沙滩排球场地规格

（一）比赛场地的面积与地面

1. 面积

①比赛场区为长16米、宽8米的长方形。其四周至少有3米宽的无障碍区。从地面向上至少有7米高的无障碍空间。

②国际排联正式国际比赛场地边线外和端线外的无障碍区至少5米，最多6米，比赛场地上空的障碍空间至少高12.5米。

2. 比赛场地的地面

①场地的地面必须是水平的沙滩，尽可能平坦和划一。没有石块、壳类及其他可能造成运动员损伤的杂物。

②国际排联正式国际比赛的场地，沙滩必须至少40厘米深并由松软的细沙组成。

③比赛场地的地面不得有任何可能伤害队员的隐患。

④国际排联正式国际比赛的场地，其沙子应该是筛选过的，不可太粗糙，没有石块和危险的颗粒，没有过多的粉尘和可能刺伤皮肤的隐患。

⑤国际排联正式比赛的场地，应备有大型苫布，以便下雨时遮盖比赛场区。

（二）比赛场区与界限

1. 界线

①边线（side line）：比赛场地的两条长线称边线。

②端线（end line）：比赛场地两端的短线称端线。

③所有界线线宽5~8厘米。

④界线必须是与沙滩明显不同的颜色，应由抗拉力材料的带子构成。

⑤没有中线。

2. 场区

①比赛场区（playing court）：两条边线和两条端线划定了比赛场区。边线和端线都包括在比赛场区的面积之内。

②发球区（service zone）：端线后、两条边线延长线之间的区域为发球区。发球区的深度延至无障碍区的终端。

二、沙滩排球比赛的主要器材与设施

（一）球

1. 特性

球是圆形的，由柔软和不吸水的材料制成外壳（皮革、人造皮革或类似材料），以适合室外条件，即使在下雨时也能进行比赛。球内装橡胶或类似材料制成的球胆。颜色：明亮颜色（浅黄色或其他浅色，如橙色、黄色、粉红色、白色等）；圆周：66~68厘米；重量：260~280克；内压：171~221毫巴（0.175~0.225千克/平方厘米）。

2. 同一性

在一次比赛中所用的球，其特性，包括颜色、重量、内压、牌号等都必须是统一的。国际排联正式比赛必须使用经国际排联批准的球。

3. 三球制

国际排联正式国际比赛应采用三球制。设6名捡球员，无障碍区的四个角落各一人，第一、二裁判员后面各一人。

（二）网柱

支架球网的两根网柱必须为高2.55米的光滑圆柱，最好能调节高度。网柱固定在两条边线外0.7~1米的地方。禁止用拉链固定网柱。一切危险设施或障碍物都必须排除。球柱必须用保护垫包裹起来。

（三）球网

球网设在场地中央中心线的垂直上空，拉紧时长8.5米，宽1米（±3厘米）。球网网孔为10厘米见方。球网上、下沿的全长各缝有5~8厘米的双层帆布带，最好是深蓝色或鲜明的颜色。上沿帆布带的两端留有小孔，用绳索穿过小孔系在网柱上拉紧。

用一根柔韧的钢丝贯穿上沿的帆布带，用一根绳索贯穿下沿的帆布带，使它们与网柱固定以将球网拉紧。允许在水平帆布带上设置广告。

(四) 球网高度

球网的高度男子为2.43米，女子为2.24米。网高可以根据不同年龄组有所区别：16岁以下2.24米（男、女）；14岁以下2.12米（男、女）；12岁以下2.00米（男、女）。

球网的高度应用量尺从场地中间丈量。球网两端（边线上空）离地面的高度必须相等，并不得超过规定网高2厘米。

(五) 标志带

两条宽5~8厘米（与边线同宽）、长1米的彩色带子为标志带，分别设在球网两端，垂直于边线。标志带是球网的一部分。

(六) 标志杆

标志杆是有韧性的两根杆子，长1.80米，直径10毫米。由玻璃纤维或类似材料制成。标志杆分别设在标志带的外沿、球网不同侧面。

(七) 司线旗

22毫米×1.5毫米的铝合金管，旗面为40厘米×40厘米的涤纶面料，颜色为红色的正方形旗子。

(八) 裁判台

裁判台必须是高度可调节的便于裁判员工作的工作台。裁判台高度应以裁判员的水平视线高出球网上方50厘米为宜。

三、沙滩排球器材的检查

(一) 球网和网柱

①球网的高度应用量尺从场地中间再向两侧丈量，球网两端离地面的高度必须相等，并不得超过规定网高2厘米。注意：一定要在沙子被平整后检查球网的高度。

②网柱和裁判椅必须用柔软物体包裹起来，禁止用拉链固定网柱，以免因裸露的坚硬物体对运动员造成伤害。

③国际比赛的设备必须是国际排联批准使用的。

④球网长8米，宽1米。从边线至网柱之间的距离为0.7~1米。

（二）球

①MIKASA VLS 300 型球（圆周 67 厘米±1 厘米）是国际排联国际沙滩排球比赛唯一指定用球（注意：运动员没有权利决定比赛用哪个球）。

②4 个比赛用球（3 球制，有 1 个备用球）要一致。

③4 个球的气压和重量要在全天比赛中保持一致。

附：沙滩排球场地与器材的赛前检查项目

项目	内容与要求
比赛场区	沙子深度（至少 40 厘米）
场地界线	地线带；地线带附件
网柱	网柱预埋件；网柱
球网	配套附件/ 宽度（8.00 米）；网眼规格（4 厘米×4 厘米）
标志杆	尺寸规格（长 1.8 米，直径 10 毫米）
标志带	尺寸规格（长 1 米，宽 5~8 厘米）
裁判台	整体包裹物； 可调节 / 检查高度
广告板	广告板布局（FIVB 允许的）、尺寸规格
球队席	椅子（2）+（2）；太阳伞（2）；冰桶（包括冰桶上的内容）
记录台	手动记分牌（1）；桌子（1）；蜂鸣器（1）； 椅子（2）；太阳伞（2）；号码牌（1&2）
装备	器材箱（1）；比赛球（4）；量高尺； 司线旗（4）（40 厘米×40 厘米）； 司线员毛巾（4）；捡球员毛巾（4）； 平沙耙（2）；摇把（1）；气压表（1）； 急救包；对讲机（1）
记分牌	1
其他	场地浇水系统

第三节　沙滩排球竞赛场地修建与检测

沙滩排球虽然在我国起步较晚，但其发展前景是美好的。近年来，世界沙滩排球大赛不断落户中国，内陆及沿海城市承办各类大赛的机遇越来越多，了解沙滩排球比赛对场地器材的要求，学会科学地修建并检测沙滩排球场地，是推广和普及沙滩排球运动的基本要求，也是沙滩排球竞赛和训练的基本保障。

一、沙滩排球场地修建一般要求

①沙滩排球场地一般要求场地的长轴南北向坐落，这样可以减少阳光对眼睛的刺激，有利于健康和比赛。

②沙滩排球场地的修建要留有至少 3~5 米的无障碍区，从地面向上至少有 7~12.5 米高的无障碍空间，并在无障碍区的四周设立挡网或挡墙。

③沙滩排球场地的地面必须是水平的，尽可能平坦和划一。没有石块、壳类及其他可能造成运动员损伤的杂物。沙滩必须由至少 40~60 米深的松软细沙组成。其沙子应该是筛选过的，不可太粗糙，没有石块和危险的颗粒，没有过多的粉尘和可能刺伤皮肤的隐患。

④国际排联正式国际比赛的场地，应备有大型苫布，以便下雨时遮盖比赛场区。场地地面的基础结构应具备排水功能（图 6-2）。

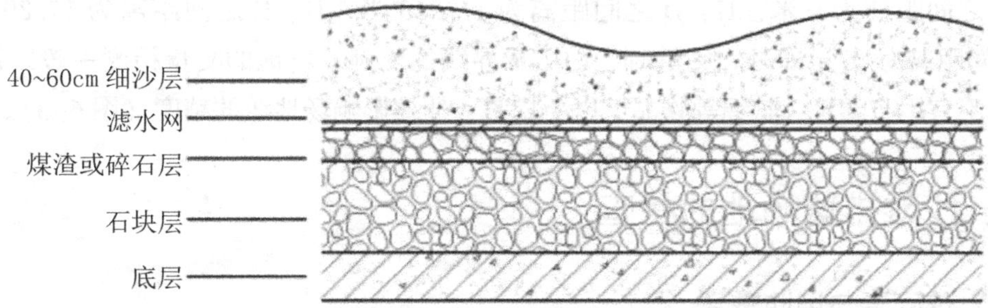

图 6-2　沙滩排球场地地面基础结构

二、沙滩排球场地的画法与检测

（一）场地画法

①先在空地上找出场地的中心点 O 点，通过 O 点朝东、西方向拉一条直线，从 O

点向东西线两端各丈量4.8米为A、B点。

②从A、B点向O点各丈量0.8米为C、D点。

③以C点为圆心，取11.313米为半径划弧与CD线的垂直线相交取E、F点。

④以D点为圆心，取11.313米为半径划弧与CD线的垂直线相交取G、H点。

⑤连接E、F、H、G点（图6-3）。

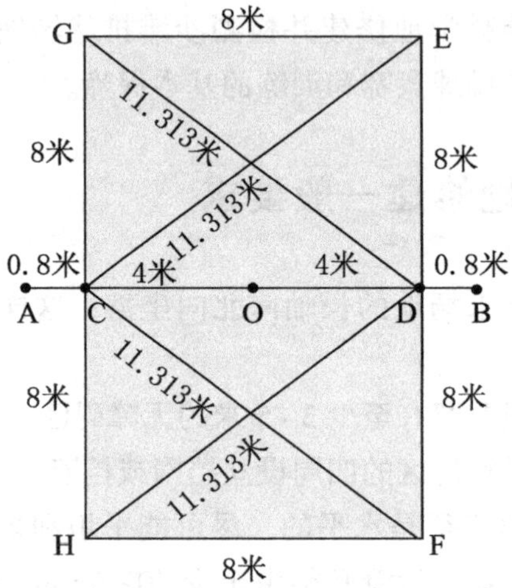

图6-3　场地画法示意

（二）场地的检测

可将钢尺一端固定在场地一角H点，然后分别与F、D、E、G各点进行丈量，核实A、H之间距离为8米，H、D之间距离为11.313米，H、E之间距离为17.89米，H、G之间距离为16米即可。丈量时，均丈量界线的外延。场地的丈量检测一般以钢卷尺为好，不宜用布卷尺、软绳等物品，以免松紧、伸缩影响场地线的精度（图6-3）。

三、沙滩排球场地的检查

（一）球网要与场地垂直

比赛场地是正方形的（8米×8米），其对角线一定要相等（11.313米），长对角为17.89米。

（二）比赛场地、沙质和设备要安全

如果气温或恶劣天气情况使比赛不能安全进行，比赛技术代表有最终决定是否比赛的权利。

每场比赛开始之前，在运动员热身期间，裁判员必须对比赛场地和无障碍区进行常规检查，使比赛在规范、安全的条件下进行。

（三）局间要用沙耙平整好场地

不仅要把球网附近的沙子耙平，同时要将接发球位置的沙子耙平。裁判员一定要检查场地内和发球区的沙地是否水平，确保整个场地包括所有界限内外都要平整。第二裁判员应该监督场地工作人员把这些工作做好。

（四）固定场地所用的界线，确保对运动员安全

裸露的钩子、金属的固定装置以及用钉子固定界线都是不允许的。裁判员和司线员在比赛中要经常检查场地和界线的情况。任何平整沙地的行为应经裁判员同意，并保证两边场地达到同等条件。同样的原则也适用于浇水程序，需事先经国际排联代表允许。

第四节　沙滩排球竞赛编排方法

沙滩排球竞赛是根据沙滩排球赛事的目标、任务和要求，结合沙滩排球规则和项目的特点，使参加比赛的队能够在公平、合理的条件下进行竞争的比赛方法。选择合理、适当的竞赛方法是促进沙滩排球运动技战术水平不断提高的前提条件，也是客观反映参赛队竞技水平的重要保证。在各类沙滩排球比赛中，沙滩排球比赛常用的竞赛方法有：循环法、淘汰法及将淘汰法和循环法混合使用的混合法三种。竞赛组织者可根据竞赛任务、性质、规模，以及人力、物力、财力等条件，结合竞赛时间的长短、参赛队数的多少和场地设备条件来确定选择哪种竞赛方法进行编排。

一、沙滩排球竞赛方法

（一）循环法

循环法是使参加比赛的队，在整个竞赛中或在同一组的竞赛中都能够相遇，根据各队在比赛中的胜负场数，按一定的计分办法排列名次的一种方法。所有参赛队都能够相遇比赛一场的为单循环；所有参赛队都能够相遇比赛两场的为双循环；而所有参赛队都能够相遇比赛两场以上的则为多循环。在参赛队较多而竞赛时间有限的情况下，往往把参赛队分成若干小组，分别进行单循环，这就是从单循环衍生出来的分组循环比赛。

1. 单循环竞赛方法

单循环是沙滩排球比赛中运用较广泛的一种竞赛方法。参赛队数在4~8队之间采用最为适宜。在混合法比赛的第一、二阶段也常用单循环法，目前在各种类型的国内外沙滩排球比赛中常以此法为主。

2. 双循环竞赛方法

当参赛队数不多，竞赛时间又充裕，各队都希望能多打比赛，通过比赛来锻炼队伍，提高整体作战能力，或通过高水平的比赛来宣传沙滩排球运动，扩大影响时，采用双循环法比较适宜。目前在全国甲级沙滩排球联赛的主客场制比赛中就采用此法。

3. 分组循环竞赛方法

由于参赛队数较多，采用单循环比赛占用时间太长，可采取分组循环来组织比赛。分组循环赛一般都有2~3个阶段的赛程，在第一阶段可按各队实力或以往比赛的名次将各队均匀地分成若干小组，分别进行单循环赛。在小组排定名次后，再以同名次的队合为几个小组，进行第二阶段的比赛。第二阶段的比赛可采用第一阶段相遇的队不再进行比赛的办法来缩短竞赛时间。

（二）淘汰法

如果参赛队多，比赛时间短，不宜采用循环竞赛方法时，可选用单淘汰或双淘汰方法进行比赛。在沙滩排球比赛中，一次比赛经常会有几十支球队报名参加，当比赛需要在3~5天内完成时，往往都采用淘汰法进行比赛。此外，学校中的小沙滩排球赛及基层单位的软式沙滩排球赛，群众参赛热情高、队数多，也常用淘汰法进行比赛。

1. 单淘汰赛制

单淘汰最大的特点在于简单易行。失败者即被淘汰，获胜者参加下一轮比赛，这样直到最后一场比赛，即冠军争夺赛。相对于其他赛制而言，这种赛制需要的比赛场次最少，第一轮比赛过后，有一半的参赛队将被淘汰出局，第二轮比赛后则只剩下四分之一的参赛队。单淘汰赛制适用于那些参赛队伍多、比赛时间短、比赛场地少的赛事。但如果在比赛场地和时间很充足的情况下，这种赛制是不可取的。

单淘汰制的基本比赛方法是：将所有参加比赛的运动队，按一定的规律编排好比赛秩序，由相邻的两个运动队之间进行比赛，负队被淘汰，胜队进入下一轮，直到最后一轮的胜者为冠军，负者为亚军（图6-4）。

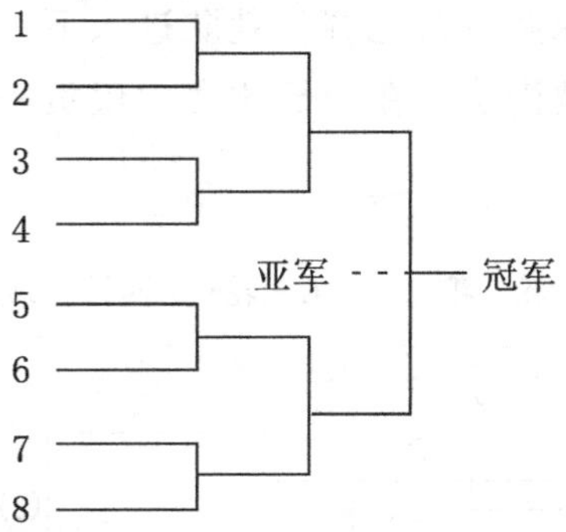

图 6-4　单淘汰比赛对阵表

通常，单淘汰赛只排出冠、亚军名次，3 至 4 名并列第 3 名，5 至 8 名并列第 5 名。若比赛需要排出前 6 名或前 8 名的全部名次，可在前 8 名比赛中增加附加赛（图 6-5）。进入前 8 名的运动队，比赛一轮后，4 支胜队进入前 4 名，4 支负队进入 5 至 8 名。前 4 名再比赛一轮的胜队进入决赛，负队增加一场附加赛争夺第 3 名。5 至 8 名的比赛都为附加赛，两支胜队决 5、6 名，负队决 7、8 名。如果只取前 6 名，则最后一场决 7、8 名的比赛不再进行。

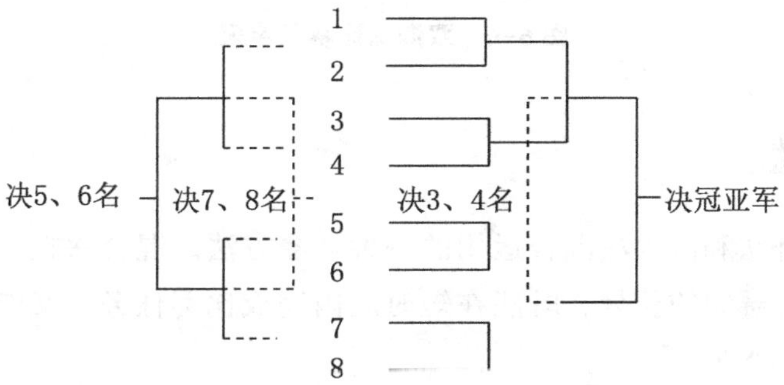

图 6-5　单淘汰附加赛表

2. 双淘汰赛制

双淘汰法与单淘汰法相比有两个优势。第一是实力较强的参赛队之一可能第一场比赛表现不好或在单淘汰法的抽签中被安到一个极差的位置上，如果这种事情发生在单淘汰法中，那么这支球队将很快被淘汰，而双淘汰法使那些有过一次失败经历的参赛队有在比赛中重新出线的机会。第二是使用单淘汰法使半数的球队只有参加一场比赛的机会，双淘汰法则保证每支参赛队至少参加两场比赛。不过双淘汰法也有缺点，其最大的困难是需要准备较多的比赛场地。

当比赛场地和比赛时间比较充裕、最后的排名十分重要，且希望所有的参赛队参加两场以上比赛的时候，双淘汰法就能充分显示出其优势。

双淘汰法的比赛，第一轮秩序表的编排与单淘汰制相同。参加比赛的运动队，按编排的秩序表由相邻的两支球队进行比赛，胜队进入下一轮角逐，负队与相邻的负队之间进行比赛。失败两场即被淘汰，在全部比赛中仅负一场的队为亚军，全胜的队为冠军（图6-6）。

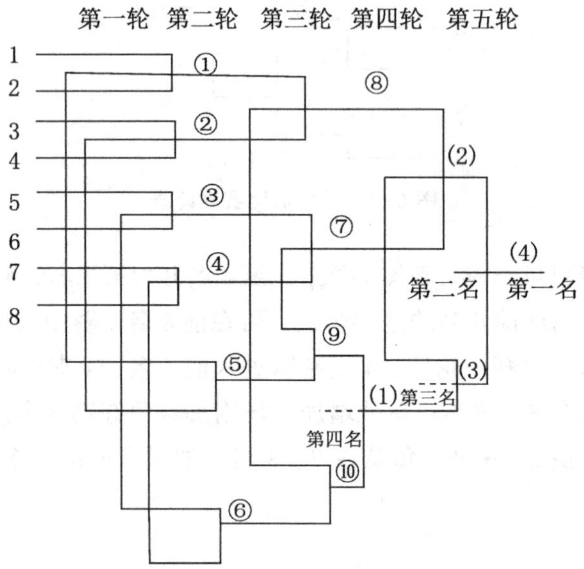

图6-6 双淘汰比赛秩序表

（三）混合法

混合法是循环法和淘汰法混合运用的一种竞赛方法。混合法在一定程度上可以集淘汰法和循环法等赛制的长处，既能在短时间内完成比赛任务，又能比较客观地反映参赛运动队的技术水平。

采用混合法比赛，可将比赛分为两个或多个阶段，第一阶段采用分组循环赛，第二阶段采用单淘汰赛，或者先采用淘汰赛后采用循环赛。由于混合法各阶段采用的竞赛方法不同，而各阶段的比赛之间又有着密切的联系，因此，在编排方案的设计和竞赛组织工作中，需要通盘考虑、精心组织。

例如，第29届北京奥运会沙滩排球比赛即采用混合法的竞赛方式。比赛分为五个阶段：预赛（分组单循环赛）、八分之一决赛（交叉淘汰赛）、四分之一决赛（交叉淘汰赛）、半决赛（交叉淘汰赛）、决赛。

1. 预赛

参加奥运会沙滩排球预赛阶段比赛的男、女各24对选手，依据国际排联（FIVB）奥运积分赛的排名确定1-24号种子顺位，按照奥运会沙滩排球比赛分组规则进行抽签，决定参赛队伍的预赛分组。所有参赛队被分为A、B、C、D、E、F六个小组，每组 4 支队，采用分组单循环的方法，每队分别与同组其他 3 支队分别进行比赛，以决出 16 支球队进入八分之一决赛。

2. 八分之一决赛

小组赛结束后，每组成绩最好的 2 支球队（共 12 队）及 2 支成绩最好的第三名球队（共 2 队，依据 C 值和 Z 值最终产生）将直接进入第二阶段比赛；另外 2 个名额将通过“幸运赛”在剩余 4 支小组排名第三的球队中产生。八分之一决赛采用单败淘汰赛制，获胜的 8 支球队将参加四分之一决赛。

3. 四分之一决赛

8 支在八分之一决赛中获胜的球队进入四分之一决赛，采用单败淘汰赛制决出 4 支胜队参加半决赛。

4. 半决赛

4 支在四分之一决赛中获胜的球队进入半决赛，采用单败淘汰赛制获胜的 2 支队伍进行争夺金牌的比赛，在半决赛中失败的 2 支队伍进行争夺铜牌的比赛。

5. 决赛

在半决赛中获胜的 2 支球队进行争夺金牌的比赛。在半决赛中失败的 2 支队伍进行争夺铜牌的比赛。

下面以奥运会沙滩排球比赛交叉淘汰赛对阵表为示例，进行图示（图 6-7）。

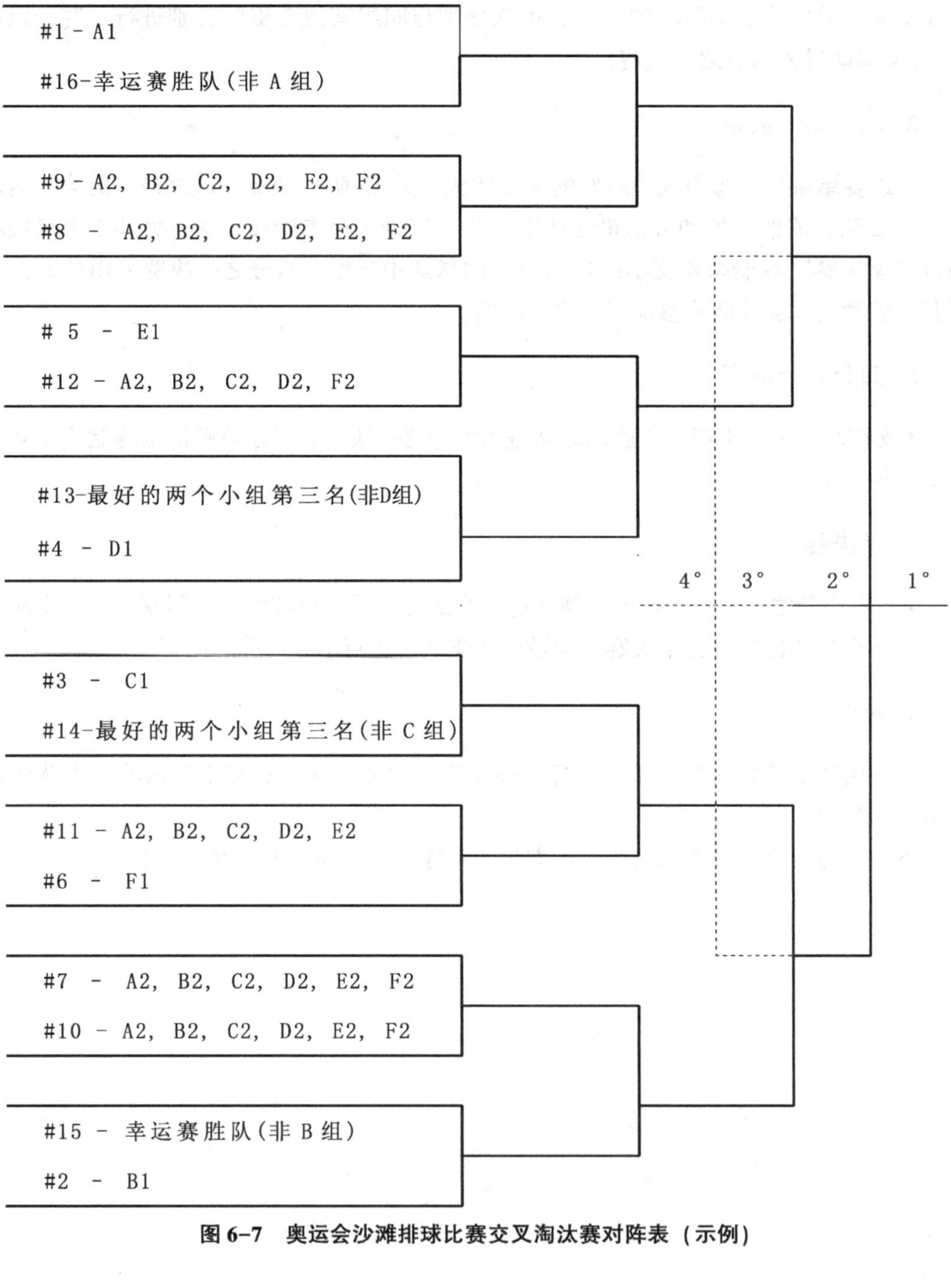

图 6-7 奥运会沙滩排球比赛交叉淘汰赛对阵表（示例）

二、沙滩排球竞赛编排方法

（一）循环制的编排方法

1. 单循环比赛编排方法

单循环是各参赛队在整个竞赛中彼此相遇一次，一般是在参赛队不多、比赛时间充足时采用。

（1）单循环比赛的轮数和场数计算

①比赛轮数：在循环赛中，各队都参加完一场比赛即为一轮。

参赛队数为双数时，比赛轮数=队数-1，例如，6个队参加比赛，则比赛轮数为五轮；参赛队数为单数时，因为每轮均有一支球队轮空，所以比赛轮数等于队数。例如，5个队参加比赛，则比赛轮数为五轮。

②比赛场数：单循环比赛的场数可用公式进行计算，即比赛场数=队数×（队数-1）÷2。

例如，6个队参加比赛的比赛场数=6×（6-1）÷2=15场；7个队参加比赛的比赛场数=7×（7-1）÷2=21场。

单循环比赛顺序的确定，一般采用轮转法，沙滩排球比赛通常采用“逆时针轮转法”和“贝格尔编排法”两种方法。

（2）逆时针循环编排方法

首先，要把参赛的运动队用编号排出顺序。这个顺序可按上届比赛名次排列，也可用抽签法排列。其次，将比赛队按编号平均分为左右两列，左列按编号依次由上往下排，右列按编号依次由下往上排。最后，将左右两列相对的编号用横线联结起来，这就是第一轮比赛相遇的队。如果参赛运动队为双数，从第二轮起1号位置固定不动，其余编号按逆时针方向轮转一个位置，再用横线将相对编号联结即可，依次类推排出各轮次的比赛顺序。例如，8个队参加的单循环比赛，可编排为如下顺序（表6-1）：

表6-1 逆时针单循环比赛编排顺序表（8队参赛）

第一轮	第二轮	第三轮	第四轮	第五轮	第六轮	第七轮
1—8	1—7	1—6	1—5	1—4	1—3	1—2
2—7	8—6	7—5	6—4	5—3	4—2	3—8
3—6	2—5	8—4	7—3	6—2	5—8	4—7
4—5	3—4	2—3	8—2	7—8	6—7	5—6

如果参赛运动队为单数，可采用“0”号排在最后一位的“补位法”，或采用“0”号排在第一位的“占位法”。在轮转时，遇到0号位的队即为轮空队。从第2轮起，1号位（补位法）或0号位（占位法）固定不动，其余编号按逆时针方向轮转一个位置，即可排出下一轮比赛的顺序。例如，5个队参加的单循环比赛，可用下列办法编排顺序（表6-2、表6-3）：

①用“0”号补位法

表6-2　逆时针“0”号补位法单循环比赛编排顺序表（5队参赛）

第一轮	第二轮	第三轮	第四轮	第五轮
1—0	1—5	1—4	1—3	1—2
2—5	0—4	5—3	4—2	3—0
3—4	2—3	0—2	5—0	4—5

②用“0”号占位法

表6-3　逆时针“0”号占位法单循环比赛编排顺序表（5队参赛）

第一轮	第二轮	第三轮	第四轮	第五轮
0—5	0—4	0—3	0—2	0—1
1—4	5—3	4—2	3—1	2—5
2—3	1—2	5—1	4—5	3—4

确定采用补位法或占位法的依据在于各队编号是如何确定的。如果按上届比赛名次顺序确定编号，则应选择补位法，以保证上届冠军队在第一轮轮空，上届冠、亚军的比赛安排在最后一轮，使比赛更加精彩激烈。如果按抽签结果确定编号，则采用补位法或占位法均可。

逆时针循环编排法是我国以前常用的一种编排方法，基层沙滩排球竞赛中采用得也比较广泛。该编排方法的优点是参赛各队进度一致，编排方法简单，易操作，易检查。缺点是当参赛队为奇数且达到5支球队以上时，抽签为倒数第2数字的球队从第四轮开始每轮均同前一轮轮空的队伍进行比赛（表6-4），即表中数字6代表的队伍。

表6-4　逆时针单循环比赛编排顺序表（7队参赛）

第一轮	第二轮	第三轮	第四轮	第五轮	第六轮	第七轮
1—0	1—7	1—6	1—5	1—4	1—3	1—2
2—7	0—6	7—5	6—4	5—3	4—2	3—0
3—6	2—5	0—4	7—3	6—2	5—0	4—7
4—5	3—4	2—3	0—2	7—0	6—7	5—6

(3)“贝格尔”编排法（BEIGER arrangement）

由于逆时针循环编排法产生了沙滩排球竞赛中的不公平竞争现象。为了解决这一问题，从1985年起，世界性沙滩排球比赛多采用“贝格尔”编排法，我国目前的正式沙滩排球比赛也多采用此种方法进行编排。其优点是：单数队参赛时，可避免第二轮的轮空队从第四轮起每场都与前一轮的轮空队进行比赛的不合理现象。“贝格尔”编排方法的第一轮与逆时针循环编排法相同，从第二轮开始则大相径庭。第一步，最大数字（或参赛队为奇数队时的“0”）左右规则移动摆放在第一行的左或右边位置上，如第一轮该数位于右边，第二轮则摆动到左边，第三轮又移动到右边，如此反复。第二步，将上一轮右下角数字提到该轮第一行同最大数字（或0数）相对应。第三步，将其他数字按数字同右下角提到第一行的这个数字的前后顺序关系进入位置。例如，有7或8个队参加的比赛，比赛采用“贝格尔”编排方法如表6-5、表6-6所示。

表6-5　“贝格尔”编排顺序表（7队参赛）

第一轮	第二轮	第三轮	第四轮	第五轮	第六轮	第七轮
1—0	0—5	2—0	0—6	3—0	0—7	4—0
2—7	6—4	3—1	7—5	4—2	1—6	5—3
3—6	7—3	4—7	1—4	5—1	2—5	6—2
4—5	1—2	5—6	2—3	6—7	3—4	7—1

表6-6　“贝格尔”编排顺序表（8队参赛）

第一轮	第二轮	第三轮	第四轮	第五轮	第六轮	第七轮
1—8	8—5	2—8	8—6	3—8	8—7	4—8
2—7	6—4	3—1	7—5	4—2	1—6	5—3
3—6	7—3	4—7	1—4	5—1	2—5	6—2
4—5	1—2	5—6	2—3	6—7	3—4	7—1

(4)单循环比赛竞赛日程编排

竞赛日程的编排是沙滩排球竞赛的重要工作之一。编排单循环竞赛日程时，要根据参赛队数量及竞赛规程的规定，计算比赛所需的场地数量和时间，合理安排运动队的比赛强度，排定比赛顺序和轮次，并确定解决编排中的有关矛盾的基本方法，设计出完整的编排方案。编排方案确定后，可召开有关会议，公布编排方案、编排原则和竞赛日程安排。如果需要用抽签法排列各队序号，则应备好与参赛队数相等的签号，组织各领队或有关代表抽签。按抽签结果将各队队名填写到各轮次表的相应位置中，再注明比赛日期、时间、场地、各队服装颜色等，即排出了竞赛日程表。

（5）单循环比赛编排的平衡问题

在单循环竞赛日程表的编排过程中，应当充分考虑编排的平衡，坚持机会均等原则，平等对待参赛各队。要尽量使各队在比赛时间、场地、服装颜色的连续穿用等竞赛条件的安排上相对合理。例如，不要使某个队总在一块场地、一个时段进行比赛，应有适当的轮换。如果在初步编排时，出现对某队不利的局面，可在同一轮次内对相关情况进行调整。

在编排过程中，为了做到心中有数，使编排公平合理，避免较大程度的返工，可酌情采用“循环赛编排平衡表”进行均衡调整（表 6-7）。

表 6-7　循环赛编排平衡表

队名	比赛场序	比赛轮次	比赛日期	比赛时间	比赛场地		比赛队		服装颜色
					1 号	2 号	主队	客队	
A 队									
B 队									
C 队									
D 队									

2. 双循环比赛编排法

双循环是各参赛队相遇两次的比赛方法，多在参赛队较少、为了增加各队相互交流和锻炼的机会时采用。它比单循环比赛的总场数增加一倍。

双循环比赛的编排与单循环相同，一般是赛完第一循环后，再赛第二循环（表 6-8），最后计算总分。

双循环轮次表的排法与单循环相同，只要排出第一循环，第二循环可按第一循环的顺序重复一次，也可重新抽签另排位置。第二循环的比赛如何进行，应在竞赛规程中明确规定。双循环的轮次与场次，均为单循环的一倍。

表 6-8　双循环比赛轮次安排表（7 队参赛）

循环轮次	第一轮	第二轮	第三轮	第四轮	第五轮	第六轮	第七轮
第一循环	1—0 2—7 3—6 4—5	1—7 0—6 2—5 3—4	1—6 7—5 0—4 2—3	1—5 6—4 7—3 0—2	1—4 5—3 6—2 7—0	1—3 4—2 5—0 6—7	1—2 3—0 4—7 5—6
第二循环	1—0 2—7 3—6 4—5	1—7 0—6 2—5 3—4	1—6 7—5 0—4 2—3	1—5 6—4 7—3 0—2	1—4 5—3 6—2 7—0	1—3 4—2 5—0 6—7	1—2 3—0 4—7 5—6

3. 分组循环比赛编排方法

参加比赛的队较多而竞赛时间较短时，为了比较合理地确定名次，可采用分组循环的比赛方法。将参赛队平均分成若干个小组，在各小组内进行单循环比赛。然后根据需要结合实际情况，再将各组的优胜队或同名次队进行单循环比赛，排出最后名次。

确定分组后，要根据竞赛日期和场地条件，将比赛分为两个阶段（预赛、决赛）或三个阶段（预赛、复赛、决赛）进行。在采用分组循环赛的竞赛规程中，必须明确规定竞赛分组、分阶段的比赛方法，以及录取小组名次和总名次方法，使参赛者和组织者都能事先了解比赛的编排方法。

（1）种子定位分组法

根据上届比赛成绩或选择实际技战术水平较高的队作为“种子”，将种子队按水平排列出序号，上届冠军序号为1，亚军序号为2，依次类推，序号越小水平越高。然后合理地采用蛇行编排法将各队分配到各个小组中。只要保证各组的序号数之和相等，从理论上说明各组之间的总体技术水平相当，比赛编排相对合理。如16个队分为4组（表6-9），8个队分为2组（表6-10）。

表6-9　16个队进行分组循环时的分组编排表

组别	运动队序号			
一	1	8	9	16
二	2	7	10	15
三	3	6	11	14
四	4	5	12	13

表6-10　8个队进行分组循环时的分组编排表

组别	运动队序号			
一	1	4	5	8
二	2	3	6	7

（2）抽签定位的分组方法

如果是初次举行沙滩排球比赛，没有参赛队的历史成绩，或因运动队不稳定，人员流动性大，也可采用抽签定位的方法确定分组，其程序如下：

①确定采用一次性抽签还是两次性抽签的方法。所谓一次性抽签，就是用一次抽签决定每个队所在组别及组内的顺序号。所谓两次性抽签，就是第一次抽签决定组别，第二次抽签决定组内的顺序号。

②制作签号。根据分组的组数和每组的队数制作相应的签号。将写有各队队名的

队名签分别放入封闭的容器内。

③确定主抽人、监抽人、记录员等参加抽签的工作人员，并确认各队参加抽签人的代表资格。

④组织抽签实习。按抽签程序组织有关工作人员提前进行操作实习。发现问题要及时解决，以免正式抽签时出现漏洞。

⑤主持并监督抽签。种子队先抽签确定组别，若种子队数与分组数相同，则将各种子队分别抽入。若种子队数是分组数的倍数，则可采用“蛇形排列法”，或仍采用抽签方法。如种子队的顺序号需一次性抽签决定，则应事先确定它在组内的顺序号位置。

⑥编印竞赛日程表。根据抽签的结果，将各队队名填入事先编好的轮次表内，再结合比赛日期、时间、场地、服装颜色等情况，编印竞赛日程表。

（二）淘汰制编排方法

作为一种比赛方法，淘汰赛也存在着一些缺陷，即偶然性较大。强队之间很可能在前几轮就遭遇一场比赛失利即被淘汰，从而出现名次排列不合理的现象。因此，竞赛的组织者要十分注意淘汰赛的编排工作，在可能的范围内最大限度地保持竞赛的合理性。

1. 种子号

在淘汰制比赛中，为避免强队在前几轮就相遇，所以在实践中引入了种子号的概念，通常按过往成绩或其他可以衡量运动队水平的标准将运动队按从强到弱的次序把号码按由小到大的顺序进行分配。以16单败淘汰赛为例（图6-8）。

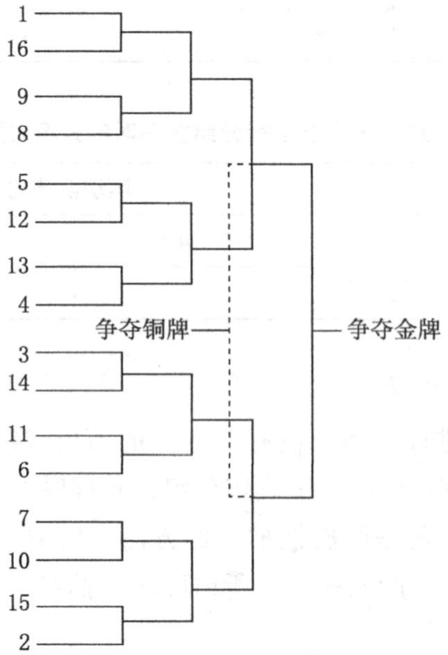

图6-8　单败淘汰及种子位

2. 淘汰制的轮空与附加赛

在淘汰制比赛中，从理论上讲，只有参赛队数或人数正好为 2 的乘方数，才能保证在每一轮比赛时，都是两支球队进行一场角逐，胜者进入下一轮。但是，在实际比赛中，参赛队数常常不是 2 的乘方数，如 7 支队、19 支队等。为了解决这一矛盾，在编排淘汰制的比赛秩序时，仍采用 2 的乘方数作为参考数，所选数字应略大于或小于参赛队数。当参赛队数不是 2 的乘方数时，则采用“轮空”或“附加赛”的办法解决。所选 2 的乘方数大于参赛队数时，采用“轮空”，反之则采用“附加赛”。如有 14 支队或 18 支队伍参赛，仍可选用图 6-11 中的 16 位单败淘汰表。14 支队伍时，第一轮比赛有两个队没有对手，称为“轮空”，18 支队时，有两支队在第一轮比赛中要参加“附加赛”来确定种子位。

（1）淘汰制“轮空”位置的确定

在淘汰制比赛中，第一轮没有比赛的队称为“轮空”。第一轮轮空数等于所选对阵图种子数减去参赛队数。例如，14 支队参赛，选用 24 即 16 作为种子数，则第一轮的轮空数为 16-14=2。轮空的位置则是按 16 位单败对阵表中把大于参赛队数的种子号直接标为轮空即可。如上例 14 个队参赛时，种子号 15 和 16 两个种子位置标为轮空即可。即第一轮轮空的两支队伍是 1 号种子和 2 号种子。

（2）淘汰制“附加赛”队伍的确定

当参赛队伍略大于 2^n，又不想采用 2^{n+1} 的单败淘汰表时，可采用“附加赛”的形式解决。

参加“附加赛”的队伍的确定办法为：先确定全部队伍的种子位，种子位排列最后的队伍按种子号之和为 $2^{n+1}+1$ 的和数两两进行比赛，直到把大 2^n 的队伍配完，“附加赛”的胜队获得对阵表中的相应种子位置。

例如，有 18 支运动队参加淘汰赛，选用 32 位单败淘汰对阵表时，会有很多轮空位，为简化编排，仍采用 16 位单败淘汰对阵表，则应有种子号为 17、18 的两支队伍要参加“附加赛”，按照 $2^5+1=33$（因为 16 位对阵表是 2^4）的和数去确定这两支队伍的“附加赛”对手，则“附加赛”的对阵形式为：

17 号种子 VS 16 号种子，胜队进入 16 号种子位；

18 号种子 VS 15 号种子，胜队进入 15 号种子位。

3. 淘汰赛的场数与轮次计算

（1）单淘汰赛场次与轮次的计算方法

单淘汰比赛的轮数，等于比赛选用的号码位置数（2 的乘方）的指数，即轮次 = $\log_2 n$，n 代表参赛队数，例如：

2 个参赛队 = 2^1 = 1 轮；

4 个参赛队 = 2^2 = 2 轮；

8 个参赛队 = 2^3 = 3 轮；

16 个参赛队 = 2^4 = 4 轮；

32 个参赛队 = 2^5 = 5 轮；

64 个参赛队 = 2^6 = 6 轮 ；

如果 8 个队参赛，选用号码位置数为 8，则 8 = 2^3，即要赛 3 轮。如果参赛的队伍数量不是 2 的乘方，比赛轮数则按大于参赛队伍数量的最小的 2 的乘方数计算。如 14 个队参赛，则按 16 个队 = 2^4计算，比赛 4 轮。20 个队参赛，则按 32 个队 = 2^5计算，比赛 5 轮。

（2）双淘汰赛场次与轮次的计算方法

双淘汰比赛轮数的计算方法是：以 2 为底，参赛队数的对数乘以 2 再加 1。如 8 个队（2^3）参加双淘汰赛，则为 3×2+1 = 7，共比赛 7 轮。

胜方轮次与单淘汰赛相同；

负方轮次 = 胜方轮次×2-2。

双淘汰赛的比赛总场数 = 参赛队数×2-3+附加赛场数。

若没有附加赛，即 2n-3（n 代表参赛队数）。

如有 8 个队参加双淘汰赛，比赛场数为 8×2-3 = 13 场，需进行 13 场比赛。目前国际排联举办的沙滩排球赛事推行一种改进过的双败淘汰表（图 6-9）。

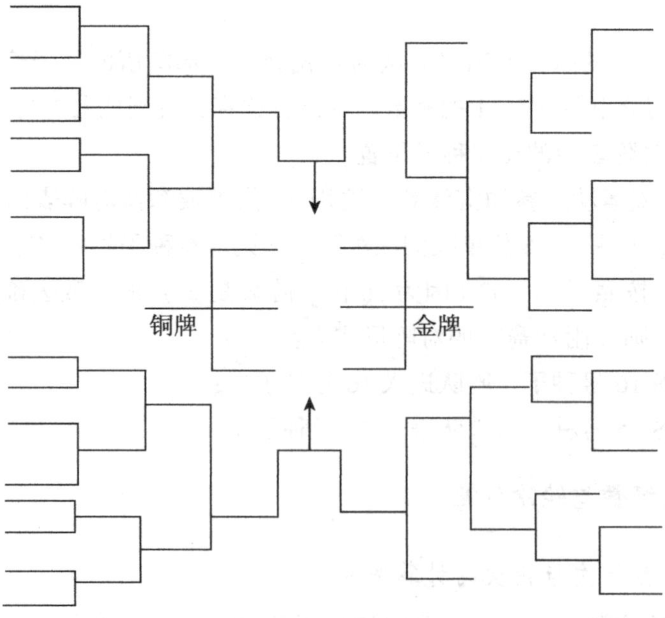

图 6-9　双败淘汰表

从图 6-9 中可以看出，这张表与传统的把双败淘汰赛制区分胜者组和败者组的编排最大的不同在于：胜者组第 5 轮的两支胜队直接与败者组的两支队伍进行半决赛，两场比赛的胜队决冠亚军，负队进行铜牌战。也就是在比赛打到只剩下 4 支队伍时，原来只有 3 个队争冠军的局面变为现在有 4 支队伍可以争冠军，原来只有 1 支队伍没有双败的机会，现在变为有两支队伍没有双败的机会。同样的场次和轮次的计算也不再适用上述的计算办法。

思考题

1. 循环赛和淘汰赛的主要区别有哪些？
2. 对比单循环的几种编排方法，分析不同编排方法的利与弊。
3. 如何在淘汰赛的编排中合理处理好种子队和轮空的位置？
4. 请用“贝克尔”编排方法编排出 9 个参赛队的比赛日程表。
5. 探讨适用于不同场地安装的沙滩排球器材、设施的研发。
6. 不同场地、器材对沙滩排球运动员技战术水平发挥有何影响？
7. 考察沙滩排球比赛场地、器材的不断变化和更新。
8. 沙滩排球场地的修建要求和检测方法？

参考文献

[1] 黄汉升．球类运动——排球［M］．北京：高等教育出版社，2005.
[2] 陆卫平．沙滩排球［M］．北京：高等教育出版社，2012.
[3] 中国排球协会．沙滩排球竞赛规则［Z］．北京：人民体育出版社，2009.
[4] 中国排球协会沙滩排球委员会．沙滩排球裁判工作指南［Z］．2009.
[5] 黄汉升．球类运动——排球［M］．北京：高等教育出版社，2005.

第七章

沙滩排球临场技术统计

内容提要

本章介绍了沙滩排球临场技术统计的意义和任务，沙滩排球比赛技术统计手段发展，沙滩排球临场技术统计的方法，以及国内外相关统计软件应用概况等。

教学目的

通过本章学习，了解沙滩排球运动统计概念，掌握沙滩排球运动的比赛统计方法，熟悉各种统计软件的功能，能够熟练运用沙滩排球技战术统计软件帮助运动员更好地进行针对性的训练。

第一节　沙滩排球临场统计概述

临场技术统计是运用具体数据反映体育比赛技战术各方面、各环节及其作为体系的各组成部分之间数量关系和特征的一种认识活动，是对比赛活动进行系统调查的一种研究方法。技术统计使用大量具体数据来反映比赛活动中技战术的现状、变化及其规律，目的是把握比赛中技战术活动的总体数量特征，即技战术在量上的多少，其组成部分之间的数量关系及可能产生互变的数量界限，从而达到对比赛技战术本质的认识。

一、沙滩排球临场技术统计的意义和任务

沙滩排球通过有效的临场技术统计和数理统计分析，可以在比赛进行中或赛后精确了解对手的技战术运用情况和特点，对双方运动员各技战术临场表现作出正确评价，检验训练效果。改进运动员的技战术，提高个体竞赛水平，建立对手竞赛情况技战术信息库，为模拟训练提供数据支持，为训练与竞赛的准备和实施提供依据，从而提高训练效率和比赛成绩。

在沙滩排球项目中，通过对比赛合理有效的临场技术统计分析工作，具体可以解决以下五个方面的问题：

①掌握本队与对手的技战术运用效果，准确了解取胜或失败的原因。

②了解本队队员的技战术状况，帮助教练员及运动员正确、客观地分析其竞技状态。

③针对对方的强点和弱点，制定出应对比赛的方针和策略。

④临场技术统计可以作为科研人员进行科学研究的素材。

⑤提高训练与比赛的针对性。

二、沙滩排球比赛技术统计手段发展

体育比赛技术统计手段根据使用工具的不同可分为传统纸笔统计和使用计算机进行统计记录两种方式，后者的应用水平随计算机软、硬件的发展不断地进步。传统纸笔统计方式根据需要在赛前设计好技术统计表格或统计用图，如篮、排球场地图等，在比赛中根据运动员技术发挥情况在表格或统计图中记录数据或做各种标志等，赛后集中进行数据汇总、计算和分析。纸笔统计方式具有取材容易、投资少、适应性强等优点，应用广泛。但纸笔统计方式也有其无法克服的缺陷，一是记录速度慢。个人使用纸笔统计方法能记录的信息较少，根据统计指标的设计情况，一场比赛的临场常规技术统计往往需要多人同时工作才能记录得较全面，并且由于统计人员水平和标准掌握的差异，还易造成同一场比赛两支队伍相关技术数据不匹配等情况，给数据处理工作带来一定麻烦。二是后期数据处理和再利用困难。无论是手工计算还是使用计算器或计算机进行后期数据处理，都需要较长的计算时间，数据可再利用性较差，难以建立数据库保存为后人继续有效利用。

使用计算机进行比赛技术统计的发展过程图是以计算机键盘进行技术录入为主，到光笔、条形码录入，然后到使用鼠标为主。中间出现过使用语音识别技术的软件，直到现在的掌上电脑、平板电脑和笔记本电脑等多种系统的多样化发展阶段。随着计算机技术的进一步发展，还可能在不远的将来出现使用模式识别技术的技术统计软件，通过自动识别比赛中运动员的技术运用情况来完成比赛的技术统计工作。那时就可以进入到真正的“计算机技术统计”时代了（图 7-1）。

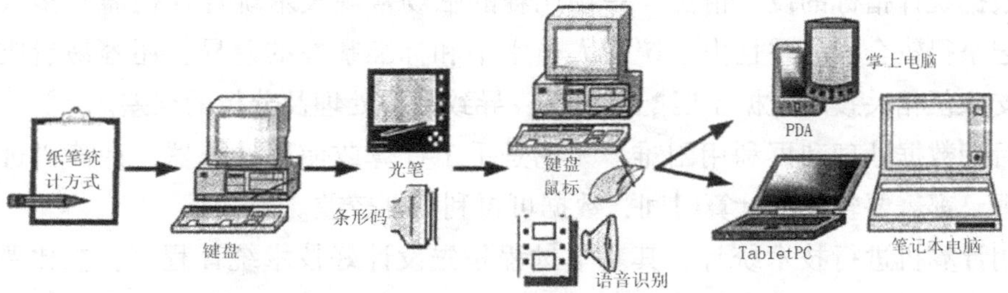

图 7-1　体育比赛技术统计手段发展过程

随着计算机普及程度的提高，能熟练操作计算机的人也越来越多，键盘的录入速度不再是录入瓶颈了。因为键盘录入具有快速、准确等优点，高效、合理的系统设计可以实现“盲打”录入，所以如果有较熟练的键盘录入人员，则目前录入速度最快、录入信息量大且准确的录入方式还是首推计算机键盘。因此，在技术统计上又出现了充分发挥计算机键盘特点的技术统计软件，如“DataVolley”和“Provoline”等，并且多数软件都设置有快捷键录入的功能。虽然键盘录入方式在开始学习的时候需要多花费一些时间，但操作熟练后所能记录的信息目前来看具有其他录入方式所不能比的录入速度、信息量和准确性等优势。

第二节　沙滩排球临场统计方法

沙滩排球比赛技术统计手段根据使用工具的不同可分为传统纸笔统计和使用计算机进行统计记录两种方式。

一、沙滩排球临场技术统计的方法

（一）临场技术统计的方法

主要为传统纸笔统计和使用计算机等多种现代信息技术方式进行统计记录。前者使用专门设计的表格进行统计，具有取材容易等特点，但相对来说记录的信息少，且后期计算处理用时长、效率低，无法同比赛的视频建立关联，在进行录像分析时要重新进行；后者的应用水平随计算机软、硬件的发展不断地发展和进步。

传统纸笔统计方式，应根据需要在赛前设计好技术统计表格或统计用图；在比赛进行中，根据运动员技术发挥情况在表格或统计图中记录数据或做各种标志等；赛后集中进行数据汇总、统计和分析。纸笔统计方式有取材容易、投资少、适应性强等优点，应用广泛。但其也有无法克服的缺点：

①记录速度慢，个人使用纸笔统计方法能记录的信息较少。

②根据统计指标的设计情况，一场比赛的临场常规技术统计往往需要多人同时工作才能记录得较全面，并且由于统计人员水平和标准掌握的差异，还容易造成同一场比赛两支队伍相关技术数据不匹配等情况，导致数据处理及分析的误差。

③后期数据处理和再利用困难，无论是手工计算或使用计算器、计算机进行后期数据处理，都需要较长的计算时间，数据可再利用性较差。

使用计算机进行技术统计，其基本过程是先设计好技术统计程序，在比赛时，录入人员操作计算机进行技术统计数据录入，数据保存在计算机中，可以在比赛中或比赛结束后即刻得到临场统计结果，及时为教练员与运动员服务。国外高水平沙滩排球队伍在训练和参赛等方面应用计算机较多，常见的通用型软件有德国的 UtiliusVS、瑞士的 DartFish，以及专业化程度较高的国际排联软件 VIS、意大利 DataProject 的 DataVolley 等。

沙滩排球攻关课题小组在 2008 年北京奥运期间编写了沙滩排球比赛技术统计分析软件“BVSS”。该软件通过代码复用、自动生成技术统计代码等方式实现了通过键盘进行快速统计录入，数据库可以保存全部统计过的比赛数据，并可对所有比赛中的技术统计数据进行统一查询，结果查询可以输出多种数据、图表等，给技术分析工作带来了较大方便。之后，2016 年伦敦周期，课题小组对软件进行了升级，实现了使用鼠标点击录入，使录入简单易学，录入工作量和工作强度都大幅度减小，且系统视频数据库功能可以实现任意多场比赛技术运用的视频重放。BVSS 软件可以实时统计记录比赛中各项技术运用，大大缩短了沙滩排球比赛技术统计和动作视频定位的时间，较大程度上提高了工作效率，可以更快地给队伍提供数据统计支持和反馈，提高了沙滩排球比赛的统计分析水平，降低成本、提高速度。

现今运用计算机、手机或 PAD 等 APP 软件进行比赛技术统计将随着计算机软硬件及其现代信息技术设备等高新科技技术的发展而发展，它依赖于软件设计思想（包括人们对沙排项目规律的认识）、软件开发人员专业水平、体育专业人员和软件开发人员的合作程度、教练员的认识及对软件的利用等多个方面。从设计到投入使用需待多方检验。

（二）临场技术统计评价指标的选择

运动员在场上的临场技术发挥是其竞技能力高低的直接体现。选择好临场技术统计评价指标，可使运动员在赛后了解自己技战术发挥处在一个什么水平，找出比赛中技战术运用的优势和不足，在比赛时能及时应对，适时加以变化。同时能使教练员在平时制订训练计划、目标及内容上具有针对性。

沙滩排球比赛临场技术统计，主要是指个人及全队总体在发球、接发球、一攻、防守反击、再攻及拦网方面的情况。其中，发球主要统计出某个队员或全队发球的得分、失分、一般和失误；接发球主要统计出某个队员或全队接发球的易传、难传和失误；一攻主要统计出某个队员或全队一攻的得分、破攻、一般、被拦和失误；反攻（防守反击再攻）主要统计出某个队员或全队反攻的得分、破攻、一般、被拦和失误；拦网主要统计出某个队员或全队拦网的得分、跳空、拦起、拦回和失误。

（三）临场技术统计的相关参考表格

沙滩排球技术统计的表格可根据各个队的具体情况和要求，尽量做到不拘一格、设计简便易用。下面将列举一些沙滩排球临场技术统计的表格，以供参考（表 7-1—表 7-7）。

表 7-1 临场技术统计表 —— 得分统计表

队员	第一局													
	得分统计							失分统计						
	发	接	传	扣	拦	防	对方失误	发	接	传	扣	拦	防	自身失误
1号														
2号														

*标记方法：战术得失分记为“Z”；技术得失分记为“J”

表 7-2 临场技术统计表

队员	发球				接发球			垫传			上手传球			防守			拦网			
	得分	破攻	一般	失误	易传	难传	失误	易传	难传	失误	易传	难传	失误	易传	难传	失误	得分	拦回	拦起	失误
1号																				
2号																				

表7-3 临场技术统计表

队员	传球					进攻								拦网						防守			
	易攻	难攻	失误			得分		一般		被拦	失误			得分	空跳	拦起	拦失			易传	难传	失误	
			连击	持球	其他	对方防失	对方拦失	被防起	被拦起		未过网	出界	其他				界内	界外	其他			力量大	取位误
1号																							
2号																							

表 7-4　临场技术统计表 —— 发球与防守统计表

局数	队员	发球				拦网				防守			二传			进攻									
		得分	破攻	一般	失误	得分	空跳	拦起	失误	易传	难传	失误	易传	难传	失误	得分					被防起	被拦起	被栏回		失误
																重	轻	吊	二次	处理			拦死	再攻	

＊标记方法：发球（跳发“T”；跳发飘“TP”；上手发球“S”；上手发飘球“P”）；二传球（上手传“1”；垫传“2”）

表 7-5　临场技术统计表 —— 一攻统计表

局数	队员	接发球				二传				进攻						
		得分	易传	难传	失误	得分	易攻	难攻	失误	得分				被拦起	被拦回	失误
										重扣	轻拍	吊球	二次球			

表 7-6　临场技术统计表——再攻统计表

局数	队员	一传				二传				进攻									
		得分	易传	难传	失误	得分	易传	难传	失误	得分					被防起	被拦起	被拦回		失误
										重扣	轻拍	吊球	二次球	处理球			拦死	再攻	
①	1号																		
	2号																		

表 7-7 临场技术统计表——接发球、传球统计表

局数	队员	接发球				二传			
		得分	易传	难传	失误	得分	易攻	难攻	失误
①	1号								
	2号								

二、沙滩排球统计软件概况

（一）国外相关软件应用概况

国外发达国家的高水平运动队在计算机辅助训练、比赛等方面的应用水平很高，体育专业软件非常多，并各具特色。较常见的通用型软件有德国的 UtiliusVS 和 SIMI Motion、瑞士的 DartFish 等。国外排球相关软件有 VolleballACE、VolleyScout、Volleyball Coach、StatTrack For Volleyball、TurboStats、Volleballl Statistics Manager、VBSTAT、VB-CHART、InfvVolleyAnalyzer、Touch Volley，以及专业化程度很高的国际排联软件 VIS、意大利 DataProject 公司的 DataVolley 和比利时 Provoline 公司的 Provoline 等。

（二）国内相关软件应用概况

在国内，计算机作为工具在排球科研工作中出现得比较早，从一开始使用 DOS 操作系统下的 BASIC 语言编制的技术统计程序，到现在使用包括 C#等工具开发的技战术统计系统等有过较多研究和应用。

20 世纪 80 年代初，上海体育科研所倪丰国和上海造船工艺研究所蔡平等人就联合进行了排球比赛的电子计算机应用研究，编制了技术统计程序，并在 1982 年中国国际男排邀请赛中首次应用并取得了成功。该系统使用美国王安 MVP 电脑，程序使用 BASIC 语言编制，可以记录比赛双方每个运动员的发球、接发球、扣球、拦网和后排防守等五项基本技术的成功、一般和失误的次数及计算相应的百分比。该系统在进行技术录入时，由记录员将“讲述员”对比赛的各种技术运用效果的讲述记录在特制的表格上，然后再录入计算机中。1983 年第 5 届全运会在上海举行时，各比赛场地均运用该系统进行现场统计，及时给各队提供资料，作为总结和制定作战方案的依据。虽然该系统操作比较烦琐，功能有限，但在我国开辟了计算机应用在排球技术统计领域的先河，为后来的排球技术统计软件开发打下了良好基础。

（三）BVSS 临场统计系统录入的相关界面

1. 计算机版 BVSS 临场技术统计操作的主界面

新版“沙滩排球比赛临场视频技术统计系统 BVSS”（以下简称 BVSS）放弃了原版软件的电脑键盘录入方式，转向了直观的鼠标点击录入，即通过直接在电脑屏幕上的沙滩排球场地上的技术发生位置点击来实现技术统计录入。通常情况下，鼠标的一次单、双击及移动即可以记录下队伍、队员号码、技术名称、技术子类、技术发生位置、技术运用效果、技术发生时间、第几次击球过网等多种信息，使技术统计录入操作达到直观、简化，可实时录入。软件的操作不再需要记住各种复杂的技战术代码、场地区域划分代码等专业化信息，修改和查询也都可以通过鼠标操作来完成。BVSS 同样可以针对比赛录像进行录入，也可以在比赛现场进行统计录入，并且可以实现对比赛技术运用视频的准确定位，使用户能够较容易地找到比赛中各个队员的技术运用视频、线路图示和数据等信息，以进一步进行观察研究和学习（图 7-2、图 7-3）。

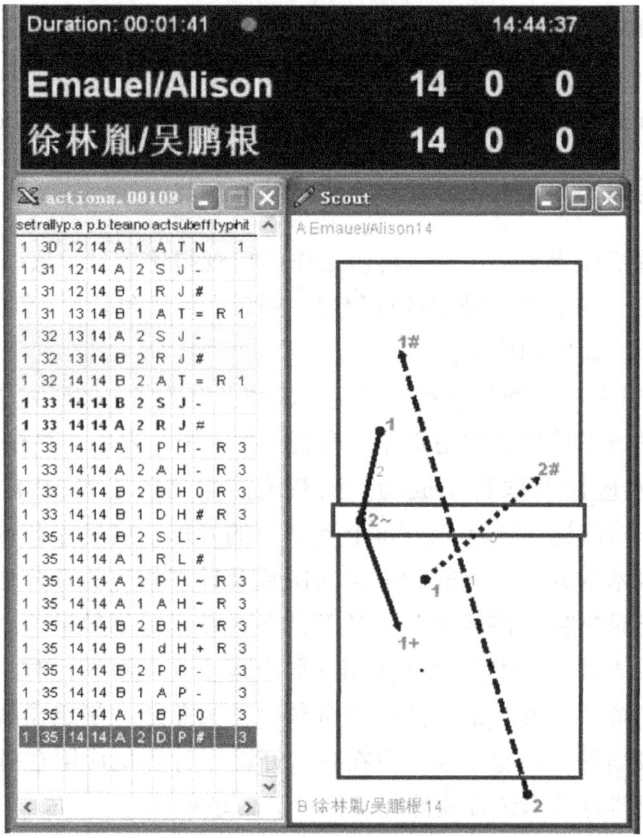

图 7-2

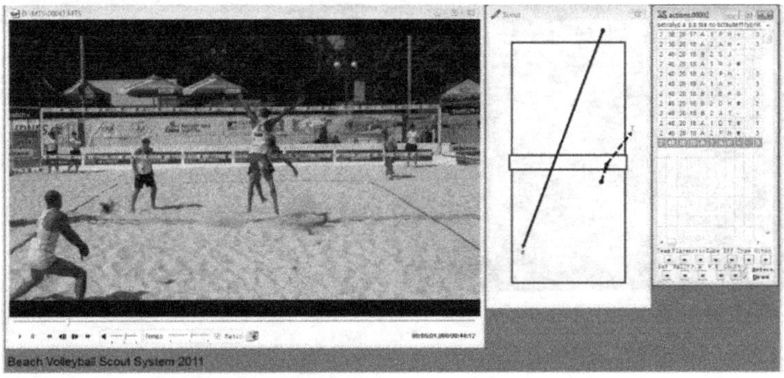

图 7-3

2. PAD 版 BVSS 临场技术统计操作的主界面

BVSS 临场技术统计的操作界面包括有视频播放和无视频播放两种，其界面总共包括 4 个部分（图 7-4、图 7-5）：

①视频播放区域：界面的左上部分。

②比分显示面板：界面的左中部分。

③技术动作信息显示列表：界面的左下部分。

④比赛场地：界面的右半部分。

图 7-4

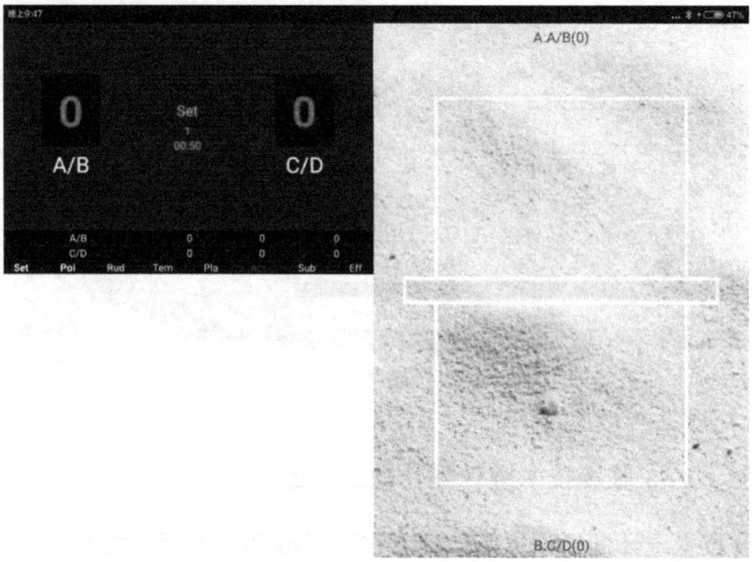

图 7-5

屏幕上的“场地”是进行技术统计录入的区域，也是回顾和分析比赛时发球、进攻等技术的线路绘制区。统计录入点击时，当前回合的相关线路直接绘制在场地上。场地分为如下四个区域（图 7-6）：

①发球区（A 队/B 队）；

②比赛场区（A 队/B 队）；

③球网区（A/B 队共用）；

④界外区（A/B 队，包括对方场区的发球区）。

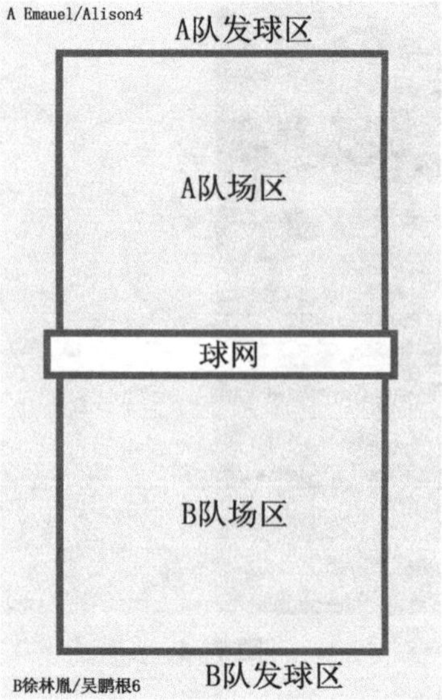

图 7-6

根据沙滩排球比赛特点，A、B 队可交换场地。录入时在相应位置点击后系统判断出 A/B 队（点击位置）、队员号码（单/双击）、技术名称（比赛进程和点击位置）、技术子类（移动抬起）、技术发生位置（坐标）、发生时间（点击时刻）、技术运用效果（鼠标移动）、几次球进攻等多种信息。

思考题

1. 运用沙滩排球统计可以解决哪些问题？
2. 简述沙滩排球临场技术统计的意义。
3. 自主设计几种沙滩排球技术统计表格。
4. 试述怎样根据实际问题设计临场技术统计表格。

第八章

沙滩排球运动员科学选材

内容提要

沙滩排球运动员科学选材既是一个选拔优秀后备人才的过程，也是培养运动人才和提高其竞技水平全过程的一个重要环节。沙滩排球运动员科学选材的基本任务就是对沙滩排球运动员潜在竞技能力的诊断、评价和预测。本章主要从运动员科学选材的重要意义及科学选材的指标体系两方面进行了较为全面的阐述，希望能为青少年沙滩排球运动员定向培养指明方向，为运动竞赛储备必要的人力资源。

教学目的

通过本章沙滩排球运动员科学选材的学习，知晓我国沙滩排球运动员选材的必要性及实施现状，了解青少年沙滩排球运动员选材分类包括遗传指标、体型指标、发育程度指标、运动素质指标、运动技能指标、生理生化机能指标、心理指标、教练员评定等内容，掌握部分重要指标的具体内容，并能够在运动实践中熟练运用。

第一节　沙滩排球运动员科学选材概述

运动员科学选材是随着竞技体育的发展而发展起来的，选材是一项长期的工作，初期选材和训练是为了适应更高层次的选材和训练。因此，只有不断地进行测评、预测、选拔、训练和淘汰，才能将运动“天才”培养为竞技人才。

一、沙滩排球运动员科学选材的意义

随着我国沙滩排球运动的不断发展和成绩的不断提高，如何选拔更多的适合该项目的优秀人才毫无疑问成了值得思考和深究的问题之一。目前，我国沙滩排球运动员中很大一部分是从室内排球“转行”进行沙滩排球训练的，可以说，真正意义上的沙滩排球后备人才的选拔和培养状况并不乐观。根据沙滩排球的项目特征并结合运动员选材领域的基本知识，找出并制定一套适合我国青少年沙滩排球运动员选材指标体系

将会对运动员选材有一定的帮助和指导作用。

运动员选材是运动训练的前提或初始阶段，是挑选具有良好运动天赋及竞争潜力的儿童少年或后备力量参加运动训练的考察、测试和选拔过程。运动员选材把先天条件优越、适合从事某项运动的人才从小选拔出来，进行系统的、有目的的培养，以便取得优异的运动成绩。选材必须利用一切手段来预测一个少年能否通过训练取得成绩。

目前有研究指出，技术全面性、战术意识、适应能力、反应移动速度、心理稳定程度和体能等是沙滩排球选材时应考虑的重要指标。我国沙排运动员目前与世界高水平运动员存在的差距主要是对沙滩排球特有的技术运用不熟练、比赛经验少、从事专业训练的年限少、体能达不到比赛的需要等方面。这就需要建立沙滩排球特有的后备人才培养体系，争取在运动员少年时期进行科学有效的选材，逐步将其培养成优秀的沙滩排球运动员。

二、我国沙滩排球运动员选材的必要性及实施现状

（一）我国沙滩排球运动员选材的必要性

就我国沙滩排球运动员的选材而言，上述关于运动员选材的意义同样适用。目前我国沙滩排球的成绩逐年提高，在世界沙滩排球上的影响力也越来越大。要想继续在世界沙滩排球运动的前列占有一席之位，则必须保证“后备力量”的充实和强大。因此更加有效地挑选这支后备队伍中的人员也成为重中之重。在近几年的世界性比赛中，我国取得优异成绩的沙滩排球运动员有一个最大的特点，就是“固定”，如男子选手徐林胤/吴鹏根组合，两位选手配合进行比赛多年，取得了骄人战绩。但随着运动员年龄的增长及伤病等因素的困扰，比赛成绩有所下滑，而这时却没能有其他的运动员来进行“接班”，导致我国目前男子沙滩排球水平无法与世界强队继续抗衡的局面。

（二）我国沙滩排球运动员选材的实施现状

目前，我国沙滩排球项目由于场地要求及天气等外界因素的影响，在基层的开展情况并不乐观，许多省市仅有一支沙滩排球队伍，没有基层的输送体制，无法像其他运动项目一样有一个已经基本成型的选材结构。王晨针对我国沙滩排球运动员的选拔方式进行了问卷调查，具体结果如下（图 8-1）。

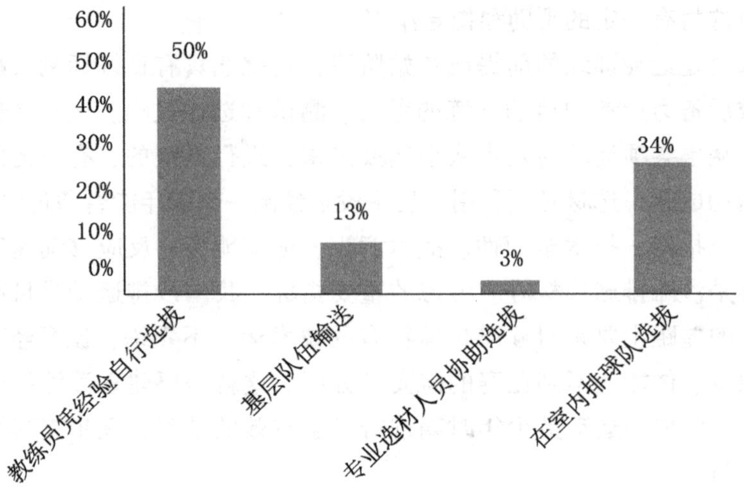

图 8-1　我国沙滩排球各省、市运动员选拔方式调查结果

由图 8-1 可知，目前对于沙滩排球运动员的选拔，很大一部分是教练员根据自身多年的带队经验来挑选运动员，这一现象在我国沙滩排球各队伍中十分普遍。另外还有 34%的省、市队伍仍然是依靠室内排球队伍中的运动员转练沙滩排球。在过去多年的集训工作中，参与集训的相关人员表示，每年参与集训的各省、市队伍的人员变化不大，有些队伍甚至两年、三年才会有"新人"加入，而且大部分新进运动员都是教练员在各自省、市的室内排球运动队中凭借主观经验进行挑选的。

另外，由上图可见，"基层队伍的输送"和"进行专业的选材工作"两项的所占比例仅有 16%。在进行问卷调查的过程中，部分教练员也表示，目前部分室内排球队伍会进行一些专门的选材工作，如有相关体育科研机构配合协助进行。但沙滩排球的运动员选拔基本没有相关人员进行指导和协助。而绝大部分省、市队伍更是没有下设的基层输送体制，运动员的来源没有任何保障。

第二节　沙滩排球运动员科学选材的指标体系

一、沙滩排球项目特征理论分析及选材阶段的划分

（一）沙滩排球项目特征理论分析

根据运动训练学的项群理论，沙滩排球项目归属于技能主导类隔网对抗类运动项目。与室内排球相比，沙滩排球项目最大的特点在于比赛人数的减少和比赛环境的特殊性。沙滩排球作为一项在户外沙地上进行的体育运动项目，在运动过程中运动员的竞技能力会受到场地及天气条件等因素的外在影响，加之每队在场上只有两名运动员

进行比赛，因此这也为沙滩排球运动员的个人能力提出了更高的要求（表 8–1）。

表 8–1　运动竞技能力决定因素等级判别

因素级别项群	体能主导类			技能主导类				
	速度性	快速力量类	耐力类	表现难美性	表现准确性	隔网对抗性	同场对抗性	格斗对抗性
形态	* *	* * *	* *	* * *	* *	* *	* *	* * *
机能	* * *	* * *	* * *	* *	* *	* *	* *	* *
素质	* * *	* * *	* * *	* *	* *	* * *	* * *	* * *
协调	* *	* *	*	* * *	* *	* * *	* * *	* * *
技术	* *	* *	* *	* * *	* * *	* * *	* * *	* * *
战术	* *	*	* *	*	*	* * *	* * *	* * *
心理	* *	* *	* *	* *	* * *	* * *	* * *	* * *
知识	*	*	*	*	* *	* *	* *	* *

注：* * *表示决定作用；* *表示重要作用；*表示基础作用。

1. 体能特征

沙滩排球运动员需要具备十分良好的整体协调能力，对转向速度耐力和灵敏素质的要求也相对较高。另外，运动员的身体形态也应符合可以快速移动、持续弹跳、持续跑动等体能方面的要求。

2. 技战术能力特征

相对室内排球运动员而言，对沙滩排球运动员的技术能力更要求个人技术的全面性。沙滩排球比赛中只有两名运动员，因此运动员个人的技术水平直接影响比赛的效果。所以，全面的基本功以及拥有自身独特的技战术特点成为沙滩排球运动员的技战术能力特征。

3. 心理和智能特征

因比赛人数少，比赛环境多变等特点，更加要求运动员应具备良好的意志品质及较为稳定的心理状态。可以根据比赛的变化随机应变，对场上出现的各种情况做出恰当的处理。

综上所述，在沙滩排球项目的运动竞技能力中起到决定因素的有素质、协调、技术、战术、心理五大方面，其次是形态、技能和知识等因素。随着沙滩排球运动项目的不断进步和发展，世界沙滩排球的整体水平有了大幅度的提升。目前沙滩排球的技战术正在朝着技术全面化，攻防均衡化，战术多样化，网上实力突出化，体能、意识当先化的趋势发展。"全、高、巧、变、快"成为沙滩排球比赛制胜规律的新内涵。因此，在进行沙滩排球运动员选材的过程中也应该紧紧围绕项目特征和要求，根据项目特点及制胜规律等因素开展和实施选材工作。

（二）选材阶段的划分

由于沙滩排球运动员选材阶段划分的研究还处于空白，因此按照运动员选材阶段的划分，目前我国沙滩排球运动队伍基本处在中级训练层次（省、市运动队、体工队）和高级训练层次（国家队、国青队），但在中级层次中也存在一部分技术水平尚未达到这一层次的运动员。根据这一现象，有关专家经过研究、调查和探讨，初步将我国沙滩排球运动员的选材区分为两大类，分别为青少年运动员的选材和高水平运动员的选材。

青少年运动员主要指那些还处在青春发育期的年龄较小的运动员。对于青少年具体年龄的界定，并无十分确切的说法，经查阅相关书籍和资料后得知主要有以下定义：联合国定义 12~15 岁为少年，15~24 岁为青年；世界卫生组织将青春期的年龄定义为 10~20 岁。根据我国沙滩排球参训运动员的实际年龄分布情况和平均运动年限等因素，在与各位专家探讨后将本研究的青少年沙滩排球运动员定义为：青少年沙滩排球运动员主要指进队训练时间短（3 年以下）、年龄处在青春期发育阶段（一般在 12~16 岁之间）、或由室内排球改练沙滩排球时间较短的运动员。该阶段的选材主要任务是对运动员那些具有先天性或不可控性及相对稳定的各种因素，如家族遗传、发育程度等进行测评，从而揭示其运动能力，展望其发展前景，挑选适宜的人才。高水平运动员则主要包括进行过 3 年以上沙滩排球训练、年龄较大（16 岁以上）的运动员及国家队队员。对于这部分运动员的选材，主要评测内容则趋向于那些后天的、可变的因素，如运动员个人的智能及心理状况、技战术水平等。因此针对我国青少年沙滩排球运动员，只有将相对底层的青少年沙滩排球运动员选材逐步完善，才能对上层选材的实施及整个项目的良好发展有所保障。

我国青少年沙滩排球运动员选材指标经过共计三轮的问卷调查后基本确定，整个选材体系也初步形成，共设一级指标 8 项、二级指标 27 项、三级指标 14 项。

二、沙滩排球运动员科学选材的指标体系构建

（一）沙滩排球运动员选材指标权重的确定

对于青少年沙滩排球运动员选材指标的权重是由我国沙滩排球科研、训练、裁判等相关领域的 7 位具有权威性的专家给予最终的确定。问卷中各个指标都有相对应的重要程度的选项，按照问卷中五个等级的重要程度，将其转化为具体的得分数值，即"非常重要 = 5 分""较为重要 = 4 分"以此类推，最后将全部指标的得分做归一化处理。具体步骤为，首先将各二级指标的权重设定为 1，其次根据其下设三级指标的得分

计算出各三级指标所占的得分比重，该数值即为各项三级指标的权重。按照同样的方法，逐级计算出指标的得分比重，最终得出整个指标体系中各部分的权重（表8-2）。

表8-2　我国青少年沙滩排球运动员选材指标体系

一级指标	二级指标	三级指标
内容/权重	内容/权重	内容/权重
遗传指标/0.003	有无运动员/0.009	
	有无排球运动/0.374	
	父母身高/0.617	
体型指标/0.226	身高/0.236 体重/0.104	
	BMI指数/0.016	
	皮褶厚度/0.009	背/0.32
		腹/0.38
		臂/0.30
	四肢长度/0.635	指间距/0.199
		下肢长度/0.210
		小腿长度/0.288
		跟腱长度/0.303
发育程度指标/0.141	骨龄/0.126	
	发育程度/0.104	
	预测身高/0.760	
运动素质指标/0.207	基本运动素质/0.302	立定跳远/0.431
		10秒高抬腿/0.231
		仰卧起坐/0.338
	专项运动素质/0.698	沙地30米跑/0.247
		沙地助跑摸高/0.289
		沙地三角移动/0.278
		卧推/0.186
运动技能指标/0.122		
生理生化技能指标/0.1	肺活量/0.183	
	血红蛋白质/0.294	
	血乳酸/0.249 最大摄氧量/0.274	

续表

一级指标	二级指标	三级指标
内容/权重	内容/权重	内容/权重
心理指标/0.098	状态-焦虑测试/0.25	
	808 神经类型/0.414	
	反应时/0.336	
教练员评价/0. 103	健康状况/0.086	
	接受能力/0.633	
	训练作风/0.281	

至此为止，我国青少年沙滩排球运动员选材各级指标及其权重系数最终确定，可以说基本完成了整个选材体系的构建。

（二）青少年沙滩排球运动员选材指标分析

为更好地实施我国沙滩排球运动员的选材工作，在历年的全国集训中，参与集训的专家、学者、教练员，以及个别领域的专业学者均对我国沙滩排球运动员各方面的基本情况进行了分析及研究。上述指标正是在此基础上，依据前期研究的结果与专家意见并结合沙滩排球运动的专项特点制定的。

1. 遗传指标分析

遗传指标主要是评价运动员的家庭成员运动经历的基本情况及父母的身高情况。尤其是在父母的身高方面可以通过遗传学来初步预测运动员的身高变化情况。由权重系数表也可见，父母身高的权重系数占到了 0.617，可见该项指标在运动员的选材中是一项重要的参考内容。

身高对于沙滩排球运动员的选材来说是相当重要的评价指标，受遗传因素的影响较大，可以反映出人体骨骼的发育情况。沙滩排球运动员由于场上位置及分工的不同，在身高的要求上可能会存在一定差距，这也是在选材过程中需要注意的问题之一，如在有意识地进行前、后排运动员的选拔时，则要在身高方面进行区别对待。

2. 体型指标

体型选材是运动员选材中十分重要的环节。人体的外在形态不仅能将外貌体征直观地反映出来，同时也能将一些局部特点反映出来。运动员运动能力的强弱，在一定程度上可以通过外在形态体现出来，因此体型选材的成功与否，与运动员最终的专项成绩有密切关系。目前沙滩排球运动员的身体形态也不断向着更加高大的趋势发展，加之优秀沙滩排球运动员的形态从整体来看是高而相对较细，因此上下肢长度、皮褶厚度都可以很好地评价运动员的外部形态特征。

下肢部位的形态特征受遗传因素的影响较大，也就是说，下肢的形态特征可以很好地反映运动员某些先天的运动能力。在前期的相关研究中，众多专家经过多年对我国沙滩排球运动员身体形态的观察后发现，沙滩排球项目要求身体下肢需具有较好的爆发力和弹跳力，因此小腿较长且肌肉线条清晰的运动员是值得选拔的“好苗子”；而跟腱细长的运动员往往具有较好的爆发力和快速移动能力，比较适合从事沙滩排球运动。

3. 发育程度指标

大多数项目的运动员选材都集中在青少年阶段，也就是运动员基本处在青春发育时期内，因此在选材中要了解青春发育期的特点，找出具有代表性的指标来评价运动员的发育情况。

身高的遗传力较大，因此预测的可靠性相对而言也较大。预测身高的方法有很多种，如根据公式由父母的身高计算出孩子的预测身高等。本研究中的预测身高归属于发育程度指标大类中，是依照骨龄来进行身高的预测。这一预测方法同样是许多沙滩排球领域的相关人员经过多年的经验后认为较为准确的预测方法之一。具体计算公式为未来成人身高＝该骨龄时身高/该骨龄占最后身高百分比±2.5 厘米。对身高进行初步的预测，可以更好地展望运动员的发展前景，做到有效选材。部分专家在前期对我国沙滩排球运动员的整体身高情况进行了分析，找出了较为适宜进行沙滩排球训练的运动员的大致身高范围，在选材中可以作为参考指标。

4. 运动素质指标分析

运动素质在运动员的选材中同样占据着十分重要的地位。优秀的运动员除了具备有力的外形特征外，拥有良好的身体素质也是其成才的关键。个人运动素质的优秀与否直接影响个人运动能力的强弱。在进行选材的过程中，运动素质的评测必不可少。与此同时，除了基础的身体素质指标外，还应根据运动项目的具体特点，制定出具有专项特色的评价指标。

在历年每次全国沙滩排球集训中，参与集训的专家及工作人员均会安排进行运动员运动素质测试。经过多年的观察及研究后，最终确定了四项较为适合评定沙滩排球运动员个人运动素质的测试项目，分别为沙地摸高、沙地 30 米跑、沙地 8 米×8 米移动和卧推。

在我国青少年沙滩排球运动员选材体系中，运动素质选材指标又细分为基本运动素质和专项运动素质两项。专项身体素质是在沙滩排球所具有的特殊比赛场地——沙地上进行的测试，因此可以通过这些指标直观地观测到运动员在沙地上的运动能力。

部分重要指标分析：

①沙地 30 米跑。该指标主要测试运动员在沙地上快速奔跑的能力，对运动员的速度素质有一定的要求。另外由于跑动距离较短，也可通过测试成绩来评价运动员的爆发力。

②沙地助跑摸高。室内排球运动员选材中有一项助跑摸高的评价指标，沙滩排球运动员的选材根据项目特点，将助跑摸高在沙地上进行，更加符合项目对运动员的身体素质要求。沙地助跑摸高可以说相对一般性的地面而言更加有难度，由于沙地的松软需要运动员有很强的下肢爆发力和较好的弹跳能力，因此该指标对运动员的整体协调用力特别是弹跳能力可以做出很好的评价。

③沙地 8 米×8 米移动。沙滩排球的比赛因只有两人参加，场上经常会出现许多“空缺”，这就加大了运动员防守的难度。这就需要沙滩排球运动员在松软的沙地上做出快速移动、转身等动作。该项测试指标正是评价运动员在沙地上快速移动能力的，可以说这一指标的测试内容与沙滩排球实际比赛中的运动动作有很大的相似性。

④卧推。主要评价运动员的上肢力量，在每年的全国沙滩排球集训中，卧推都作为运动员的身体素质测试项目之一。而从往年的测试成绩来看，运动成绩较好的运动员在该项测试中的测试成绩也较高，也就是说，优秀的沙滩排球运动员在上肢力量方面较一般运动员有着较为突出的优势。

5. 运动技能指标

运动技能的评定包括专项技术质量和技术运用能力。通过查阅大量的文献资料后发现，能够十分有效地测验某一项沙滩排球技术质量及运用情况的方法相当少，大部分情况下只能凭借经验来做出评价。沙滩排球基本技术分为：发球、传球、垫球、扣球、拦网等根据沙滩排球比赛的特点，要求运动员具有较强的个人技术能力、全面的掌握攻防技术。因此，该项技术指标在设计过程中也征求了多位专家的意见，专家认为可以在实际操作中选择以下指标作为参考：

①发球。观察发球的抛球、击球动作及击球点，以及发球的落点和攻击性。对于部分采用大力跳发球或其他特殊发球方式的运动员来说，还应观察其发球的成功率。

②扣球。扣球是比赛中最主要的得分手段，在对该项技术进行评价时，可以观察运动员的空间方位感、起跳后的身体控制能力及扣球的动作和节奏。对于沙滩排球运动员来说，在比赛中的进攻还有很大一部分是运用轻拍或搓球的方式，因此在进行运动员专项技术的评定时也可适当考虑加入轻拍球等扣球方式的评测。

③防守。沙滩排球的项目特点形成了场上两名队员“分工明确”的局面。因此，防守技术的评价，对于主要负责后排防守队员的选材更为重要。由于防守技术也很难找到一个准确的评价指标，因此可以观察运动员的防守的预判、防守的取位、起球效果等。

6. 生理生化机能指标

运动生理学及运动生物化学在运动员选材中的应用十分广泛。主要是借助科学先进的测试仪器对人体生理技能水平进行测试与评定，选拔适合某些专项运动、生理生化机能优于常人的优秀竞技人才。沙滩排球的比赛和训练均在室外的沙地上进行，且大多数时间处在较为炎热的环境下，因此运动员在这种环境下进行长时间的训练及比赛，对其生理机能提出了很高要求。

在往年的集训期间，为更好地了解沙滩排球运动员生理生化机能的特点及相关情况，上海体育学院专家曾在集训期间对运动员的生理生化机能相关指标进行过前期研究，并与教练员探讨了沙滩排球运动员的生理生化机能特点等，为选材指标的确定打下基础。

部分重要指标分析：

①血红蛋白值。血红蛋白是人体肌肉进行活动时增加氧的供应及缓冲酸性代谢产物的重要成分。如果血红蛋白数量减少到一定程度，将会导致运动能力的下降。沙滩排球运动过程中两名运动员长时间处于高温的室外环境，因此对运动员的耐力素质也有一定的要求，血红蛋白值的高低直接影响人体供氧的能力和代谢机能，可以用于评价耐力素质。另外，血红蛋白的遗传度较高，达到 0.99。因此通过该项指标的评价，可以得知运动员自身在耐力素质方面的先天性条件。

②血乳酸。每个人产生血乳酸的能力均不同，在运动中如能产生较多的血乳酸，则说明通过糖酵解系统释放并生成 ATP 的能力较强，具备了较好的无氧代谢基础。

③最大摄氧量。最大摄氧量是用于评定人体有氧工作能力的生理指标之一，可以综合反映人体呼吸和循环机能的水平。最大摄氧量的水平与许多运动项目的成绩都有一定的关系，因此也被诸多项目作为运动员选材的评价指标之一。沙滩排球运动大部分时间处于有氧运动的状态，因此该指标符合沙滩排球运动规律。

7. 心理指标

一名优秀的运动员不仅要具备超群的技战术能力和良好的身体素质，还应拥有可以充分发挥这些优势的心理能力。运动员进行训练比赛的过程是肢体活动和心理活动的结合，心理状态对运动竞技的影响越来越多的引起相关学者的高度重视。

部分重要指标分析：

①反应时。反应时指标是排球运动员选材中经常使用的指标之一。在沙滩排球比赛中，很多时候需要运动员在一瞬间做出快速的反应。具备良好的快速反应能力的运动员可能会对其自身的技术水平的提高有所帮助。

②神经类型。该测试指标是运动员选材领域中十分常见的评价指标之一。也是沙滩排球教练员及专家一致认为是目前为止评定运动员神经类型的最优指标之一。该测

试也已大量在运动员当中进行。根据测试量表的填写来判断测试者的神经类型，而不同的运动项目有相对应较为适宜的神经类型。针对沙滩排球项目来说，灵活型、亚灵活型、稳定型、亚稳定型等都是较为适宜的神经类型。

③状态-焦虑测试。该测试评定主要为运动员参赛的心理状态。我们经常会听说某运动员是“训练型”而不是“比赛型”选手。指的是这部分运动员往往具备一定的技术水平，却不能在比赛中将其发挥出来，这一现象与运动员的心理状态有十分密切的关系。状态-焦虑测试可以在一定程度上了解运动员目前阶段对于自身状态的满意程度，换言之，该指标可以帮助教练员很好地掌握运动员当前的心理状态，特别在赛前显得尤为重要。

8. 教练员评定

运动员选材借助了各种科学手段进行运动员各方面的评价。除此之外，运动员平日最真实的训练、比赛情况也是反映运动员整体情况的重要参考内容。因此教练员在运动员选材中的评价也应作为其中的组成部分。

部分专家认为教练员在选材中的评价主要关注运动员在平日训练中的作风及个人接受、学习运动技术的能力。良好的训练作风不仅是训练的基本要求，更是运动员成才的保障，在训练中做到认真、吃苦，训练才会有质的保证。而对各项技术的接受学习能力则反映出了运动员对该运动项目的理解和认知，会在训练中主动思考的运动员往往运动成绩提高较快，成才的几率也相对较高。除此之外，教练员还要考虑运动员自身的一些伤病及健康状况，没有基本的身体健康作为基础，将无法保证正常的训练。

思考题

1. 简述沙滩排球科学选材的意义。
2. 试述我国沙滩排球运动员选材的实施现状？
3. 了解青少年沙滩排球运动员选材分类及部分重要指标内容。

参考文献

[1] 田麦久．项群训练理论［M］．北京：人民体育出版社，1998：168.

[2] 王金灿．运动选材原理与方法［M］．北京：人民体育出版社，2005：14-15.

[3] 王晨．我国青少年沙滩排球运动员选材指标体系构建与选材软件的研发［D］．上海：上海体育学院，2014.

[4] 许榕．小议沙滩排球选材［DT］．［2007-03-01］．http：//cva. sina. com. cn.

第九章

热环境与沙滩排球

内容提要

本章主要包括在热环境中对运动员身体的各种影响，运动员的热适应、热习服，运动员在高温环境中热疾病以及热环境下的注意事项。

教学目的

通过本章的学习，知晓热环境对运动员的各种影响，了解热疾病及产生的相关原因，掌握必备的热环境下运动的常识，熟练运用各种方法手段减少热环境下运动对运动员身体造成的影响。

第一节　热环境对机体的影响

在热环境中运动时，由于肌肉活动大量产热，必须加强散热才能维持人体的热平衡。在炎热环境中，机体散热困难，甚至接受大量的外界热量，可引起一系列生理应激反应。

一、对热代谢的影响

影响机体热交换方式及其散热效果的主要因素是环境气候条件。机体在干热和湿热环境中具有不同的热平衡特点。

（一）干热气候环境

一般是气温 28 摄氏度以上、相对湿度为 60% 左右的环境。在 28 摄氏度左右的温度中从事小强度运动，皮温高于气温，机体以蒸发为主要散热方式，通过辐射和对流的方式所散热量小，占总产热量的 29% 左右，一般不会出现体内热蓄积。当气温在 28~35摄氏度，相对湿度为 60%左右时，从事相同强度运动，机体的热平衡基本一致，有可能产生轻度蓄热。当在气温为 40~45 摄氏度的高度干热环境中，无论是安静还是运动，机体均处于蓄热状态，随运动强度的增加，蓄热程度也增加。此时，机体除因运动产热外，还从周围环境获得相当程度的辐射热和对流附加热，约占机体热负荷的 16.7%~44.3%。虽然出汗速度加快，但仍然不能散发体内大部分的蓄热。此时，机体的热平衡被破坏，水盐平衡受到威胁。

（二）湿热气候环境

一般是指空气相对湿度大于 60%的高温环境。人在湿热环境中运动时，一方面由于环境的湿度高，汗液蒸发极为困难，使机体蒸发散热途径不能有效地发挥作用，加重了机体的热负荷；另一方面，在湿热环境中，皮肤潮湿、角质层浸汗而膨胀，使汗腺孔的正常泌汗过程受到影响而降低了出汗散热效率。汗腺分泌虽在高温环境增加，但汗珠覆盖体表或粘附在衣物上，不能达到有效的蒸发散热作用，造成体内蓄热增加。

人体在湿热环境中的生理反应明显大于干热环境的反应。湿热环境中由于体核温度与体表温度梯度减小，散热体系功能失调，体内蓄热增加，心血管系统反应尤为强烈，心率随热负荷增加而大幅度提高。因此有人认为，在湿热环境中，心率可作为反映机体热应激状态的一个较为客观的生理指标。

二、对体温调节的影响

机体处于高温环境中，体温调节机制发生了很大变化。一般情况下，人体体温调定点为 37 摄氏度左右。如果体温偏离此调定点，通过体温调节机制可产生一系列调整效应。在热环境中，皮肤因身体内部和外部环境的共同作用而受到过热刺激时，调定点可下移，在中枢温度达到 36.6 摄氏度时即可出汗，以增强机体散热能力，维持体温恒定。

但是，机体的体温调节能力是有限的。一般来说，人体在安静状态下，对体温调节的极限是气温 31 摄氏度、相对湿度 85%；或气温 38 摄氏度、相对湿度 50%。当人体进行大强度的运动时，由于机体代谢率随运动强度增大而增加，体温调节的极限值将大幅度降低。当机体产热和接受外环境热量超过人体体温调节的生理极限时，就可能使热量在体内蓄积，导致体温调节功能失调，并出现不同程度的体温升高。体温过度升高直接导致多种组织细胞结构异常，同时发生一系列生理反应紊乱，严重影响机体生理功能。因此体温升高可作为机体热负荷是否超过机体耐受极限的重要生物标志。有人建议，将体温作为人体耐热阈的预警生物学指标。Strydom 提出，将肛温上升到 38.0~38.2 摄氏度作为轻体力劳动时人体的耐受上限值，39.2 摄氏度作为重体力劳动的上限值。

三、对水盐代谢的影响

在高温环境中，为维持热平衡，机体会强化一系列的散热效应，汗液蒸发、散热增强，大量泌汗将使机体丢失大量水分，还会导致电解质紊乱。

（一）汗液与水盐代谢

汗液是低渗性体液，其中，水占99%以上，固体成分占0.3%~0.8%，电解质成分包括钠离子、钾离子、氯离子和其他多种微量、常量元素，另外还含有蛋白质等。汗液的分泌量主要取决于环境热强度和运动强度。在热环境中大强度训练，每日出汗量可达10升以上，在烈日下的55摄氏度高温环境中，每小时出汗量可达1.5~2.0升。

一般人出汗最大速率为1.5升/小时，热适应后的个体出汗速率是正常人的2倍。实际上，在持续1.5~2小时的运动中，失水2.3~6.8千克并不少见，经汗液排出的盐量约20~55克。在十分炎热而湿度很大的环境中训练，运动员失水可达9千克，占体重的10%。因此，汗液的大量分泌必然使体液和电解质过量丢失，如不能得到及时补充，或补水过量而补盐不足，都会导致水盐代谢失衡。

体内失水可引起血液浓缩，循环血量减少，脉搏加快，体温升高，机体耐热力明显下降。当失水达体重的2%~4%时，机体出现明显不适感，人会感到口渴、头昏、头痛，视力下降，运动能力下降；急性失水达到体重的5%~10%时，可以出现缺水性衰竭；达体重18%~20%时甚至可致死。在高温高湿条件下进行剧烈的运动，人体会大量出汗，造成水分和无机盐的快速丢失。水分的丢失可使细胞外液量和电解质浓度改变，体内水盐平衡紊乱，进而影响骨骼肌和心肌的工作能力。

（二）肾脏与水盐代谢

在高温环境中，体内水分主要是由汗液排出，肾脏排出量仅为机体全部体液排出量的5%~10%。由于汗液是低渗性体液，因此大量出汗可导致高渗性脱水。血浆渗透压升高，可刺激下丘脑的渗透压感受器，引起抗利尿激素释放增加，同时循环血量减少，进一步强化了抗利尿激素对肾脏的作用。结果使肾脏对水的重吸收增加，因此少尿往往是热应激反应的早期现象。机体缺水还可使肾动脉压明显下降，结果激活了肾素—血管紧张素—醛固酮系统。醛固酮不仅可强化肾小管对钠离子和水的重吸收，还作用于汗腺，使汗钠离子减少，起到了保钠排钾的作用，可使机体尿钾的排出量增加近2倍，加上大量出汗，可导致机体缺钾。

（三）水盐代谢平衡失调

机体对水盐代谢的调节是有一定限度的。在高热环境中，汗液的分泌使机体丢失了大量水和无机盐后，由于补充不足或补水不当，将会造成水盐代谢紊乱。包括高渗性和低渗性脱水两种形式：

①高渗性脱水。具体表现为极度口渴，疲乏无力，心率、血压正常，血容量正常，血清钠大于150毫摩尔/升，尿量极少，尿比重升高。

②低渗性脱水。具体表现为口渴感不明显，但极度疲乏，皮肤弹性差，肌肉痛性痉挛，脉搏细弱，血压下降，易发生直立性昏倒，血容量明显减少，血清钠含量小于130毫摩尔/升，尿比重正常。

水盐代谢失调是热致疾患（如热痉挛、热衰竭等）的重要原因。因此，在高热环境中，必须及时合理地补充水、盐，以维持水盐平衡，提高机体的耐热能力，防止热损伤。

（四）对心血管功能的影响

在高温环境运动时，一方面，心脏既要向扩张的皮肤血管网输送大量血液，以便有效地散热，又要向工作肌群输送大量的血液，以维持工作肌的正常活动和适当的血压。另一方面，由于大量出汗，血浆量减少，同时血管广泛扩张，使血管中的血量增加，有效循环血量减少，回心血量下降，每搏输出量减少。此时，机体只能依靠心率的增加来代偿循环血量的不足。但这在强度较大的运动中显然是不现实的，因为此时的心率已经接近最大心率。这种供需矛盾使循环系统处于高度应激状态，可导致热衰竭。高温对心血管系统的影响还表现在血压方面。在热环境中皮肤血管扩张，外周阻力下降，可使血压轻度下降，但运动时每搏输出量增加又可使血压升高。一般而言，运动强度较大的动力性活动时收缩压升高，但升高的程度不如常温下明显。舒张压一般不升高，甚至略下降，此时脉压有增大趋势。

（五）对神经内分泌功能的影响

高温环境可使中枢神经系统活动抑制，肌肉工作能力低下，产热量减少，热负荷得以缓解。此种抑制可看作是保护性反应。此时，精神注意力和肌肉工作能力、动作的准确性和协调性均降低。高温环境工作时，人的视觉—运动反应潜伏期随温度的升高而延长，会增加受伤和发生事故的几率。

高温应激可首先引起下丘脑—垂体—肾上腺皮质系统功能增强。有人认为，体内肾上腺皮质激素水平的升高对于保持血液pH和渗透压恒定有重要作用。在机体对高温环境适应性调节过程中，内分泌系统主要表现为促进下丘脑—神经垂体后叶分泌抗利尿激素和强化肾素—血管紧张素—醛固酮系统功能活性。抗利尿激素和醛固酮的高水平可增加肾小管对水的重吸收，减少尿量，对于维持有效循环血量有重要意义。醛固酮对于调节血浆渗透压平衡有重要作用。

四、热适应与热习服

机体置于高温环境中，各器官、系统都会发生适应性的调节，以维持内环境的相对稳定，并建立对高温环境的适应机制。依据适应机制是否具有永久性和遗传性的特征，分为热适应和热习服。

（一）热适应

世居或长期在热环境中生活或劳动者的热耐受能力，比非世居者或短期进入热环境者明显增强，这种生物学现象叫做热适应。这是因为，机体经过若干代对热的适应性调整过程，对热气候条件已建立起巩固的协调关系。热适应不仅表现为多种生理功能的适应性变化，而且机体的外在形体、器官结构也发生了适应性变化，如皮肤的颜色、汗腺的分布和密度、汗腺对温度的敏感阈值、外周血管的分布和舒缩能力及热损伤的临界阈值等，这些使适应者具有良好的体温调节能力。热适应者脱离高温环境一段时间后，对热的适应能力仍然存在。热适应具有明确的可遗传性和永久性的特点，因此又被称为生物性热适应。

（二）热习服

热习服是指尚未适应热环境者反复暴露于高温环境，通过机体有关代偿功能，使生理性热紧张状态得到暂时改善，对热耐受能力提高的现象。热习服又称为获得性热适应或生理性热适应。随着热习服机制的建立，机体的泌汗阈降低，泌汗率增高，汗盐含量减少，泌汗功能增强，汗液蒸发散热率提高，水盐代谢趋于平衡；心血管功能改善，散热功能增强，热耐受能力提高。热习服具有可产生、可巩固、可减弱甚至消退的特点。习服者一旦脱离热环境一段时间，已获得的热耐受能力可逐渐降低到习服前水平，即脱习服。

五、热习服的形成过程

根据机体在热习服过程中的生理反应特征，将热习服形成过程分为以下三个阶段。

（一）应激反应阶段

机体对热的反应是一种反射性的非特异性反应。主要特征是各系统功能的反射性强化，但缺乏整体协调性。首先，由于神经内分泌的应激活动增强，心血管系统功能处于极强紧张状态，皮肤血管运动的调节程度达到最大，呼吸加深、加快，但汗液的分泌调节尚未参与。随后，外周平均血流量进一步增多，平均体温升高，外周血管舒张，中心循环血量不足，心率急骤升高，血流加速，出汗量明显增加，但不能满足蒸发散热的需要，体内发生轻度热蓄积，体温可升至38摄氏度以上。组织细胞的代谢率升高，耗氧量增加，水、电解质开始丢失。此阶段若处理不当，可使脑组织供血不足，甚至导致机体以水、电解质和酸碱平衡紊乱为特征的内环境失调，可能发生热疾病，如热虚脱和中暑。

（二）代偿适应阶段

机体在反复高温暴露的条件下，可建立新的特异性热代偿适应反应。主要特征是机体在强化了的神经内分泌系统的调节下，各系统器官之间产生了整合性生理功能改变。表现为心血管系统的稳定性改善，包括身体各部位循环血量、血容量、组织液容量及水盐存储机制在内的循环机制得到全面调整。汗腺的分泌功能进一步加强，汗盐含量减少，皮肤的蒸发冷却效率提高，皮温降低，有利于机体深部热量向体表传递。此阶段自觉症状减轻。

（三）调整巩固阶段

机体各项适应功能趋于完善，热习服机制逐步形成和巩固。突出特征为汗液分泌功能进一步增强，汗液蒸发率增高，心血管功能及其他各相关生理功能增强，具有更强的整体协调性和稳定性。机体与所处的热环境在新的基础上达到平衡，体温和血压稳定并基本达到正常水平。此时机体能在热环境中正常生活和运动。再次进行热暴露时不会导致强烈的应激反应。

热习服后可脱习服。多数在最初1~2周内尚能很好保持，随后逐渐消退，在1~2月内完全消退已获得的热习服。体温调节的适应性特征，如汗液分泌机制、水盐代谢平衡等的消退发生较慢。

六、热习服的特点与影响因素

（一）热习服的特点

热习服的形成过程是一种生理性适应，具有以下特点：①一定的外界热强度。环境温度对促进热适应的形成速度和质量起着重要作用。在热环境中形成热习服，机体的热耐受能力可提高3~4倍。②一定的运动量。在高温环境中运动所达到的热适应效果比单纯静止获得的习服增强40%~60%。③间歇性热暴露。每天进行短时间、间断性的热环境锻炼可达到较好的热适应效果。④自然热气候锻炼。自然环境高温较在人工热气候室中的热暴露具有更好的热适应效果。⑤交叉适应或非特异性。机体对外界的不良刺激具有交叉耐受力，对低氧和寒冷等极端因素习服的获得可增强习服者对热的适应性。⑥经常性体育锻炼。经常的体育锻炼能够增强应激能力和提高机体非特性的热适应能力。

（二）热习服的影响因素

热习服形成的影响因素：①膳食营养。低热量的膳食有助于热习服形成。②水分摄入。适当补充水分能提高耐热能力，突然或逐渐失水可延缓热习服的发展速度。③盐摄入。适量摄入盐可加速热习服和提高热习服质量。而低盐摄入可延缓热习服的发展，甚至不能产生热习服。另外，高盐摄入并不能加速热习服的发展。④身体素质。体格健康者热习服的过程发展快，形成热习服的能力好。⑤过度疲劳、失眠等能中断或延缓热习服过程。

七、热习服的机制与生理指标

（一）热习服机制

目前得到确认的热习服机制包括：

①心血管系统的适应性变化。表现为血浆容量和组织间液容量的增加，循环血量的重新分配，静脉血管张力增加和循环热传递效率的提高。

②液分泌的适应性变化。如出汗增加，汗蒸发散热效率提高、泌汗阈降低，体温调节中枢调控下的汗腺分泌中枢的活动增强。

③代谢的适应性变化。主要表现为机体代谢产热率的调整。能量物质的合成增加，产热及热释放减少，机体建立对热能食物的选择性利用。

④内分泌系统适应性变化。内分泌的调节主要涉及热代谢和水盐代谢有关激素，如垂体—甲状腺素和去甲肾上腺素分泌减少，胰高血糖素分泌减少、胰岛素分泌增加；肾上腺皮质激素释放减少而盐皮质激素分泌增加，抗利尿激素分泌增加等。新近的研究表明，热休克蛋白（HSP）与热适应有关。

（二）热习服的生理指标

热习服的形成伴随着一系列相应生物学机制的重建，因而具备重要的生理学特征。这些生理学特征可作为热习服形成的标志，对于指导高温环境中人体热损伤的防护具有重要的指导意义。

①自觉症状减轻。受热初期出现的虚弱无力、头晕、恶心等自觉症状减轻到消失。

②心率稳定和心功能增强。热暴露应激所致心率升高的峰值显著降低，心输出量和最大心输出量增加，表现为在热习服过程的前4~5天心率增加幅度进行性减少，之后逐渐稳定。但是，热习服者在高温环境中运动时心率总是高于常温环境中相同强度

的运动时心率。

③直肠温度和皮肤温度上升幅度下降。热习服者进行相同负荷（包括量和强度）的运动后，直肠温度的升高幅度进行性降低，最后达到一个新的稳定水平，甚至可接近常温环境中直肠温度。有人提出，用在高温环境中直肠温度达到稳定水平的天数表示热习服形成的速度，并以完成同等负荷时直肠温度的上升水平作为评价热耐力水平的指标。皮肤温度在习服后的降低也非常明显，皮温的变化也可作为评价热习服的一个重要的客观指标。

④出汗量增加、汗盐浓度降低。在高温环境中完成一定量和强度的运动负荷，出汗量和汗盐浓度的降低，是热习服的另一个重要评价指标。热习服过程中汗液分泌量进行性增加。较长时间的热区生活后，出汗率也会有所降低，代之以汗液蒸发效率提高。热习服后，汗液逐步稀释，汗液中钠离子、钾离子、氯离子的含量明显降低。

第二节　热疾病与沙滩排球

一、热环境

温度、湿度和气流的综合影响能引起人体过热的环境，统称为热环境。太阳辐射，除直接作用于人体外，还可加热周围物体，后者再以辐射、传导、对流等方式作用于人体。因此，太阳辐射是热环境中重要的致热因素。运动环境中，气温超过 32 摄氏度，炎热地区超过 35 摄氏度，或气温在 30 摄氏度以上、相对湿度超过 80%，或辐射热强度超过 1cal（$cm^2 \cdot min$），都属于高温范畴。当高温、高湿并存时，人体的应激反应更加强烈。高温导致脱水，可降低沙排运动员的运动能力、削弱肌肉耐力、降低认知能力、导致调节和胃肠功能紊乱。在运动和比赛的间隙，补充适当的液体可促进运动员的恢复，并提高身体工作能力。

二、热环境与热疾病

热疾病或因此导致的死亡是可预防的。在 1979—2003 年间，热疾病导致的死亡在美国已发生 8015 起。2001 年，有 300 人死于热疾病。热疾病（heat-related illness, HRI）是在高温环境下运动较长时间，人体热平衡和/或水盐代谢紊乱等而导致的一种以中枢神经系统症状为主的急性疾病。多种因素可影响人体在热环境下的散热，包括湿度、发热、呼吸系统疾病、脱水、心脏病、精神疾病、肥胖、药物、酒精和年龄等。服用抗抑郁、安眠药的人更容易受极端热环境影响。按照发病机制，热疾病可分为热痉挛、日射病、热衰竭和中暑四种类型。这四种分型是相对的，通常表现为混合型。

沙排比赛的高温、高湿环境，如不注意液体补充和运动防护，容易造成热疾病。有报道发现在希腊沙排锦标赛期间，47 名沙排运动员平均自主饮水速率为 1039 毫升/小时，而同时出汗速率为 1996 毫升/小时，每小时造成体液负平衡达 0.8%～1.14%。运动员平均参加 3 场比赛，每日体重减轻 673±598.30 克，每场比赛补液 731±393.29 克。当时的环境温度为 26～38 摄氏度，相对湿度为 42%～75%。体重减轻和液体负平衡说明运动员在比赛时摄入的液体远不能满足身体的需要，需要重视运动中液体的补充。

（一）热痉挛（heat cramp）

热痉挛常在炎热环境下运动时发生，由于大量出汗，无机盐（如钠离子、钾离子）流失，导致水和电解质平衡失调，参与运动的肌肉发生不自主的痉挛。常在运动停止后发生，持续约 3 分钟后缓解。主要表现为肌肉痉挛、疼痛。此时体温可能正常，神智清醒。痉挛呈对称性、阵发性，伴肌肉收缩痛。痉挛以四肢、咀嚼肌及腹肌等经常活动的肌肉多见，尤以腓肠肌为重。热痉挛若不能妥善处理，就可能发展为热衰竭。比如一名沙排运动员上午训练，此时室外温度 35 摄氏度，相对湿度 80%。该运动员在 1 小时训练后自诉腹部和腿部疼痛。15 分钟前他并没有中断训练补充水分。该运动员很可能发生了热痉挛。

热痉挛发生后应停止运动并置阴凉处休息，补充水分、果汁或运动饮料。热痉挛缓解后，在随后的几小时应避免激烈运动。如 1 小时后仍未缓解应寻求医学处理。

（二）日射病（sun stroke）

由于太阳辐射直接作用于无防护的头部，致使颅内受热而温度升高，脑膜和脑组织充血所致。症状为头晕、剧烈头痛、眼花、耳鸣、恶心、呕吐、兴奋不安或意识丧失，体温可能升高。皮肤颜色随体温升高而发红，心率显著上升。在户外运动时戴帽子保护头部，并注意降温能起到较好的保护效果。

（三）热衰竭（heat exhaustion）

热衰竭也称为热晕厥（heat syncope）或热虚脱（heat collapse）。一般认为是由于受热引起外周血管扩张和大量失水造成循环血量减少，导致颅内供血不足所致。起病迅速，先出现大汗、面色苍白、肌肉痉挛、头晕、头痛、心悸、恶心、呕吐、便意、皮肤湿冷、脉搏细弱、呼吸浅且快、血压下降，继而晕厥。体温不高或稍高。通常休息片刻可清醒，一般不引起循环衰竭。比如在一场沙排比赛中，有运动员出现轻度头疼、恶心，并感觉身体虚弱，尽管补充了水分但仍然大汗淋漓。此前，他已经训练 3 天，此时温度 38 摄氏度，相对湿度 80%。那么该运动员很可能是出现热晕厥。

热晕厥发生后应停止运动并到阴凉处休息，补充水分、果汁或运动饮料；快速降低体温，比如冲冷水澡、用冷水或冰袋给头部降温，有条件可转移至空调房间，并减少衣物以利散热。如发生热晕厥应注意一天内不能再进行激烈运动，以确保疲劳和脱水完全消除。

（四）中暑（heat stroke）

中暑是最严重的热疾患，病情危急，死亡率高。一般认为主要是由于机体产热与吸热超过散热，引起体内大量蓄热、体温不断增高所致。主要症状为高热及神经系统症状。开始时大量出汗，以后“无汗”，肛温在 41 摄氏度以上、皮肤潮红、少汗或无汗、皮肤发热而干燥、头晕、恶心、搏动性头痛、意识模糊，多数有骤起昏迷，若不及时处理可能会危及生命。意识模糊表现为注意力减退，情感反应淡漠，定向力障碍，活动减少，语言缺乏连贯性，对周围环境的理解和判断低于正常水平。运动员可能并不能意识到自己出现意识模糊，常被同伴或教练发现。比如 1 名运动员在 8 月中旬温度为 37 摄氏度的环境下训练，他训练非常刻苦，在随后的几分钟里出汗非常厉害。教练员发现其注意力减退，情感反应淡漠，定向力障碍，活动减少，语言缺乏连贯性，对周围环境的理解和判段低于正常水平。随后还发现该运动员出汗减少，且语无伦次。则该运动员很可能出现中暑。

如出现中暑应立即寻求医学处理，如立即将患者移至阴凉区域，并可采取各种物理方法给患者降温。对于重症中暑者，则应立即转医疗机构进行救治。

三、热环境下的注意事项

（一）补水

长时间在高温环境中运动，若不能及时、合理地补充水分，可能会产生严重后果。运动时的补水包括运动前、运动中和运动后。补充的液体以水为首选，当然也可是运动饮料或果汁，避免饮用茶和含咖啡饮料。水温应在 8~13 摄氏度，含盐量在 0.15%~0.2%比较适宜。需要指出的是，运动中出现脱水，在补充水分、糖和无机盐之间，补水更重要。一般来说，只有在进行超过 50~60 分钟的持续运动时，补水才有明显价值。

1. 运动前补水

运动前 2~3 小时，饮用约 400~500 毫升水；运动前 30 分钟，饮用约 400~600 毫升水。这样可以提前使人体处于“水化”状态，增强了人体在运动中的出汗能力。

2. 运动中补水

运动中补水的总原则是少量多次、规律饮水。如运动中每隔 10~20 分钟，补充水分 200~300 毫升。需要指出，运动中不能因感到口渴时才补充水分。因为渴觉是下丘脑的渗透压感受器受到刺激引起的，但渴觉并不和水的需要保持一致。在人口渴而被动饮水前，人体已经丢失了约2%~4%体重的体液。

3. 运动后补水

运动后补水的数量根据失水情况而定，一般按运动中每减轻0.5千克体重，相应补充400~500毫升水计算，当然也可适当补充盐分。不过，一般运动后，并不需要特别补充无机盐，因为饮食摄入可以满足需要。

（二）营养

高温环境运动时，人体的能量消耗增加，因此应增加膳食的总热量。蛋白质摄入量应增加，一般占总热量的15%~20%，另外适当增加维生素A、B_1、B_2、C和钙等的摄入。

（三）运动时间

高温训练应避免在正午太阳辐射最强时进行，最好选择在早晨和傍晚进行。另外，人体对热环境有一个适应过程，在环境温度不断升高的过程中，运动的持续时间和运动强度应该随之缓慢增加，使人体有一个适应过程，降低热疾患的发生率。

（四）衣着防护

高温室外运动时，最好穿宽松、透气、吸汗、浅色、导热系数小的衣服，这样能保持空气流通，加强汗液的蒸发，减少阳光对身体的直接辐射；最好能够戴帽子，这能减少太阳辐射对脑的作用。若有需要，可以涂防晒霜，保护皮肤不被太阳灼伤且不影响排汗。

（五）运动环境

高温露天运动地点最好选择主导风向的下风侧。在室内运动时，最好在保证自然通风的基础上，采用机械通风，如风扇。

当高温与高湿（相对湿度）并存时（如湿球温度为25.5摄氏度，相对湿度大于80%，其中，湿球温度是指将温度计的温泡扎上润湿的纱布，并将纱布的下端浸于充水容器中，然后将温度计置于通风处所测得的温度）应避免运动。因为在高温、高湿环境中运动，汗液难于蒸发，大量的汗液便以汗滴的形式淌落，降低了出汗的效率，使散热效率下降，体温因此上升，这会反射性引起出汗量进一步增加，形成恶性循环，人体脱水加重，热蓄积增加。血液中的水分因出汗而丢失增加，血液被浓缩，变得粘稠，增加了心脏的负担，使运动的危险性增加。

（六）医疗预防

在高温环境中运动之前，应进行体格检查。患有心血管系统器质性疾病、高血压、胃溃疡、活动性肺结核、肺气肿、肝肾疾病、明显内分泌疾病（如糖尿病、甲亢和肥胖）和中枢神经系统器质性疾病，以及重病后恢复期及体弱者高温运动时危险性增加，故应避免高温环境中运动。另外，大量脱水（如腹泻、呕吐）、大量饮酒或睡眠不足时，人体的耐热能力下降，也应避免运动。

思考题

1. 热环境对神经内分泌系统的影响有哪些？
2. 热习服的形成过程主要包括哪几个阶段？
3. 沙排运动员在热环境下的防护和注意事项有哪些？
4. 简述常见的几种热疾病及相应的紧急处理方法。

第十章
沙滩排球的运动特点及运动损伤与医务监督

内容提要

本章主要包括沙滩排球运动常见的运动损伤、特点与预防，沙滩排球运动的供能特征和身体素质要求，以及如何科学地进行沙滩排球训练监控等相关内容。

教学目的

通过本章的学习，知晓运动员常见损伤的特点，了解运动员常见运动损伤的预防，掌握必备的运动员训练监控常识知识，熟练运用各种方法手段对运动员进行医务监督。

第一节　沙滩排球的运动特点

一、移动距离与运动强度

在沙排比赛时，运动员要在较小的空间进行快速的移动。为完成战术动作，运动员要经常变换方向。目前对于沙排运动员比赛时的运动距离还没有统一的定论，但研究发现，排球运动员的平均移动距离达到 398 米/场，4 场比赛运动员的移动距离达到 1383～1600 米。其中，二传手的移动距离为 1630±170 米，副攻 788±92 米。主攻手每场比赛的移动距离为 468±54 米（表 10-1）。女子排球运动员平均每球移动距离为 8. 5±1. 04 米，而女子排球主攻手平均每球移动距离为 10. 36 米。上述移动距离包括了垂直起跳、快速的方向变换，以及大量的快速防守和进攻动作。如果将所有的水平移动距离相加，女子排球运动员每球的平均最大距离达到了 28. 9±3. 4 米。虽然比赛场地和规则有差异，上述数据也为了解沙排项目提供了有价值的信息。

表 10-1　排球主攻手比赛时场上移动距离（米）

运动员	整场移动距离	每球最小移动距离	每球最大移动距离	平均
1	403	1. 4	28	8. 9±6. 1
2	422	0. 26	30	9. 4±6. 4
3	389	1. 3	32. 4	9. 5±8. 2
4	324	0. 67	27. 7	7. 9±6. 8
5	355	1. 5	28	7. 4±6. 2
6	323	0. 15	22. 8	6. 7±4. 9
7	499	1. 44	28. 2	9. 4±6. 5
8	474	0. 74	34. 1	8. 9±7. 5
平均	398±64. 9	0. 93±0. 54	28. 9±3. 4	8. 5±1. 04

引自：Hank M，et al. Sport Science. 2015，8（S2）：102–106.

运动强度是衡量运动员在比赛时的生理应激程度，沙排比赛的运动强度是很大的，运动员的心血管系统的反应很强烈。对沙排比赛时运动员的心率测定结果发现，在短暂暂停时心率下降到约 125 次/分，全场比赛时平均心率为 146 次/分，相当于 75%最高心率（3 场之间无差异）。其中，34%的比赛时间心率超过 80%最高心率。三场比赛的血乳酸为 2. 10±0. 66 毫摩尔/升、2. 41±0. 15 毫摩尔/升和 2. 39±0. 21 毫摩尔/升，赛后 3 小时血乳酸基本恢复到安静状态（图 10-1）。

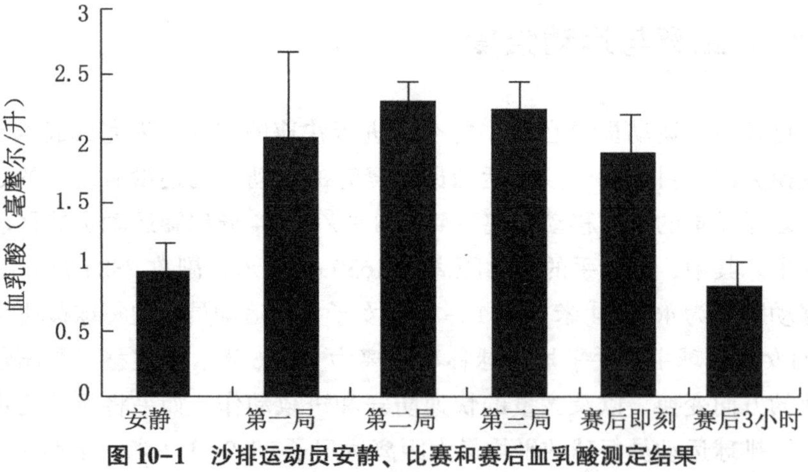

图 10-1　沙排运动员安静、比赛和赛后血乳酸测定结果

引自：Magalhães J，et al. J Sports Med Phys Fitness. 2011，51（1）：66–73.

二、弹跳次数与方向变换

沙排比赛对运动员的垂直起跳能力有很高的要求。运动员在比赛中方向的变换和起跳是经常性的，而且沙地起跳的能耗要大于在室内场地起跳。研究发现，德国优秀沙排运动员在每场比赛中平均进行了 85 次最大能力跳跃，平均每队每场起跳 219±7.4 次；澳大利亚男子沙排队在 7 场比赛中，每场比赛平均最大起跳 145±22.1 次。研究发现，起跳拦网直接得分和过网杀球是男女最常用的进攻技术，分别占 38.9%和 30.6%。在防守方面，研究发现拦网占起跳次数的 27%。所以，高强度、频繁的起跳能力是沙排运动员必须具备的能力。

三、环境因素

沙排比赛时场上的两名队员必须在高温、高湿的气候条件下持续几小时不断地做出各种技术动作和战术配合。有时候运动员在一天必须完成 3 场比赛，而中间的休息时间很短暂。这样的运动特点对运动员的有氧和无氧能力提出了很高的要求。在比赛时运动员要持续地进行快速的起跳和方向变化。同时，由于在沙地上运动，运动员较室内运动需消耗更多的能量。有关研究表明，在沙地上运动消耗的能量是平地上的 2 倍。加之运动员暴露在阳光下造成运动员的热应激增加，容易产生脱水。水和电解质的大量丢失会降低运动员的肌肉耐力和认知能力，并削弱人体的体温调节能力。沙排比赛的比赛时间和环境因素如表 10-2 所示，沙排巡回赛中运动员液体摄入和汗液流失情况如表 10-3 所示。

表 10-2　沙排比赛的比赛时间和环境因素

	例数	均值	最高	最低
比赛持续时间（分）	50	42.2±9.8	62	27
2—0 比赛持续时间（分）	36	36.9±5.6	53	27
2—1 比赛持续时间（分）	14	55.2±4.0	62	48
环境温度（摄氏度）	50	33.6±2.8	38	26
湿度（%）	50	56.0±8.7	75	42

表 10-3　沙排巡回赛中运动员液体摄入和汗液流失情况

	例数	均值	最高	最低
赛前—赛后体重变化（克）	47	673±593	1800	2000
整场比赛液体补充（毫升）	47	731±393	1500	0
液体补充（毫升/小时）	47	1039±686	2616	0
整场比赛汗液流失（毫升）	47	1404±642	2700	1200
汗液流失（毫升/小时）	47	1996±1120	4709	872
整场比赛液体平衡（%）	47	−0.8±0.68	1.98	−2.21
液体平衡（%/小时）	47	−1.14±1.19	3.45	3.86

引自：Zetou E，et al. J Sci Med Sport 2008，11：139-145.

当人体脱水3%时会严重扰乱人体的体温调节能力，降低运动表现。即便脱水1%也会出现轻度脱水症状。风和雨等自然因素也会对运动员产生影响，如雨天比赛会让球变重，并减低运动员的运动速度和动作效率。另有研究表明，长期暴露在太阳直射下，可增加皮肤癌的患病几率。

第二节　沙滩排球运动的供能特征和身体素质要求

一、沙排项目的供能特点

研究发现，77%的每球争夺时间平均为12秒左右。在每球之间的间隙时间为3~40秒。44%的每球间隙时间为12秒左右，平均为14秒。排球是一种长时间高强度、伴随小强度间隙、有短暂休息的体育活动。在高强度运动时，休息时间短暂，而每场的比赛时间约46.4~58.9（52.7±6.2）分钟。沙排比赛时的运动/休息比约为1∶2，与室内排球相当。考虑到运动的高强度，排球运动员需要良好的磷酸原和糖酵解供能能力，并对有氧能力有很高的要求。估计在运动时磷酸原系统供能占90%，糖酵解占10%。在运动间隙ATP的恢复主要依靠有氧代谢，考虑到比赛的时间。排球运动员的主要供能途径：磷酸原占40%，糖酵解占10%，有氧氧化占50%（包括休息和比赛暂停）。

二、沙排运动的身体素质要求

沙滩排球运动员需要综合的身体素质，比赛时对运动员耐力有很高的要求，而在所有的身体素质中力量、速度和柔韧等身体素质是非常重要的。而力量、速度和耐力是很多项目运动员共有的要求。比赛中，运动员需要在较小的空间进行快速的方向变化。心率保持在75%最高心率，而高强度的短暂间歇运动占整个运动时间的20%以上。在较小空间进行快速、灵活的反应对运动员的灵敏素质提出了更高的要求，而灵敏素质是速度、爆发力、协调性和柔韧素质的综合体现。

对从事某一特定运动项目的运动员来说，身体素质的训练必须与专项运动的特点相结合，才能有效地提高专项成绩。运动员在专项运动中所需求的身体素质只能通过自身的专项训练获得，任何非专项活动形式的身体素质训练都属于专项身体素质训练的一种辅助练习手段。高水平运动员在进行身体素质练习时应减少辅助练习的种类和数量。

1. 力量素质

2005年欧洲沙排锦标赛中，每场比赛运动员起跳219次，每局100次，每球6次。44%的起跳是为实现进攻动作，39%是拦网，17%为发球。另外，有研究发现，18局比赛中，男子主要在1、2、4和5区，女子主要在1区和5区。对发球速度的研究发现，水平高的队伍发出的球速更快。可见，沙排的各种战术动作都对力量素质有很高的要求。

力量素质是重要的基础素质。在不同的运动项目中，力量素质的表现形式有多种。绝对力量又称最大力量，肌肉进行最大收缩时产生的张力。肌肉的生理横断面积和神经调节功能是决定肌肉最大力量的关键因素。运动员可通过负重力量练习发展肌肉的最大力量。相对力量等于肌肉的绝对力量除以肌肉生理横断面积。速度力量是肌肉快速克服阻力的能力，是肌肉在尽可能短的时间里产生最大张力的能力。爆发力和速度力量是有区别的两个概念，爆发力是力和速度的结合，是速度力量中的一种。很多专项运动都需要肌肉的爆发力，如起跳、发球等。力量耐力是肌肉持续产生专项所要求的某一特定力量的能力。

2. 耐力素质

耐力是指长时间进行运动的能力，也是人体对抗疲劳的能力。当出现运动性疲劳时，人体的运动速度、力量、神经肌肉的协调配合能力等会降低，导致灵敏性和动作准确性降低，不但妨碍技术动作的正常发挥，甚至造成动作失败，影响运动能力、造成运动损伤。因此，耐力素质是人体的基本身体素质之一。良好的耐力素质还有利于运动员的恢复。在运动生理学中，依据肌肉工作时主要的能量供应系统，将耐力素质分为有氧耐力和无氧耐力。有氧耐力是指在运动中主要依靠有氧代谢进行长时间肌肉工作的能力；无氧耐力是指人体主要依靠糖酵解进行较长时间运动的能力。

根据2005年排球联合会对排球大奖赛的统计，排球比赛每场约95分钟，比赛场次达165场；而世界沙排巡回赛每场持续约50分钟，比赛场次约90场。有人对排球比赛前后快肌纤维和慢肌纤维中的糖原储量进行了测定，发现比赛后慢肌纤维中的糖原储量降低了36%，而快肌中降低了3.6%，说明在比赛中有氧氧化代谢途径大量参与供能。沙排比赛时能量来源中糖酵解占10%，有氧氧化占50%。因此，沙排对运动员的有氧耐力有很高的要求，并要求运动员有较强的无氧耐力。

（1）有氧耐力

有氧耐力主要取决于最大摄氧量、乳酸阈、动作的经济性和耐受高体温的能力。其中，最大摄氧量是指人体呼吸、循环系统和骨骼肌的有氧代谢能力达到最高水平时每分钟被人体摄入并被人体利用的最大氧量；乳酸阈是指人体能够最大程度利用最大摄氧量而保持有氧代谢的能力；动作的经济性是指运动员在完成动作时的效率较高，即运动员在相同运动强度下消耗更少的氧。同时，有氧耐力都是长时间的运动，运动员耐受高体温的能力也非常重要。

（2）无氧耐力

无氧耐力主要取决于三个因素：人体产生乳酸的能力、缓冲乳酸的能力和耐受乳酸的能力。其中，产生乳酸的能力与快肌纤维比例、酶活性和肌糖原储量有关；缓冲乳酸的能力主要与血浆当中的碱储备（碳酸氢钠含量）有关；耐受乳酸的能力主要与个人意志品质有关。

3. 速度素质

速度素质是人体进行快速运动的能力。速度素质有三种表现形式：反应速度、动作速度和位移速度。反应速度是指人体对各种刺激产生反应的能力。运动员能在短时间内，根据对手的击球动作，迅速、准确地判断球的路线和落点，同时完成相应的技术动作；动作速度是指完成单个动作的快慢，或者单位时间内重复动作的能力。比如，发球的速度，单位时间内连续纵跳的能力等；位移速度是指人体位置变换的能力。以单位时间内的移动距离来衡量。比如，为完成技术和战术配合，短时间内进行自己的位置变换的能力。

4. 柔韧与灵敏素质

（1）柔韧素质

柔韧素质是人体关节活动的幅度或范围的大小。柔韧素质取决于以下因素：肌肉、韧带组织的伸展性。肌肉、韧带组织的伸展性不仅受性别和年龄的影响，而且与中枢神经的兴奋性有关。同时，肌肉的伸展性还与体温有关，通过准备活动，体温升高，肌肉的粘滞性下降，肌肉的柔韧性提高。而关节面的结构是由遗传决定的。研究发现，训练可以使关节软骨增厚，使关节头与关节凹更好地嵌合。关节周围组织的体积、身体脂肪的含量和肌肉的体积都可影响关节活动的幅度。训练可使中枢神经对骨骼肌的调节功能得到提高，特别是通过调节改善了主动肌与对抗肌之间的协调性有利于提高柔韧性。

（2）灵敏素质

灵敏素质是一种复杂的素质，是人体在运动中迅速改变体位、转换动作和做出各种随机应变的能力。本质上，灵敏素质是运动员的运动技术及各种身体素质在运动过程中综合表现出来的一种机能能力。决定灵敏素质的生理基础有：大脑皮层神经过程的灵活性及分析综合能力；视觉、听觉、皮肤感觉等感觉器官的功能；动作技术和身体素质水平；年龄、性别、体重、疲劳等因素。运动员可以随事先设定的各种信号改变身体运动方式来训练灵敏素质，同时还要加强专项动作技术的练习和发展其他各种身体素质。灵敏素质是速度、爆发力、协调性和柔韧素质等各种素质的综合体现。

第三节　沙滩排球运动员的损伤特点与预防

国际沙排联合会的调查发现，沙排运动员的损伤发生率为 3 人次/1000 小时（比赛)。每3人中就有1人在7.5周的研究中寻求过医学帮助。过度使用类损伤主要集中在膝、肩关节和下腰痛。而沙排比赛时的急性损伤发生率为2.5人次/1000小时。损伤概率较其他团体比赛类项目，如篮球、冰球、美式橄榄球、手球等低很多。比赛人数少、沙地等因素是造成运动员手指、膝损伤率低的主要原因。当沙地较硬时，运动员下腰痛和膝关节出现问题更加明显。

一、损伤部位

国际沙排联合会对312名沙排运动员的损伤调查发现，损伤率为0.08/人/年。损伤部位中20%为膝关节，17%为踝关节，15%为手指，13%为肩部，5.7%为背部。而对625名室内排球运动员的调查发现，损伤率为0.22/人/年。损伤部位为踝（30.1%），手指（19.7%），膝（18.7%），肩部（13.8%），背部（8%）。对2001年沙排世界锦标赛的调查显示，沙排运动员的急性损伤发生率为3.1/1000小时（比赛），或0.8/1000小时（训练）。43%的损伤导致运动员至少1天不能训练，比赛损伤发生率远高于训练，并无性别差异。损伤发生率与室内排球相当。急性损伤部位分别为膝关节30%、踝关节17%、手指17%，占急性损伤的50%。三种最常见的过度使用损伤主要是下腰痛26%、膝关节疼痛12%、肩部问题10%。膝关节疼痛中髌腱末端病（跳跃膝）占76%，占总体的9%（表10-4）。

表10-4　沙滩排球运动员与室内排球运动员各部位损伤率

部位	沙滩排球运动员	室内排球运动员
膝关节	20%	18.7%
踝关节	17%	30.1%
手指	15%	19.7%
肩膀	13%	13.8%
背部	5.7%	8%

在下肢急性损伤中，沙滩排球运动员踝关节扭伤发生率约为室内排球的一半，髌腱末端病发生率（9%）低于排球（9% vs 40%）。沙地的软硬程度和深度，对下腰痛和髌腱末端病发生率有一定的关系。沙排的球较大（1cm周长差别），压强更低（沙排0.175~0.225千克/平方米，排球0.300~0.325千克/平方米），且比赛时可能因下雨造成重量增加，可能造成运动员腰部、肩部的应力增加。

二、损伤原因

频繁起跳和扣球动作会造成运动员下肢、后背和肩部的负荷加重。同时，比赛比较密集（达到15场/周）也是造成运动员不能完全恢复的原因。另外，不能及时对伤病进行处理和受伤运动员不能及时、系统地进行康复训练也是引起慢性损伤的主要原因。

三、损伤预防

运动损伤应以预防为主。尽管损伤不可避免，但明确损伤的风险因素，并在训练中降低这些风险，可以将损伤控制在尽可能低的水平。以下原则仅供参考。

（一）专项化的力量和体能训练

沙滩排球是以无氧代谢为主的运动项目。运动员需要良好的心血管耐力以便身体快速恢复。优秀沙排运动员通过力量和体能训练可以提高力量，以获得良好的运动表现。同时，良好的肌肉力量不但能适应比赛的需要，还能减少损伤的发生。良好的体能条件不仅能让运动员在整场比赛中保持良好的技术水平，还能够减少疲劳性损伤的风险。赛前进行准备活动，赛后进行整理活动能够让运动员的身体作好准备，同时促进赛后的恢复。

（二）避免过度训练

适当的休息和训练一样重要。如果运动员训练过度会让身体没有足够的时间恢复，将会增加过度使用损伤发生概率。每个运动员对训练的耐受能力不同，需要的恢复时间也不同。因此，教练员不可能机械地采用一种方法训练所有的运动员。长期超负荷训练而不能充分休息，将会增加身体和精神的应激，导致训练过度。优秀沙排运动员经年训练，但训练强度和训练内容经常变化，以便为比赛作好体能准备。有证据表明，周期性的训练，可以减少运动员损伤的几率。

（三）注意正确的技术动作

多数踝关节的损伤是由于在网前踩到对方或队友的脚导致的。练习拦网时的脚下动作，并对起跳和落地进行控制能降低此类接触性损伤。同时要注意观察运动员的技术动作，因为运动能力或技术的轻微变化往往是过度使用相关功能变化的早期线索。

（四）身体核心的稳定性训练

任何动作都是在关节和身体稳定的基础上才能完成的。稳定是通过主动的或被动的机制实现；骨骼肌肉为关节提供了主动性的结构稳定。同时通过动态的神经肌肉控制使稳定进一步增强。这种控制是可以学习的，同时也是运动员适应其项目需求的重要组成部分。运动员在运动中都是处于动态平衡状态，其空间位置处于不断的变化当中。在沙滩排球中，尽管很多技术都是上肢完成的，但是下肢和躯干同样重要。这种平稳而有效地从下肢将能量传递到上肢的能力，需要整个动力链的配合，尤其是骨盆和脊柱。

骨盆和脊柱组成了所谓的“核心”。研究证实，稳定而有力的核心对于协调身体运动、降低上下肢损伤和下腰痛有重要的作用。因此，髋关节的肌群（臀屈伸肌、内收和外展肌群）、腹肌、肋间肌群、膈肌等都是核心肌群的一部分。提高运动员核心肌群的动态能力和稳定性可为降低运动损伤、提高动作效率奠定基础。

（五）适当的康复措施

研究表明，身体的某部分损伤后可能还会再伤。为防止急性损伤转化为慢性损伤，对运动员损伤进行评估，而后明确诊断，并制订周密的治疗方案非常重要。一般来说，如果运动员可以完成专项动作，如起跳后不疼痛就可进行训练。但是，周密的治疗计划应该包括对运动员症状之外的康复。因此，运动员、治疗师和教练员应明确任何导致损伤的结构性或功能性的因素。比如，下腰部的应力性骨折可造成股后肌群屈伸受限，同时会改变起跳姿势（为减少下腰部应力）。除非上述因素在康复过程中被鉴别并治疗，否则运动员将因为动作改变而引发肩关节疼痛。

（六）适当营养和液体补充

营养均衡、热量充足可保证运动员在整个赛季能量储存充足。蛋白质的补充可修复受伤组织，脂肪和碳水化合物可作为燃料。足量和适当的液体补充可防止脱水并减少热疾病的发生。教练员要尤其注意女运动员的损伤复发，并防止出现女运动员“三联症”，表现为厌食，反过来造成月经紊乱，并最终导致骨量丢失。

（七）避免早期专项化训练

沙滩排球是老少皆宜的运动项目。但是，少年运动员早期过多的专项化训练和比赛可增加损伤的几率。在青春发育期之前进行单一项目训练是不提倡的。因此，严格限制少年运动员的训练量在一定程度上可减少过度使用类损伤的发生。但是，到底多大的训练量合适，目前尚不清楚。运动员、教练员和家长要密切关注过度使用类损伤的迹象，如运动后疼痛增加和运动能力进行性降低等。

另外，手指胶布固定，膝关节、踝关节支持带固定，以及正确的技术动作等，都能一定程度地降低损伤几率。

第四节　沙滩排球训练的医务监控与能力评定

一、沙滩排球运动员机能状态的监控

在比赛前的运动训练过程中，加强运动员机能状态的生理学评定，及时调整运动训练负荷，及时采取积极有效的措施，提高运动员的竞技能力，对运动员在比赛中能否以最高的竞技能力参加比赛，获得最好的运动成绩，具有极其重要的意义。

（一）机能状态监控的意义

运动员进行训练的根本目的是提高专项运动能力及运动成绩。在运动训练过程中，应该合理安排运动训练负荷，通过长期的运动训练，使人体在多方面产生良好的适应性变化。运动负荷是否得到合理安排，可以通过运动训练后各种机能指标的测定得到反映，同时根据各种指标的测定进行运动负荷的调整，使运动员处于良好的机能状态，避免运动员由于运动负荷安排不当，尤其是过量的运动训练而导致运动性疲劳的积累，从而影响运动训练的质量和效果。在比赛前的运动训练过程中，加强运动员机能状态的生理学评定，及时调整运动训练负荷，及时采取积极有效的措施，提高运动员的竞技能力，对运动员能否以最好的竞技状态和最高的竞技能力参加比赛，获得最好运动成绩，具有极其重要的意义。因此，运动员各个时期的机能状态的生理学评定，无论对运动训练质量的提高，还是对比赛中运动成绩的提高，都是十分重要的。

（二）常用方法和指标

1. 运动员机能状态的自我监控

运动员本人是运动性疲劳最早、最明确的感受者。运动性疲劳出现后，运动能力明显下降，克服负荷的能力减退。不能保持既定的强度、速度，出现力不从心的现象。有些运动员在疲劳时容易出现头昏、胸闷、呼吸困难、恶心等异常感觉，反映疲劳程度较深。自我监控的内容包括：自我疲劳感觉、情绪、睡眠质量、食欲、运动训练欲望等。

Anderson（安德森）采用较短的问卷来监测运动员的运动能力。每天早上要求运动员回答 6 个问题：我昨晚睡眠很好；我期望今天有好的训练表现；我对以后的运动表现非常乐观；我浑身充满活力；我的食欲良好；我肌肉有点酸痛。每个问题回答完全不同意为 1 分，同意为 2 分，中立为 3 分，赞同为 4 分，完全赞同为 5 分。当运动员 6 个问题总得分高于 20 分时，说明他们恢复充分可以进行后继训练；但如果得分低于

20，则要求他们休息或者进行难度较小的训练直至得分提高为止。

2. 运动员机能状态的监控

(1) 静息心率

心率是反映循环机能最简易而且很有价值的生理学指标。心率在 24 小时内存在周期性变化，清晨较慢，下午稍快，这与人体在 24 小时内代谢率的周期性变化有关。运动员在清晨睡醒后静卧、空腹和环境温度适宜的状态下，安静心率相当稳定。如果没有其他原因可以解释安静心率增快超过 10%以上时，可以考虑为运动性疲劳没有消除，或者就是处于过度疲劳状态。

(2) 红细胞计数和血红蛋白含量测定

单位体积血液中红细胞数量和血红蛋白含量在诊断运动员过度疲劳状态时起重要作用。运动员的红细胞计数和血红蛋白含量在正常值范围的上限。由于红细胞在人体运动过程中具有特殊的机能，因此，无论是何种运动项目的运动员，红细胞计数及血红蛋白含量与运动能力的关系非常密切。尽管造成运动性贫血的原因很多，但运动负荷不适宜或运动员对运动训练的变化不适应，是运动性贫血产生的重要原因。运动强度过大，或者运动量过大，都可以很快出现红细胞计数或者（和）血红蛋白含量的下降。因此，这两个指标可以作为诊断运动员过度疲劳状态的较为敏感的依据。

红细胞计数和血红蛋白含量是运动员训练监控和健康档案中的重要内容，也是运动员训练监控的常规指标。通过这两个指标的变化，可以发现运动训练过程中运动员对运动训练的反应状况和适应状况，为教练员正确指导训练提供有价值的资料和依据。

(3) 尿蛋白测定

运动员在进行有一定强度和一定持续时间的运动训练后，尿中可以出现数量不等的蛋白质，这种现象称为运动性蛋白尿。正常情况下，由于肾小球滤过膜的机械屏障和静电屏障的作用，带有负电荷的分子量较大的血浆蛋白不能通过滤过膜，因此在尿中仅含有极微量的蛋白质。在长时间剧烈运动时，肾脏血液供应相对量明显下降，造成了机械屏障和静电屏障的减弱。本来不能滤过的蛋白质在原尿中出现，而肾小管对蛋白质的重吸收能力很低，在终尿中可以出现蛋白质。

运动对肾小球滤过膜通透性的影响是可逆的。运动结束后的恢复期内，肾小球滤过膜的通透性可以较快地恢复。一般在第二天清晨的尿中蛋白质含量明显下降，甚至消失。如果第二天清晨的尿中仍然含有具有诊断意义的蛋白质含量，可以认为第一天的运动训练对运动员所造成的影响尚未消除，或者可能已经处于过度疲劳状态。

运动性蛋白尿的个体差异很大。不同运动项目、不同训练水平、不同年龄的运动员在进行运动训练后尿蛋白含量可以明显不同。由于尿蛋白含量个体差异大的原因，因此，一般情况下尿蛋白指标不进行群体之间的比较。影响尿蛋白含量和百分比浓度的因素很多，如饮水量、环境温度与出汗量等。运动后即刻的尿蛋白含量也与运动前膀胱排空程度有关。

（4）肌酸激酶测定

肌酸激酶主要存在于骨骼肌和心肌细胞内，催化磷酸肌酸的代谢。肌酸激酶主要有两种同工酶，即 CK-MB 和 CK-MM，CK-MB 为心肌型的肌酸激酶，而 CK-MM 为骨骼肌型的肌酸激酶。

运动训练过程中，由于运动强度大和运动持续时间长，导致骨骼肌细胞膜通透性发生改变，或者由于运动损伤导致骨骼肌细胞的变性或坏死，本来存在于骨骼肌细胞内的肌酸激酶便大量出现在血液中。正常运动训练后数小时内，血清肌酸激酶活性有一个低水平的持续升高的过程，由于骨骼肌型的肌酸激酶半衰期较长，可在 36 小时以上，因此，一次大强度训练后，血清中肌酸激酶活性可持续维持在一定的水平。

如果运动训练量适宜且运动后恢复措施得当，血清肌酸激酶活性不可能维持很高水平。如果运动训练量安排不当，恢复措施又不当，在没有充分恢复的状态下又安排不当的运动训练，使运动员处于过度疲劳状态时，血清肌酸激酶活性明显升高。因此，血清肌酸激酶活性可以作为评定运动员机能状态的指标。由于过度疲劳状态时运动员血清肌酸激酶的主要来源是骨骼肌，因此可以不做肌酸激酶同工酶的测定，而只作肌酸激酶总活性的测定。

（5）血尿素（氮）测定

血液中除蛋白质以外的含氮物质中，尿素的含量最高。体内蛋白质代谢过程中产生的氨，在肝细胞内合成尿素，经血液运输到肾脏排出体外。运动训练过程中由于肌肉内蛋白质分解代谢的旺盛，运动后血尿素氮含量可有一定程度的升高。在运动员处于过度疲劳状态时，由于肌肉内蛋白质分解代谢继续超过合成代谢，尿素的来源增加。所以，在过度疲劳状态时，血尿素氮含量持续升高。与肌酸激酶比较，肌酸激酶可能受运动强度的影响比较明显，而血尿素（氮）含量的变化可能受运动量的影响比较明显。

（6）血清睾酮测定

睾酮主要是由性腺分泌的类固醇激素，肾上腺皮质也可分泌极少量的睾酮。睾酮除促进男性性器官生长发育、维持正常的性机能和维持正常的第二性征外，还可以对机体的代谢进行调节，如促进蛋白质的合成等。睾酮的分泌受到下丘脑、腺垂体等一系列调节激素的控制，外周血液中的睾酮对下丘脑和腺垂体释放的调节激素具有负反馈调节作用，维持血液中睾酮水平的相对稳定。

实验室测定的是血清中睾酮含量，正常值范围成年男性为 10.5～35nmol/L，成年女性为 0.70～2.8nmol/L。在过度疲劳状态时，外周血液中睾酮水平明显下降。睾酮下降水平与过度疲劳状态的深度有一定的关系。血睾酮水平的测定是评定运动员机能状态常用的指标。

(7) 血清皮质醇测定

皮质醇是肾上腺皮质分泌的一种类固醇激素，含可的松和去氢可的松。已经有大量的研究报导认为，在过度训练状态时，血清皮质醇含量明显升高。由于过度疲劳状态时血清睾酮含量下降，而皮质醇含量升高，出现睾酮/皮质醇比值明显下降的现象，因此皮质醇常与睾酮一起测定，作为评定过度疲劳状态及其程度的常用指标。

值得注意的是，皮质醇的分泌有明显的昼夜节律性变化的规律。正常成年人上午6~8时最高，为160~718nmol/L；下午4时较低，为110~386nmol/L；夜间10时到次日2时最低。因这种激素分泌的昼夜节律性变化规律，测定时要求在相同的时间段采血，避免由于昼夜节律变化造成的错误判断结果。

(8) 免疫机能稳态的变化

大量的实验研究证实，适宜的体育活动可以促进机体免疫机能的稳定，而过大负荷的体育活动可能造成免疫机能的暂时性紊乱。如大强度长时间的跑步可以使T淋巴细胞免疫机能下降，使NK细胞和NKT细胞的免疫活性下降，甚至造成外周血液中这些重要的免疫细胞数量的减少。正常情况下T细胞亚群相互作用平衡、稳定地调节和维持机体的免疫机能，任何一种T细胞亚群的增加或减少都可以引起机体免疫机能的失调。过度疲劳状态时T细胞亚群发生变化，常见的有自然杀伤细胞（NK细胞）减少，$CD4^+$细胞减少，$CD4^+/CD8^+$比值下降甚至倒置。过量运动训练对免疫机能的不良影响是可逆的。在运动训练后的恢复期内，细胞免疫机能逐渐恢复至正常范围。然而在运动员处于过度疲劳状态时，免疫机能下降后在较长时间内很难恢复至正常值范围。而且免疫机能指标的变化往往比其他指标的变化发生早，因此，细胞免疫机能的变化成为判断运动员过度疲劳的早期敏感。

二、沙滩排球运动能力评定

（一）一般运动能力与专项运动能力

专项运动能力是建立在一般运动能力的基础上，运动员专项运动能力的高低很大程度上与运动员一般运动能力有关。专项运动能力实际上是一般运动能力的专项化，特别是突出了比赛的要求，同时也完成了由一般运动能力向专项运动能力的过渡和转移。因此，沙排运动能力监控体系的建立一方面要突出运动项目特色，另一方面需采用教练员常用的方法和手段进行测评。监控目的就在于既突出沙排的项目特征，又能够采用简便易行且常用的方法进行评价。

（二）沙滩排球运动员一般运动能力的评定

排球项目比赛中磷酸原供能占40%，糖酵解占10%，有氧氧化占50%。排球比赛时运动员的平均移动距离达到 398 米/场，4 场比赛运动员的移动距离达到 1383~1600 米。其中，二传手的移动距离为 1630±170 米，副攻 788±92 米。主攻手每场比赛的移动距离为 468±54 米。虽然沙排没有直接数据证实，但沙排的运动特征与排球相似。同时，沙排运动员在比赛中方向的变换和起跳是经常性的，而且在沙地起跳的能耗要大于在室内场地起跳。德国优秀沙排运动员在每场比赛中平均进行了 85 次最大能力跳跃，平均每队每场起跳 219±7.4 次；澳大利亚男子沙排队在 7 场比赛中，每场比赛平均最多起跳 145±22.1 次。而起跳拦网直接得分和过网杀球是男女运动员最常用的进攻技术，分别占 38.9%和 30.6%。

鉴于此，对沙排运动员一般运动能力的评定主要针对其无氧能力（磷酸原/糖酵解)、有氧能力、下肢起跳能力（爆发力和连续起跳能力)、灵敏素质和速度素质进行评价。

（1）有氧耐力

国际排球联合会 2005 年报道世界沙排巡回赛每场持续约 50 分钟，比赛场次约 90 场。依据沙排的比赛特点，沙排运动员的有氧能力实验室测定可采用最大摄氧量直接测定，场地测定可采用 3000 米跑记录所用时间。男子排球运动员最大摄氧量相对值：副攻运动员为 67.1 ±6.69 ml/kg · min；二传运动员为 63.62±6.15 ml/kg. min；主攻和接应为 60.63 ±4.39 ml/kg · min 和 57.21 ±3.43 ml/kg · min；自由人为 53.47±5.63ml/kg · min。有报道称，国外男子沙排运动员最大摄氧量为 76.8 ±6.7 ml/kg · min，国内运动员为 65.8 ±7.7 ml/kg · min。

（2）无氧能力

沙排的运动和比赛特点决定了磷酸原和糖酵解在供能中占很高比例。无氧能力的评价在实验室可以采用 Wingate 无氧功率测定，在场上测试可采用 300 码折返跑（测试场地宽 12 码，长 25 码)。其中 300 码折返跑，运动员测定时标记出 25 码距离，运动员折返 6 次，跑动距离共 300 码。300 码折返跑测定 2 次，间歇 5 分钟，取最好成绩。Hoffman（霍夫曼）于 1961 年的评价标准为少于 50 秒为优秀；50~52 秒为良好；52~53 秒为合格；53~55 秒为低于正常；超过 55 秒为差。

（3）下肢爆发力

良好的爆发力和连续起跳能力是沙排运动员必备的能力。德国优秀沙排运动员平均每队每场起跳 219±7.4 次；澳大利亚男子沙排队每场比赛平均最大起跳 145±22.1 次。起跳拦网直接得分和过网杀球是男女最常用的进攻技术，分别占 38.9%和 30.6%。沙排运动员下肢爆发力可采用纵跳测试评价，同时建议采用 30 秒连续起跳拦网次数来评价运动员的连续起跳能力。纵跳测定分为沙地测试和硬地测试，测定 3 次，取最好成绩。可按照下肢功率（W）= 51.9×纵跳高度（厘米）+48.9×体重−2007 计算。国外对 14 名男子和 16 名女子优秀沙排运动员的测定结果如下，静态蹲跳（squat jumps)：

男子为 44.45 ± 4.73 厘米，女子为 36.13 ± 6.26 厘米；增强式纵跳（countermovement jumps）：男子为 46.86 ±3.81 厘米，女子为 38.58 ± 5.77 厘米（图 10-2）。

图 10-2 纵跳测试

（4）上肢力量

3RM 卧推可用来反映上肢力量，即能全力完成 3 次卧推重量。当然，也可通过测定卧推的最大力量（1RM）来反映上肢最大力量或通过 1RM 半蹲来反映下肢最大力量。

（5）灵敏素质

T test 和象限跳是常用的反映灵敏素质的测试方法。T test 的测试场地如图 10-3 所示，测试顺序为 A—B—C—D—B—A。A—B 为前跑；B—C—D—B 为侧向滑步；B—A 为后退跑。该测试方法包括 3 种步伐：向前跑、侧向滑步后后退跑。覆盖距离为 40 码，其中侧向滑步距离为 20 码，向前跑和后退跑各 10 码。在测定中两次改变跑动方向，4 次弯腰触及标志物底部。T test 测定 3 次取最好成绩。另一种为改良的 T test，即将 A 和 B 之间的距离缩短到 5 码。T test 非常适合场上经常变化移动方向的项目。美国青年队排球队的完成时间为 10.49 ± 0.96 秒，成年队完成时间为 10.01 ± 0.06 秒。

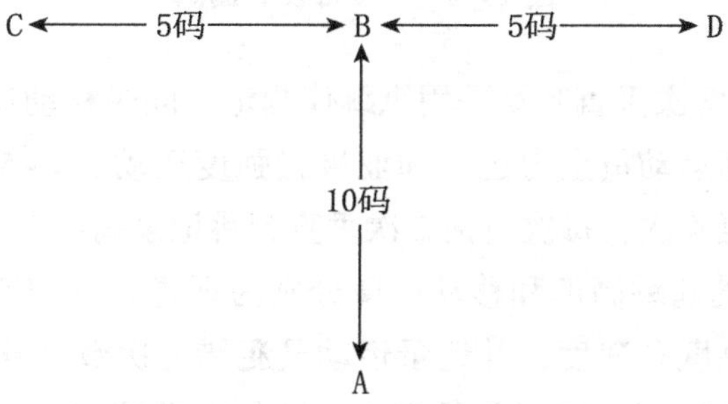

图 10-3 T 形跑测试

(6) 速度素质

300 码折返跑主要反映运动员的无氧能力。结合沙排运动员的运动特点，150 码折返跑更适合用来反映运动员的速度素质。150 码测定方法与 300 码要求相同，但只跑 3 个往返。测定 2 次，间歇 3 分钟，取最好成绩。

当然，在评价过程中也可适当增加运动员柔韧素质、平衡能力等测试项目，可根据条件和需要进行评价。

（三）沙滩排球运动员专项运动能力的评定

目前能借鉴的是室内排球的重复爆发力测试（repeated-effort test，RET），主要包括弹跳能力和移动能力测定，测试的持续时间和休息时间模拟最极端的比赛要求（Sheppard and Gabbett，2007）。RET 测试包括垂直起跳、拦网和横向运动，用来模拟室内排球的前场运动。四次重复 RET 测试用来模拟最极端的比赛要求，每次测试在 20 秒内完成，组间间歇在 4~8 秒，与运动员的速度有关（图 10-4）。

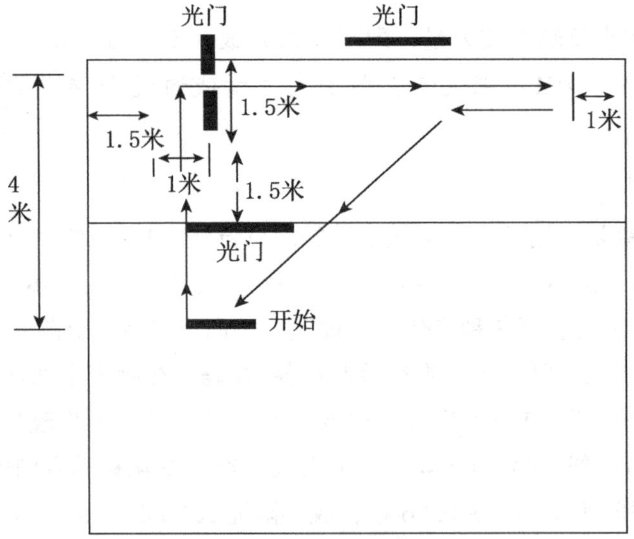

图 10-4 重复爆发力测试

由图 10-4 可知，两次垂直起跳采用纵跳仪测定，同时移动速度被记录。运动员做好准备活动，其中包括运动员全力运动和亚极量强度运动。3~5 分钟休息后，运动进行正式测试，测试重复 4 次，每次包括 2 次垂直起跳记录高度（厘米）、侧向运动时间（秒）。运动员第一次的起跳高度和移动速度分别为理想高度和速度，将 8 次测定的结果平均计算即为实际高度和速度，并记录运动员犯错的次数（比如起跳和拦网触网）。评价指标包括理想起跳高度、实际起跳高度、理想运动速度、实际运动速度和错误次数。比较连续 4 次的测定实际高度和速度可反映运动员的抗疲劳能力。

三、沙滩排球运动员运动强度的监控

运动强度是特指肌肉活动的水平，可用功率（单位时间的能耗或做功量）、等长收缩的张力或者收缩速度来反映。比如，运动强度可以反映出20分钟行走1英里时身体承受的工作强度。运动强度是决定身体动员何种能源物质供能以及身体对运动产生何种适应的重要因素。沙滩排球运动员运动强度的监控可以采用下列指标：

（一）心率（heart rate）

心率即为每分钟心脏跳动的次数。心率反映运动强度是因为在一定范围内（100~180次/分），心率与运动强度呈直线关系。也就是说同一个人，运动时心率越高运动强度越大。在实际使用时，可采用最大心率百分比的方法对运动强度进行分级。可按照最大心率=220-年龄（岁）来计算。比如，20岁的健康成年人，最大心率=220-20=200（次/分）。一般而言，运动时心率在40%~54%最大心率范围内为小强度；在55%~69%最大心率时为中等强度；而大于70%最大心率时为大强度。心率反映运动强度比较简便。比如沙排比赛时，运动员的心率保持在75%最高心率，而高强度的短暂间歇运动占整个运动时间的20%以上。说明沙排比赛时的运动强度还是比较大的。

（二）代谢当量（METs）

所谓代谢当量，就是把安静时的能耗定为1，运动时的能耗为安静能耗的倍数。比如，以4.8公里/小时的速度行走代谢当量约为3.3METS，表示这种运动的能耗是安静水平的3.3倍。一般来说，小于3METS（<3.5千卡/分）为小强度，3~6 METS（3.5~7千卡/分）为中等强度，大于6METS为大强度（>7千卡/分）。沙滩排球运动时代谢水平超过6 METS。

（三）耗氧量（VO_2）

耗氧量是运动时人体消耗的氧气量，运动强度越大耗氧量越高。人体在递增强度运动时每分钟被人体利用并被人体消耗的最大氧量称为最大摄氧量。一般研究中设定运动强度采用当时的耗氧量占最大摄氧量的百分比表示。一般小强度<45%最大摄氧量，中等强度为55%~65%最大摄氧量，大强度为75%~85%最大摄氧量，亚极量强度为90%~95%，>95%为极量强度。当然，耗氧量与代谢当量可以换算，1 METS对应耗氧量为3.5毫升/千克·分。

（四）主观用力程度（RPE）

主观用力程度是依据个人在运动时的主观感觉来反映运动强度。小强度对应的主观用力程度为完成运动“容易”，中等强度下感觉“有些难”，而大强度下为“难”。小强度下呼吸模式保持不变，出汗很少；中等强度下运动10分钟即出汗，呼吸加深、加快，但可自由交谈而不费力；大强度下运动5分钟即出汗，呼吸明显加快。RPE量表的得分为6~20分，其实将得分乘以10即为运动心率。另外，从未运动的人采用RPE监测运动强度得分都偏高。对于少运动者，一般推荐RPE得分在11~13分；而有锻炼习惯者，得分可在13~15分。在这一范围内一般属于有氧运动。

当然，反映运动强度的还有其他指标。如力量练习的负重/阻力，跑步或行走的速度，游泳/自行车的速度等。另外，相同物理强度下，不同的人生理强度可能不同。比如，同样以8公里/小时的速度跑步，运动能力强的人心率会低于运动能力弱的人。反映出他们的生理强度不同，运动能力强的人生理反应小。

四、体重控制与营养

很多项目中运动员都要将体重保持在某一特定水平。运动员体重或体成分的剧烈变化会对运动员力量、速度等运动能力产生影响。如果采用不当的体重管理方法可能会导致运动员造成不良影响，对青少年运动员甚至还会影响生长发育。研究发现，高水平运动员在体型上表现为身材高大、更多的瘦体重和更低的体脂率。造成这种差别的主要原因可能是在膳食和训练准备上。因此，沙排运动员平时的训练过程中应该注意营养摄入、并制订相应的体重控制方案。

（一）肥胖与判定肥胖的方法

肥胖（病）是一种热能物质摄入超过热能消耗引起体内脂肪过度堆积的热能代谢障碍。肥胖并不是指单纯的体重增加，而是体内脂肪组织集聚过剩的状态。依据肥胖的发病原因，肥胖可分为单纯性肥胖和继发性肥胖。单纯性肥胖又称原发性肥胖，与生活方式关系密切，主要是由于活动量少且不良的饮食习惯造成热量摄入远大于消耗，引起体内贮存大量的脂肪。此类肥胖占肥胖人群的95%左右；继发性肥胖是由于某些原发疾病而引起的肥胖，占肥胖人群的5%左右。根据脂肪堆积部位，肥胖又可分为腹型肥胖和外周肥胖。腹型肥胖或向心性肥胖，脂肪主要堆积在腹部内脏周围；外周型肥胖或非向心性肥胖，脂肪主要堆积在臀部和大腿部位，我国成年女性多为此类型。

肥胖程度的确定有多种方法，简易的方法有身体质量指数法（Body Mass Index，BMI）、体脂肪率（Body Fat Percentage）和腰围（WC）、臀围比法（Waist to Hip Ratio，WHR）。

BMI＝体重（公斤）/身高^2（米）。推荐的中国人BMI超重和肥胖的临界值为24（24~27.9）和28（>28）。其中28~35为轻度肥胖，35~40为中度肥胖，>40为重度肥胖。另外，如果肌肉成分较多，如运动员，其BMI可能较高，但不能视为肥胖。

体脂率侧重反映人体的脂肪含量，是评价超重和肥胖的较好指标。一般，体脂率在25%~30%为超重，30%~35%为轻度肥胖，35%~40%为中度肥胖，超过40%为重度肥胖。

腰围和腰臀比反映了腹部皮下脂肪和内脏脂肪的聚集程度，是判定腹型肥胖的简易测量指标。男性腰围超过85厘米、女性超过80厘米为肥胖。男性腰臀比超过0.9、女性超过0.85可判定为腹型肥胖。

（二）体重管理和科学减重

1. 科学的减重目标

减体重的安全速度是1~2磅/周，也就是每天比平时少摄入300~500卡热量。但是，在赛季或者运动员运动能力提高期应适当降低。运动员的减体重计划最好避开这个时期。减体重速度过快可能会严重削弱运动员的运动表现，并产生各种健康问题。总热量摄入的减少还可能会造成减少脂肪的同时减去部分瘦体重。运动员减体重的最好时期是在一个训练周期的开始阶段，或者在比赛周期前一段时间。

2. 健康饮食

运动员应注意饮食健康，无论是正餐或者点心都应保证健康饮食。脂肪，一般占日摄入能量的20%~35%。日平均需要2900卡的人，每天通过脂肪摄入的能量约为725卡。饮食中应注意不饱和脂肪酸和必需脂肪酸的摄入；糖是运动中主要的供能物质，摄入的多少与训练的要求有关。比如，运动员的糖摄入量大约为6~10克/公斤体重。因此70公斤的人，大约每天需要420~700克糖。蛋白质，参与人体组织的修复。运动员的蛋白质摄入比普通人高，且与运动项目有关。耐力运动员每日需要1.2~1.4克/公斤体重，力量训练时每日需要1.2~1.7克/公斤体重。好的平衡饮食一般能满足运动员的每日需要，一般不需要额外再进行营养品补充。

3. 运动员减体重的要求

（1）中等能量负摄入

依照科学减重目标，运动员应该科学地控制自己减重的速度，在保证身体每日所需营养物质的前提下，合理设定每日摄入的能量以及合理的选择食物，如果摄入能量过少，会严重影响运动员的训练和比赛状态，甚至产生各种健康问题。所以运动员的减重应以中等能量负摄入为主，既能完成设定的减重目标，达到减肥效果，也能满足身体每日所需的基本能量供应。

（2）力量训练

在开始减重的时候，增加一定力量训练的比例是比较合适的。一般来说力量练习可达到3次/周。通过力量训练可增加肌肉从而增加体重，体重的增加有利于提高代谢率。避免因为减重的同时丢失肌肉成分。通过训练还可以增强肌肉力量，有助于预防损伤，并提高运动表现。

(3) 蛋白质补充

在减重期间，蛋白质的补充可占到每天总热量的30%。高蛋白质饮食有助于减轻人的饥饿感，从而可减少能量的摄入，有利于维持能量负平衡。此外，力量训练时高蛋白的摄入有利于肌肉的修复和重建。当进入正式训练阶段，要适当减少蛋白质的摄入比例，而增加糖的摄入，有利于为人体提供能源物质。

(4) 高强度间歇训练

高强度间歇练习（HighI Intensity Interval Training，简称HIIT），是由多组高强度的练习（高强度）以及随后不同长短的恢复练习（间歇）组成。高强度运动进行5秒~8分钟，运动强度可达80%~95%的个体最高心率（200-年龄）。随后的间歇时间（即恢复时间）可与高强度运动时间相同，运动强度可保持在40%~50%最高心率。一次高强度间歇运动总的运动时间一般在20~60分钟。如一组运动包含疾跑（30~40秒）+慢跑（15~20秒）或快走，练习4组就是一种高强度间歇练习。高强度间歇训练适合沙滩排球的运动形式。

将每周3次、每次30分钟的传统有氧练习和每周3次、每次20分钟的高强度间歇练习进行了比较，发现两组体重均降低，但高强度间歇练习组体脂降低了2%，而传统有氧练习组仅降低了0.3%；高强度间歇练习组肌肉增加了900克，而传统有氧练习组肌肉减少近450克。

由于HIIT能使锻炼者机能潜力得到最大限度发展，全面提高机体的代谢能力，从20世纪30年代末开始，在欧美等国家的体育专业训练中被大量应用。自20世纪90年代开始，对HIIT的大量研究均显示出其减脂效果较好。有研究对HIIT和传统有氧练习的减重效果进行了比较，尽管传统的有氧练习消耗的热量是HIIT的两倍，但HIIT却能减去更多的脂肪；12周的HIIT不仅减少了体脂，还增加了肌肉成分，且腹部和内脏脂肪有效减少，瘦体重增加，同时有氧能力提高。

高强度运动段的强度可达到80%的最高心率，如采用自我感觉来衡量，应该在"难"到"非常难"的程度。在恢复段，强度应在40%~50%最高心率，此阶段的身体活动应感觉轻松，以便为下一组训练作准备，如3分钟高强度运动，恢复3分钟为1组；或者30秒全力运动，恢复4~4.5分钟为1组。上述两种方式可重复3~5组。

HIIT相对持续性有氧练习更易引起疲劳，因此需要更长的恢复时间。在计划HIIT训练开始前最好有个准备期，可以从3~5次/周，每次20~60分钟的相对高强度练习开始，持续几周。刚开始时可在持续性有氧练习的基础上，每周安排一次HIIT。当体能水平提高后逐渐增加次数，直至全部采用HIIT。

思考题

1. 沙滩排球运动员的损伤特点是什么？
2. 如何科学的对沙滩排球训练进行监控？
3. 沙滩排球运动员如何对运动损伤进行预防？
4. 沙滩排球运动员运动强度的监控包括哪几个方面？

参考文献

[1] Chia M，Mukherjee S. Hydration status of heat-acclimatized youth team players during competition. Science & Sports. 2012，27：e51-e54.

[2] Croitoru D. Quantitative and Qualitative Benchmarks in Volleyball Game at Girls "Cadets" Level (15-16 Years Old) . Procedia - Social and Behavioral Sciences. 2014，117：383-388.

[3] Moehrle M. Outdoor sports and skin cancer. Clinics in Dermatology. 2008，26：12-15.

[4] Zetou E，Giatsis G，Mountaki F，et al. Body weight changes and voluntary fluid intakes of beach volleyball players during an official tournament. J Sci Med Sport. 2008，11：139-145.

[5] Magalhães J，Inácio M，Oliveira E，Ribeiro JC，et al. Physiological and neuromuscular impact of beach-volleyball with reference to fatigue and recovery. J Sports Med Phys Fitness. 2011，51 (1)：66-73.

[6] Bahr R，Reeser JC. Fédération Internationale de Volleyball. Injuries among world-class professional beach volleyball players. The Fédération Internationale de Volleyball beach volleyball injury study. Am J Sports Med. 2003，31 (1)：119-125.

[7] Reeser JC，Bahr R. Principles of Prevention and Treatment of Common Volleyball Injuries. FIVB Medical Injury Prevention. FIVB Medical Commission.

[8] Aagaard H，Scavenius M，Jørgensen U. An epidemiological analysis of the injury pattern in indoor and in beach volleyball. Int J Sports Med. 1997，18 (3)：217-221.

[9] Briner WW Jr，Kacmar L. Common injuries in volleyball. Mechanisms of injury，prevention and rehabilitation. Sports Med. 1997，24 (1)：65-71.

[10] Eerkes K. Volleyball injuries. Curr Sports Med Rep. 2012，11 (5)：251-256.

[11] Seminati E，Minetti AE. Overuse in volleyball training/practice：A review on shoulder and spine-related injuries. Eur J Sport Sci. 2013，13 (6)：732-743.

[12] Lajtai G，Pfirrmann CW，Aitzetmüller G，Pirkl C，Gerber C，Jost B. The shoulders of professional beach volleyball players：high prevalence of infraspinatus muscle atrophy. Am J Sports Med. 2009，37 (7)：1375-1383.

[13] Hank M，Zahalka F，Maly T. Comparison of spikers' distance covered in elite female volleyball Sport Science. 2015，8 (S2)：102-106.

[14] Davies S E H，Coetsee M F，Siroky M，et al. Performance indicators of elite beach volleyball players. Sports Med. 1998：13-117.

[15] Medeiros AIA，Palao JM，Marcelino R，et al. Systematic review on sports performance in beach

volleyball from match analysis. Artigo em Revista Científica Internacional. 2014, 6 (6): 698-708.

[16] Riggs, MP, Sheppard JM. The relative importance of strength and power qualities to vertical jump height of elite beach volleyball players during the counter-movement and squat jump. Journal of Human Sport and Exercise. 2009, 4 (3): 221-236.

[17] Bahr R, Reeser JC. New guidelines are needed to manage heat stress in elite sports - The Federation Internationale de Volleyball (FIVB) Heat Stress Monitoring Programme. British Journal of Sports Medicine. 2012, 46 (11): 805-809.

[18] JIMÉNEZ-OLMEDO, José Manuel, PENICHET-TOMÁS, et al. Injuries and pathologies in beach volleyball players: A systematic review. Journal of Human Sport and Exercise. 2016, 10 (4): 936-948.

[19] Palao JM, López-Martínez AB, Valadés D, et al. Physical actions and work-rest time in women's beach volleyball. International Journal of Performance Analysis in Sport. 2015, 15: 424-429.

[20] Sattler T, Sekulic D, Hadzic V, et al. Vertical jumping tests in volleyball: reliability, validity, and playing-position specifics. J Strength Cond Res. 2012, 26 (6): 1532-1538.

[21] Nikolaidis PT, Afonso J, Clemente-Suarez VJ, et al. Vertical Jumping Tests versus Wingate Anaerobic Test in Female Volleyball Players: The Role of Age. Sports. 2016, 4 (1): 9.

[22] Schaun GZ, Ribeiro YS, Vaz MS, et al. Correlation between Agility, Lower Limb Power and Performance in a Sport-Specific Test in Female Volleyball Players. International Journal of Sports Science. 2013, 3 (5): 141-146.

[23] Sheppard JM, Gabbett T, Taylor KL, et al. Development of a repeated-effort test for elite men's volleyball. Int J Sports Physiol Perform, 2007, 2 (3): 292-304.

[24] 刘印民，王昶，孔繁明．不同位置高水平男子排球运动员有氧能力特征与规律比较研究．吉林体育学院学报，2011，27 (6)：96-99.

[25] 丁世聪．国内外优秀男子沙滩排球与室内排球运动员心肺功能指标的比较研究．广州体育学院学报，2006，26 (3)：92-94.